새
롭
게

만
나
는

한
국

신
화

새롭게
만나는
한국 신화

이경덕 지음

원더박스

사람들에게 종종 '신화' 하면 떠오르는 말이 무엇인지 물어본
다. 이때 어김없이 듣는 대답이 '그리스 로마 신화'라는 대답이
다. 아마도 한국인의 머릿속에는 '신화=그리스 로마 신화'라는
등식이 굳게 뿌리를 내리고 있는 듯이 보인다.

여기서 의문이 생긴다. 그리스가 서양 문명의 발상지라고는
하지만, 우리나라에서 매우 멀리 떨어져 있고 동양에 속해 있지
도 않다. 그런데 어떻게 한국에서 그리스 신화가 신화의 대명사
가 된 걸까? 그 물음에 답하기 위해서는 시간 여행이 필요하다.

한국인이라면 모두 알고 있듯이 20세기 한반도는 일제강점
기와 한국전쟁을 겪었고, 이후 미국을 중심으로 하는 서구화
의 과정을 거쳤다. 이 과정에서 일본과 서양의 문화가 무차별
적으로 우리 곁으로 몰려왔다.

일본의 그것은 얼핏 해방과 함께 사라진 듯이 보인다. 그러나

눈으로 보이는 것들, 예를 들면 곳곳에 세워졌던 신사와 같은 상징물은 사라졌으나 흔히 일제 잔재라고 불리는 눈에 보이지 않는 많은 것들은 언어와 생활, 사회 등에 그대로 남았다. 그 잔재는 일일이 열거할 수 없을 정도로 다양하고 그 깊이도 깊다.

이런 일제의 잔재 위에 한국전쟁 이후 꾸준하게 진행된 서구화의 과정으로 서양 문화가 더해졌다. 이렇게 한동안 눈에 보이지 않는 일제의 잔재와 서양 문화가 혼재하다가 현재는 서양 문화의 영향력이 커진 상태이다. 즉 오늘날 우리가 누리는 문화 속에서 서양 문화가 차지하는 지분이 상당하다는 말이다. 그 기점은 1990년대부터 본격적으로 진행된 세계화였고 거기에 쐐기를 박은 것이 IMF사태였다.

문화의 유입 가운데 물질의 유입은 눈에 보이기에 구분이 쉽고 유입 과정도 매우 빠르다. 그런데 보이지 않는 문화, 즉 가치관, 미덕, 권력 등은 보이지 않고 유입 과정도 서서히 진행된다. 심리적인 설득이 필요하기 때문이다.

그러다가 특별한 계기, 예를 들면 IMF로 상징되는 경제위기 등을 만나면 그 속도는 엄청나게 빨라진다. 실제로 IMF 이후 20년 이상이 지나면서 과거 일제의 잔재가 지분을 가지고 있던 가치관, 미덕, 권력 등이 서양 문화로 재빨리 옮겨 갔고 현재 우리 사회에 깊게 뿌리를 내렸다. 그래서일까, IMF 이전에 성인이 된 세대와 그 이후 성인이 된 세대와는 가치관의 차이가 뚜렷해 보인다.

정리해 보자면 오랜 세월 한반도에서 누리던 우리 문화에 일제의 잔재가 더해졌고 그 위에 서양 문화까지 상당한 지분을 확보한 상태라는 말이 된다. 이 기간이 불과 100년 조금 넘을 뿐이지만 그 영향력은 매우 크다. 이런 상태를 비유적으로 말하면 거꾸로 된 삼층석탑의 모습과 비슷한데 외부에서 들어온 문화의 영향으로 가장 아래에 있는 토대인 한국 문화가 약해지고 위로 갈수록 무겁고 커진 상태이다.

물론 문화는 교류를 통해 다양해져야 한다. 문화의 토대는 다양성이다. 김치찌개가 맛있다고 매일 삼시 세끼를 전부 김치찌개만 먹을 수 없는 법이다. 따라서 외부에서 들어온 문화를 배척하거나 자기 문화를 찬양하는 국수주의적인 시각을 갖는 것은 스스로 불리한 자세를 취하는 것이다.

그러나 한편으로 20세기에 한반도로 유입된 문화는 우리의 바람을 토대로 이루어진 자발적인 유입이라기보다는 강압적인 측면이 강했다는 점을 잊어서는 안 된다. 그래서 지나가는 나그네를 자기 침대에 맞춰 몸을 늘리거나 잘라서 죽였다는 그리스 신화에 나오는 악당인 프로크루스테스의 침대 이야기처럼, 우리 몸에 맞는 옷을 선택했다기보다는 옷에 억지로 몸을 맞춘 느낌이 있다. 그런 탓에 옷의 크기에 맞춰 건강에 위험할 정도로 다이어트를 하거나 몸집을 키워야 했다.

이렇듯 일제 문화와 서양 문화가 우리의 상상계에 침투해서 그 영역을 확장해 오는 사이에 우리 문화에는 큰 변형이 발생했다. 물론 이 변형이 나쁘다고 주장하려는 것이 아니다. 문화는 생물처럼 늘 변화하는 것이고, 문화의 변형은 20세기 후반 이후 진행된 급속한 세계화 과정에서 우리뿐만 아니라 세계 곳곳에서 겪고 있는 일이다.

산업혁명 이후 세계 문화 흐름의 주도권은 유럽과 미국을 중심으로 하는 서구에 있었다. 세계화 과정이 진행되며 그들이 보유한 상상계의 중요한 축 가운데 하나인 그리스 신화가 서양 문화의 돌격대 역할을 했는데, 특히 1990년대 이후 우리 사회에서도 정신적인 것까지 서구화가 본격적으로 이루어지면서 우리에게 '신화=그리스 신화'라는 인식이 생긴 것이다.

그러나 요즘 들어 그리스 신화는 뒤로 물러나고 북유럽 신화가 각광받기 시작했다. 전작《처음 만나는 북유럽 신화》에서 밝혔듯 근대에서 현대로 이행되는 과정에서 근대성을 지탱했던 그리스 신화의 세계관이 퇴조하고 그 자리를 북유럽 신화가 메우고 있다.

근래 세계 문화의 흐름 속에 또 하나의 중요한 갈래가 나타났다. 바로 아시아적 가치이다. 지난 몇백 년 동안 세계 문화 흐름을 지배했던 서양 문화의 효용성이 떨어지면서 그에 대한 반성과 대안이 필요해졌다. 이는 낮이 지나면 밤이 오고 밤이 지나면 새벽이 오는 것처럼, 옳고 그름의 문제가 아니라 뭐든 시간이 지나면 바뀐다는 점에서 자연스러운 일이다.

이런 서양 문화의 대안으로 등장한 것이 아시아적 가치이다. 아시아는 한·중·일이 속한 동아시아에 인도, 중동을 포함한 지역으로, 오랜 역사를 토대로 오늘날 경제력까지 갖추면서 새롭게 주목을 받고 있다.

특히 한국은 오랫동안 일방적으로 문화를 받아들이던 처지였으나 이제는 문화를 전파하는 위치로 격상했다. 최근 한국의 문화는 한류 또는 K-문화라는 형태로 세계의 주목을 받고 있다. 불과 얼마 전까지만 해도 외국의 문화가 시간의 차이를 두고 국내로 유입되었다면 이제는 같은 시간대에 문화를 누리고 심지어 선도하는 자리까지 오른 것이다.

앞에서 문화는 교류를 통해 다양해져야 한다고 이야기했다. 예부터 문화의 교류와 변화에서 큰 역할을 하는 것이 이야기이다. 이야기는 상징을 만들어 내고 의미는 상징으로만 축적되고 발현된다. 그리고 이렇게 만들어진 상징을 모두 모아 놓은 것이 바로 문화다. 즉 그 지역에서 통용되는 상징의 총체가 바로 그 지역의 문화라는 뜻이다.

이야기를 통해 상징이 만들어지는 사례로 비둘기를 살펴보자.《성경》에 나오는 노아의 방주 이야기 덕분에 비둘기는 평화의 상징이 되었다. 환경부에서 유해동물로 지정하는 등 골칫거리 이미지가 강해졌음에도 평화를 표방하는 올림픽과 같은 대규모 행사에서는 어김없이 비둘기를 하늘로 날린다. 이는 실체와 상관없이 이야기를 통해 형성된 상징이 문화적으로 오래도록 힘을 지닌다는 말이다.

그리고 그 중심에 신화가 있다. 신화 연구의 문을 열었고 구조주의를 제창한 것으로 유명한 인류학자 클로드 레비스트로스를 비롯한 여러 신화 연구자들은 신화가 단순한 옛날이야기나 아이들의 상상을 키워 주는 이야기가 아니라고 주장한다. 그들은 신화가 한 사회의 세계관과 사람들의 정서와 관습(에토스)에 깊은 영향을 미친다는 것을 밝혀냈다.

그렇다면 우리의 문화는 우리의 신화를 토대로 의미를 축적해 왔다는 말이 된다. 그러니까 우리가 누리며 사는 문화는 우리의 이야기, 즉 한국 신화로부터 유래한 것들이다. 이는 내가 문화인류학자로서 문화를 공부하고 연구하면서 가장 관심을 가졌던 부분이기도 하다. 그래서 롤러코스터와 같던 20세기 한국의 사회와 문화를 신화를 통해 분석한 것을 학위논문으로 썼고 나름대로 우리 문화의 본질에 접근했다고 믿는다.

이 책은 한국 신화를 새롭게 바라보자는 취지에서 시작되었다. 우리에게도 정신적 토대가 되는 신화가 있다는 것을 보여주고, 한 걸음 나아가 그것이 지닌 문화적 성격이 어떤 것인지 함께 생각하면 좋겠다는 취지였다.

신화 속에는 그 사회의 세계관과 에토스가 담겨 있다. 이 책을 통해 지금껏 우리 공동체가 바라고 원했던 세계와 삶, 그리고 꿈을 함께 들여다보고, 이를 바탕으로 새로운 삶과 꿈을 만들 수 있기를 희망한다.

차례

시작하며 4

① 한국 신화 속 세계의 시작

해와 달이 두 개씩 떠 있는 세계 17 » 새로운 세계의 시작 21 » 대별왕 소별왕 쌍둥이의 대결 26 » 속임수로 얻은 꽃 30 » 노래에서 태어난 인간 35 » 미륵과 석가의 세상을 건 내기 39

② 세상의 끝 원천강을 향한 여정

시계에 갇힌 시간 49 » 아이의 이름은 오늘 50 » 흰 모래땅, 누런 모래땅, 검은 모래땅 54 » 십 년째 계속되는 내일 56 » 원천강, 과거와 현재, 미래가 공존하는 곳 60 » 오늘에게 던져진 물음, 우리의 삶 64

③ 운명의 신 가믄장아기

운명처럼 찾아온 만남 69 » 굴러가는 운명의 수레바퀴 72 » 공허한 현재와 망각된 과거 75 » 운명의 길 위에 선 가믄장아기 81 » 환대가 낳은 인연 85 » 눈을 뜨고 바라보는 새로운 세상 87

4

삼승할망

마마신을 굴복시킨

뒤늦게 얻은 자식 95 » 생불왕이 된 동해용왕의 딸 98 » 또 한 명의 생불왕 104 » 사만오천육백 개의 가지에서 피어난 꽃 110 » 삼승할망과 저승할망의 갈림길 114 » 세상에서 가장 무서운 두 가지, 호환과 마마 118 » 질병에 맞서는 생명의 분노 123 » 우리 모두의 어머니, 대지의 여신 128

5

바리데기,

버려진 자에서 버린 자로

점쟁이의 마지막 말 135 » 버려진 아이 바리데기 141 » 재회, 또 다른 여정의 시작 144 » 죽음의 땅 서천서역국을 향하여 152 » 저승의 강과 무지개 다리 159 » 저승의 문지기가 요구한 약값 163 » 버려진 자와 스스로 버린 자 168

6 자청비 — 의지적인 삶의 표상

그리스의 헤르메스와 한국의 자청비 177 » 자청해서 낳은 딸 179 » 자청비의 거짓말 183 » 이별과 새로운 약속 189 » 정수남의 거짓말 193 » 같은 날 태어난 둘의 엇갈린 행보 200 » 가련하다 자청비, 자청하다 자청비 205 » 수수께끼와 시험 210 » 비바람을 견딘 곡식의 신 215

7 들어온 타자들 — 우리 신화 속으로

신화와 타자의 상상력 221 » 용왕의 아들, 처용 223 » 강 건너 찾아온 세 손님과 철현도령 226

8 신들의 거처 — 집, 한국 신화 속

집을 지키는 신들 235 » 무너진 하늘을 고치는 목수 239 » 금기를 어긴 황우양 242 » 가죽만 남은 갓, 깃만 남은 옷, 굽만 남은 신발 247 » 돌아오기 위해 떠나는 사람 253 » 돌아오지 못하는 사람 256 » 사라지지 않는 탐욕과 사악함 260 » 가짜에는 가짜로 264 » 부엌의 신 조왕신과 화장실의 신 측신 270

9

삼천 살까지 살게 된 소사만

머리카락으로 산 조총 277 » 해골이 가져온 행복 281 » 삼십(三十)이 삼천(三千)으로 284 » 미다스와 시빌레, 동방삭의 최후 288

10

저승의 차사가 되었나 강림은 어떻게

삶을 지배하는 죽음 293 » 풍요가 낳은 결핍 295 » 살기 위해 떠나는 삼 형제 299 » 과양 땅에서 마주한 생사의 고비 303 » 꽃 세 송이와 구슬 세 개 308 » 기쁨이 절망이 되기까지 311 » 저승으로 보내진 강림 315 » 산 자가 가는 저승길 322 » 강림, 염라대왕을 사로잡다 328

맺음말: 왜 한국 신화인가   334
용어 해설   341

1

한국 신화 속 세계의 시작

해와 달이
두 개씩 떠 있는 세계

흔히 창조 신화라고 분류하는 것이 있다. 세상이 창조된 내용을 담은 신화가 그것이다. 과학의 창조 신화는 빅뱅 이론이다. 창조 신화는 무에서 유를 만드는 것이 아니다. 혼란과 혼돈이 어떻게 정리되어 질서가 되었는지를 말한다.

한국에는 두 개의 창조 신화가 전해진다. 흥미롭게도 하나는 남쪽 끝인 제주도, 다른 하나는 북쪽 끝인 함경도에서 전해진다. 제주도의 창조 신화는 〈천지왕본풀이〉에 들어 있다. 본풀이는 근본을 풀어낸다는 뜻으로 신화의 우리말이다.

두 신화에 따르면 태초에 하늘과 땅이 붙어 있었다. 이렇게 하늘과 땅이 붙어 있다는 신화는 그리스, 이집트, 남태평양 등 곳곳에서 발견된다. 하늘과 땅이 붙어 있다는 것은 구별이 없이 한 덩어리로 존재하고 있었음을 뜻한다.

다른 비유로 표현하면 남자와 여자가 아직 구별되지 않고 단지 인간이라는 하나의 존재가 있었다고 말하는 것과 유사하다. 남자와 여자가 구별되지 않으면 결혼도 없고 출산도 없다. 남자와 여자가 구별되면서 비로소 결혼과 출산이 생겨났다.

이처럼 하늘과 땅, 남자와 여자, 낮과 밤, 삶과 죽음 등의 수

많은 구별을 통해서 세상이 만들어지고 사회가 만들어졌다.

그렇기 때문에 신화에서는 대체로 하늘과 땅을 떼어 놓는 이야기부터 한다. 잘 알려진 것처럼 그리스 신화에서는 티탄족인 크로노스가 아버지 우라노스의 성기를 잘라서 아버지(하늘)와 어머니(땅)를 떼어 놓는다. 남태평양에서도 비슷한 이야기가 전해져 온다. 부부인 하늘과 땅이 서로를 너무나 사랑해 한시도 떨어지지 않았다. 그래서 훗날 숲의 신이 된 타네 마후타가 어머니인 땅에 자신의 머리를 깊이 묻고 물구나무를 선 다음, 젖 먹던 힘을 다해 아버지인 하늘을 발로 밀어내서 하늘과 땅을 나누었다.

위의 그리스와 남태평양 신화의 특징은 갈등이다. 그리스에서는 하늘인 우라노스의 집착에 대해 땅인 가이아가 아들인 티탄에게 아버지를 몰아내라고 부추기고, 남태평양에서는 하늘과 땅인 부모를 떼어 놓은 타네 마후타에게 불만을 품은 폭풍의 신이 사나운 폭풍을 만들어 내는 이야기가 이어진다.

그러나 갈등이나 대립보다 조화를 중요하게 생각하는 한국 신화는 좀 다르다. 〈천지왕본풀이〉에서는 하늘과 땅이 저절로 떨어진다.

갑자년 갑자월 갑자일 갑자시가 되자 하늘의 기운이 열리고 을축년 을축월 을축일 을축시가 되자 땅의 기운이 열렸다. 그러자 하늘과 땅 사이에 금이 가기 시작했고 그 틈이 조금씩 벌어지면서 하늘과 땅이 나뉘었다.

이어서 하늘에서 이슬이 내리고 땅에서 이슬이 솟아 서로 어울렸고 그 안에서 만물이 생겨나기 시작했다. 먼저 생겨난 것은 별들이었다. 그러나 아직 세상에는 밝은 빛이 없었다. 그때 하늘의 닭이 울음을 터뜨리고 그 뒤를 이어 땅의 닭이 홰를 치며 울음을 터뜨렸다. 그러자 동쪽 하늘에서 빛이 번지기 시작했다. 그것을 본 하늘의 신 천지왕이 해와 달을 두 개씩 세상에 보냈고 이로 인해 세상에 빛이 생겼다.

그러나 해와 달이 각각 두 개씩 있었기 때문에 낮에는 뜨거워서 살기가 힘들었고 밤에는 추워서 견디기 힘들었다. 사람들은 밤낮 따로 없이 더위와 추위에 시달렸다. 게다가 당시에는 동물들과 식물들 모두 인간의 말을 할 줄 알았기 때문에 세상이 매우 소란스러웠다.

그뿐만 아니라 산 자와 죽은 자의 구별도 없었다. 산 자가 부르면 죽은 자가 대답했다. 그건 아직 저승과 이승이 나뉘지 않았기 때문에 생긴 혼란이었다. 그렇게 산 자와 죽은 자가 뒤엉켜 지냈다.

이처럼 하늘과 땅이 분리되었을 뿐, 인간과 동물, 동물과 식물, 삶과 죽음 등의 구분은 없었다. 다시 말해, 아직 세상에는 질서가 없었다. 하늘에서 땅 위의 혼란을 지켜보고 있던 하늘의 신인 천지왕의 마음이 무거웠다.

신화의 신과 종교의 신은 다르다. 잘 알려진 것처럼 그리스 신화에 나오는 신들은 죽지 않는다는 것 외에는 인간과 다를 것이 하나도 없고 북유럽 신화의 신들은 심지어 죽는다. 한국 신화의 경우 처음부터 신이었던 것이 아니라 그가 살아온 과정을 통해 신으로 좌정하는 경우가 대부분이다.

다만 천지왕은 하늘을 의인화한 동아시아의 천(天)의 개념에 따른 신으로 하늘과 땅의 분리될 때 함께 나타난 신이다. 여기서 '천지왕'이라는 호칭은 그저 이름일 뿐이다. 옥황상제로 불러도 좋고 이 땅에서 살아온 사람들이 늘 불러 왔던 하느님이라고 해도 좋다. 그렇다고 천지왕이 종교에서 볼 수 있는 절대적인 힘을 지닌 전지전능한 신은 아니다.

천지왕은 하늘의 신이기 때문에 땅에는 땅을 다스릴 누군가가 필요했다. 천지왕은 땅 위에 질서를 세우고 싶었고 모두가 평화롭게 살기를 원했다.

그러나 어떻게 해야 할지 알 수가 없었다. 이리저리 궁리를 해 보았지만 뾰족한 수가 없었다. 그날도 천지왕은 계속 혼돈과 질서에 대해 고민을 하던 중이었다. 고민을 거듭하던 천지왕은 깜빡 잠이 들고 말았다. 그리고 아주 특별한 꿈을 꾸었다.

천지왕은 꿈속에서 하늘에 두 개씩 떠 있는 해와 달을 가만히 바라보았다. 그러다가 문득 해와 달을 하나씩 삼켰다.

잠에서 깨어난 천지왕은 이 꿈이 보통 꿈이 아니라고 생각했다. 꿈의 의미에 대해 곰곰이 생각한 천지왕은 이 꿈을 세상의 혼란을 바로잡기 위해서는 해와 달을 닮은 아이를 얻어야 한다는 해석을 내렸다. 두 아들을 얻어 이승과 저승을 다스리게 하면 세상에 질서가 생길 것으로 판단한 것이다.

새로운 세계의 시작

천지왕은 다시 고민에 빠졌다. 천지왕 홀로 아이를 낳을 수는 없는 노릇이었다. 그리고 땅을 다스릴 사람이 필요했기 때문에 땅 위에 사는 여인이 필요했다. 그래서 한동안 하늘에서 땅 위를 내려다보며 자기에게 어울리는 배필을 찾았다.

〈천지왕본풀이〉는 여러모로 단군 신화와 닮았다. 단군 신화에서 하늘의 신 환인의 아들 환웅이 땅으로 내려갈 결심을 하고 살기에 적합한 땅을 찾는 장면이 나온다. 단군 신화에 따르면 그렇게 선택한 땅이 지금 우리가 사는 이 땅이다.

천지왕은 아름답고 총명하기로 소문난 총맹부인을 아내로

맞이하고 싶었다. 단군 신화와 대비해서 생각해 보면 총맹부인은 한 개인으로 볼 수도 있지만 이 땅의 백성들로 생각할 수도 있다.

천지왕은 하늘에서 내려와 총맹부인의 집을 찾아갔다. 총맹부인은 찢어지게 가난했고 집 역시 매우 누추했다. 총맹부인은 하늘에서 내려온 귀인에게 맛있는 밥을 대접하고 싶었지만 밥 한 끼 지을 쌀도 없었다. 총맹부인은 하는 수 없이 이웃에 있는 수명장자를 찾아갔다. 수명장자는 근방에서 가장 부유한 사람이었지만 마음씨가 매우 못된 자였다.

수명장자는 손님을 대접하고 싶다는 총맹부인의 부탁을 받고 쌀 한 되를 빌려주었는데 이마저도 쌀과 하얀 모래가 반반씩 섞인 쌀이었다.

이처럼 수명장자가 부자가 된 것은 남들을 속이거나 사악한 마음으로 사람들을 상대했기 때문이었다. 총맹부인처럼 가난한 사람들이 쌀을 빌리러 오면 하얀 모래를 섞어서 양을 늘렸고 좁쌀을 빌리러 오면 검은 모래를 섞어서 양을 늘렸다. 그리고 쌀과 좁쌀을 돌려받을 때는 모래가 섞이지 않은 온전한 쌀과 좁쌀을 받았다. 그뿐만 아니라 되로 빌려주고 말로 돌려받았다.

수명장자의 딸들도 아버지 못지않았다. 가난한 사람들을 고용해서 자기들의 논에 김을 맬 때면 평소에 자기들이 먹던 신선한 음식이 아니라 썩어서 버려야 하는 것으로 음식을 만들어 주었다. 수명장자의 아들들 또한 놀부 못지않은 심술쟁이들이었다. 수명장자의 가족들은 스스로 땀을 흘리지 않고 속이고 남의 것을 빼앗아 부자가 되었다.

되로 주고 말로 받는 것은 평화로운 질서를 무너뜨리는 일이다. 또 자기만 신선한 음식을 먹고 남에게는 썩은 음식을 주는 것은 함께 돕고 살아가야 할 사회에서 자기만 잘 살겠다는 이기심으로 똘똘 뭉친 암적인 존재를 상징한다.

이런 사람들은 예부터 존재했고 지금도 여전히 우리 주위에 존재하고 있다. 스스로 일하지 않고 자기의 위치를 이용해 남들을 속이고 억압하는 존재는 늘 있었다. 《성경》을 비롯해서 동서고금의 종교와 문화가 고리대금업자를 그토록 싫어했던 이유가 여기에 있다. 수명장자와 그의 가족들은 세상 사람들이 평화롭게 사는 것을 방해하는, 그러니까 사회의 질서를 어지럽히는 사람들이다.

총맹부인은 이런 수명장자의 소행을 잘 알고 있었지만 당장 천지왕을 대접할 쌀이 없었기 때문에 수명장자에게 쌀을 빌릴 수밖에 없었다. 총맹부인은 빌려 온 쌀에서 하얀 모래를 제거하기 위해 몇 번이고 씻고 또 씻었다. 그리고 마침내 반밖에 남지 않은 쌀로 정갈하게 밥을 지어서 천지왕 앞에 내놓았다.

천지왕은 기쁜 마음으로 소박하지만 정성이 가득 담긴 총맹부인의 밥상을 받았다.

그러나 총맹부인이 열심히 씻었음에도 밥에서 모래가 씹혔다. 계속해서 모래가 씹히자 천지왕은 불쾌한 표정을 총맹부인에게 내비쳤다. 총맹부인은 수명장자의 만행에 대해 알렸고 자초지종을 알게 된 천지왕은 분노했다. 천지왕은 벼락장군과 벼락사자, 우레장군과 우레사자, 화덕장군을 불러서 수명장자의 집에 벼락과 우레를 떨어뜨렸고 화덕에서는 사나운 불길이 번졌다.

수명장자는 벼락을 맞고 불에 타 죽었다. 수명장자의 아들들과 딸들도 벌을 받고 벌레가 되고 말았다.

총맹부인을 한 개인이 아니라 이 땅의 백성으로 비유한 것처럼 수명장자 역시 개인이 아닌 무리, 넓게는 나라에 비유할 수 있다. 아마 이 땅의 평화로운 백성들을 괴롭히는 무리나 나라로 볼 수 있을 것이다.

《성경》의 〈요한계시록〉이나 북유럽 신화의 〈신들의 황혼(라그나뢰크)〉 등의 불 심판, 또는 불에 의한 종말 이미지와 수명장자의 최후는 다르지 않다. 이처럼 세계 곳곳에는 불을 매개로 한 종말과 심판 이야기가 전해진다. 이는 평화로운 질서에 대한 인류의 갈망이며 간절한 요청이다.

그러나 종말, 혹은 심판 이후 모든 것이 끝나는 것은 아니다. 인도 신화에서는 브라흐마가 세상을 창조하고 비슈누가 그 세상을 유지하며 시바가 파괴한다. 그리고 다시 브라흐마의 창조가 뒤따른다. 새롭게 창조된 세계는 혼돈에서 벗어난 평화로운 질서의 세계이다.

이렇듯 우리의 삶도 끝 이후에 새로운 시작이 뒤따른다. 엄밀하게 말하면 끝난 뒤에야 시작이 있을 수 있다. 수명장자의 파멸은 새로운 시작을 위한 단계일 뿐이다.

〈천지왕본풀이〉에서 새로운 시작은 성스러운 결혼으로 이어진다. 수명장자를 벌한 천지왕은 여러 가지 인간의 법도를 정하고 날짜를 잡아서 총맹부인을 아내로 맞이했다. 결혼은 자손의 번성을 위해 꼭 필요한 것이다. 천지왕과 총맹부인의 결혼은 새로운 세계의 시작을 의미한다.

시작된 세계를 유지하기 위해서는 그 세계에서 살아갈 사람들이 필요하고 그를 위해서는 결혼이 전제되어야 한다. 이때 천지왕과 총맹부인의 결혼은 인류의 수많은 결혼을 상징하는 것이다.

천지왕은 총맹부인에게 아들이 둘 태어날 것이니 각각 대별왕과 소별왕이라는 이름을 붙이라 일렀다. 또한 훗날 아이들이 아버지를 찾으면 심으라며 박씨 두 개를 주고 하늘로 올라갔다. 오래지 않아 총맹부인은 해와 달을 닮은 쌍둥이 아들을 낳았다.

대별왕 소별왕
쌍둥이의 대결

쌍둥이는 잘 자랐다. 그런데 왜 하나가 아닌 쌍둥이일까? 세계의 여러 창조 신화에서 쌍둥이는 단골이라고 해도 좋을 정도로 자주 등장한다.

　명확하게 선과 악을 구별하는 종교와는 달리 신화에서는 선과 악이 뒤섞여 있는 세상의 원리를 이야기하기 때문이다. 이처럼 신화에서는 구분되지 않는 선과 악의 요소를 모두 설명하기 위해 쌍둥이를 자주 등장시킨다.

　하나의 뿌리에서 나왔지만 서로 다른 길을 걸어가는 쌍둥이를 통해서 세상에 선과 악, 또는 질서와 무질서가 혼재해 있는 것을 드러내어 보여 주는 것이다. 따라서 신화 속 쌍둥이는 대립을 품고 있는 존재들이다.

　총맹부인의 쌍둥이는 남과 달리 자기들에게는 아버지가 없다는 것을 깨달았다. 어느 날 아비 없는 후레자식이라는 말을 듣고 돌아온 두 형제는 어머니에게 아버지의 존재에 대해 물었다. 총맹부인은 쌍둥이에게 천지왕에 대해 알려 주고 박씨를 꺼내 주었다. 쌍둥이는 어머니가 일러 준 대로 정월 첫 돼지날에 박씨를 심었고, 곧 박넝쿨이 자라나 하늘로 이어졌다. 쌍둥이는 넝쿨을 타고 하늘로 올라가 천지왕을 만났다.

쌍둥이의 어머니 총맹부인은 다르게 표현하면 대지의 여신이다. 하늘의 신 천지왕과 짝을 이룰 수 있는 것은 대지의 여신뿐이다. 또 박넝쿨이 하늘 높이 자랄 수 있는 것은 어머니와 닮은 대지의 강한 힘 때문이다.

세상의 혼란과 무질서는 하늘의 힘만으로 해결할 수 없다. 거기에 천지왕의 고민이 있었다. 하늘과 천지왕을 다르게 표현하면, 그것이 사회라면 사회지도층, 가족이라면 아버지 또는 부모가 된다. 남자가 하늘이고 여자가 땅이라는 말을 하려는 것이 아니다. 그것은 각 시대의 지배적인 정치적 상황과 관련될 뿐이다.

누구든 고민하는 자가 하늘이고 땅이다. 그들이 고립된 상태로 서로 소통하지 않고 화합하지 않으면 세상을 덮고 있는 혼란과 무질서를 극복할 수 없음을 천지왕의 고민을 통해 말하고 있는 것이다. 남자와 여자, 하늘과 땅이라는 대립적인 요소가 중요한 것이 아니라 고민을 통해 얻은 힘이 중요하다.

천지왕은 박넝쿨을 타고 올라온 쌍둥이를 반겼다. 그리고 대별왕에게 이승을, 소별왕에게 저승을 다스리라고 말하며 세상의 혼란을 끝내고 질서가 있는 평화로운 세상을 만들라고 주문했다. 그런데 문제가 하나 생겼다.

동생인 소별왕은 죽은 자들을 위한 저승의 신이 되고 싶지 않았다. 저승은 생기가 없어 어둡고 음울한 곳이었다. 소별왕은 생기가 넘치고 밝은, 살아 있는 사람들을 위한 세상인 이승을 다스리고 싶었다.

그래서 궁리 끝에 대별왕에게 한 가지 제안을 내놓았다. 그것은 내기였다. 소별왕은 대별왕에게 내기를 해서 누가 이승을 다스릴지 결정하자고 제안했다. 대별왕은 소별왕의 엉큼한 속셈을 알았지만 선선히 승낙했다. 내기는 수수께끼였다. 대별왕이 먼저 수수께끼를 냈다.

"어떤 나무가 평생 잎이 지지 않고 또 어떤 나무가 잎이 지느냐?"

소별왕은 마디가 짤막한 나무는 평생 잎이 지지 않고 속이 빈 나무는 잎이 진다고 대답했다. 대별왕은 고개를 저었다. 대나무와 갈대는 마디마디 속이 비어 있어도 잎이 지지 않는다고 말했다. 이렇게 소별왕은 첫 번째 수수께끼 내기에서 패했다. 소별왕은 새로운 수수께끼 내기를 하자고 졸랐다.

"언덕 위에 있는 풀은 왜 더디게 자라고 낮은 쪽에 있는 풀은 잘 자랄까?"

소별왕은 봄에 동풍이 불고 봄비가 오니 언덕의 흙이 낮은 쪽으로 내려가 언덕 위의 풀은 잘 자라지 않고 낮은 쪽의 풀이 잘 자란다고 대답했다. 대별왕은 이번에도 고개를 저으며 사람의 머리털은 길게 자라는데 발등의 털은 짧다고 말했다. 소별왕은 다시 패했다.

소별왕은 지혜로 대별왕을 이길 수 없다는 것을 깨달았다. 그렇다면 순순히 자기의 능력이 지닌 한계를 깨닫고 물러나는 게 옳다. 그러나 어디 사람이 그렇던가? 오늘날에도 스스로 물러나는 사람은 드물다.

세상이든 사회든 그것이 그 땅에서 살아가는 사람들을 위한 것임에도 불구하고 개인의 영달과 출세를 위해, 즉 자기의 이기적인 욕망만을 위해 살아가는 사람들이 있다.

소별왕도 그랬다. 그는 이승을 포기하고 저승으로 순순히 물러날 마음이 없었다. 소별왕은 이리저리 머리를 굴리다가 한 가지 꾀를 생각해냈다. 소별왕은 대별왕에게 꽃 피우기 내기를 하자고 졸랐다.

속임수로 얻은 꽃

대별왕과 소별왕의 수수께끼 내기는 누가 이 세상을 다스리는 신으로 적합한지를 알아보려는 것이다. 이런 사례는 한국 신화만의 특징 가운데 하나이다.

그 어느 신화에도 세상을 놓고 신들이 내기를 벌이는 예가 없다. 이런 상황에서 대부분의 신화에서는 신들의 전쟁이 발생한다. 전쟁과 다툼을 통해서 이승을 차지할 신을 결정한다. 그리고 그 전쟁과 다툼을 통해서 종교만큼 또렷하지는 않지만 선과 악의 경계가 생겨난다.

그런데 한국 신화에서는 전쟁과 다툼 대신에 내기가 벌어지고, 그 내기의 끝은 어김없이 꽃 피우기 내기로 흐른다. 꽃 피우기 내기는 창조 신화에만 국한되지 않는다. 과연 꽃을 피운다는 것은 무슨 의미일까?

소별왕의 제안을 대별왕이 받아들였다. 이들은 지부왕에게 꽃씨를 받아 와서 각각 은동이와 놋동이에 심었다. 곧 꽃씨에서 움이 돋아나고 꽃이 피기 시작했다. 대별왕이 심은 꽃씨에서 나온 꽃은 아름답게 피어났지만 소별왕이 심은 꽃씨에서 나온 꽃은 시름시름 시들어 갔다. 소별왕은 그대로라면 꽃 피우기 내기에서도 패할 것이 확실했다.

그러자 소별왕은 이번에는 누가 더 잠을 잘 자는지 내기를 하자고 졸랐다. 대별왕은 승낙했고 곧바로 깊은 잠에 빠졌다. 대별왕이 잠든 것을 확인한 소별왕은 꽃을 바꿔치기한 다음 시치미를 떼고 잠든 척을 했다.

얼마 후 소별왕이 호들갑을 떨며 대별왕을 깨웠다. 대별왕은 자기의 꽃이 소별왕 앞에 있는 것을 보고 잠든 사이에 무슨 일이 일어났는지 눈치챘다. 그러나 대별왕은 자기의 패배를 인정하고 이승을 넘겨주었다.

한국 신화의 가장 중요한 상징 가운데 하나인 꽃은 인간의 궁극적인 목적인 생명과 행복을 의미한다. 그래서 꽃을 잘 피운다는 것은 세상을 풍요롭게 만들고 행복을 만들어 낼 수 있는 능력이 있음을 의미한다.

한 공동체를 이끄는 지도자의 자질은 그 공동체의 구성원들을 얼마나 행복하게 만들 수 있는가에 달렸다. 꽃 피우기 내기는 꽃을 잘 피게 하여 아름다운 꽃밭으로 만들 수 있는 사람이 사회를 이끌어야 한다는 의미이다.

그러나 세상은 소별왕의 손에 들어갔다. 대별왕은 저승으로 떠나며 살인자를 비롯해 평화로운 질서를 해치는 무리, 남의 것을 빼앗고 훔치는 강도와 도둑, 자기만의 이익을 위해 속임수를 쓰는 자 들을 조심해야 한다고 충고했으나 소별왕은 들뜬 마음에 귓등으로 흘렸다.

소별왕은 지배자가 되어 이승으로 내려왔다. 그러나 세상은 소별왕이 기대한 것과 전혀 달랐다. 땅 위는 혼란과 무질서 그 자체였다.

먼저 하늘에는 해와 달이 두 개씩 떠 있어서 낮에는 살갗이 익을 정도로 뜨거웠고 밤에는 이가 딱딱 마주칠 정도로 추웠다. 게다가 사람뿐만 아니라 동물과 식물들도 말을 할 줄 알았기 때문에 매우 소란스러웠다.

동물들과 식물들은 자기들을 괴롭히는 인간들을 향해 소리를 질러 댔고 어떤 동물들은 불량배처럼 어린아이들을 위협하고 협박했다. 또 대별왕이 말한 것처럼 여기저기서 살인이 벌어졌고 강도와 도둑이 들끓었다.

무엇보다 세상을 덮고 있는 가장 큰 혼란은 삶과 죽음이 뒤섞여 있다는 것이었다. 살아 있는 사람과 죽은 사람이 구별되지 않아서 서로 말을 주고받았다.

삶과 죽음의 구분은 인간 생활에서 가장 근본적인 기준이며 가장 중요한 요소이다. 오늘날 사람들은 종교와 멀어지고 있지만 최근까지 인류는 종교 속에서 살았고, 그 종교에서 가장 큰 기준과 요소는 죽음이었다.

사람들은 죽음 이후의 세상을 위해 이승에서의 삶을 희생하고 죽음 이후의 삶을 위해 이승의 삶을 조절했다. 죽은 뒤의 삶, 즉 죽음이 삶의 윤리를 만들고 지배했다. 천지왕이 대별왕과 소별왕이라는 쌍둥이 형제에게 각각 이승과 저승을 맡긴 것도 삶과 죽음이라는 인간의 본질적인 시공간을 생각했기 때문이다.

지혜롭지 못한 소별왕은 결국 대별왕을 찾아가 도움을 청했다. 대별왕은 소별왕의 눈에서 참회를 느꼈고 함께 이승으로 갔다. 가장 먼저 해야 할 일은 이승의 혼돈과 무질서를 정리하는 일이었다.

대별왕은 활과 화살을 준비했다. 아침이 되자 하늘에 두 개의 해가 떠올랐다. 그는 떠오르는 두 번째 해를 쏘아 떨어뜨렸다. 마찬가지로 저녁에도 두 번째 뜨는 달을 떨어뜨렸다. 이렇게 하늘은 해와 달이 하나씩인 지금의 모습과 같게 되었다. 그렇게 사람들을 괴롭히던 더위와 추위가 사라졌다.

이 이야기는 중국 신화에 나오는 '예'를 연상시킨다. 중국 신화에 따르면 동쪽 끝에 부상이라는 큰 나무가 있고 그곳에 열 개의 태양이 살고 있었다. 이들은 하루에 하나씩 하늘로 올라가 세상을 비추는 일을 했는데 언젠가 열 개의 태양이 한꺼번에 하늘로 올라갔다. 그러자 하늘과 땅이 뜨거운 열기에 휩싸였다. 그러자 동쪽을 다스리는 신이 활의 명수인 예를 땅으로 파견했다. 예는 대별왕이 그랬던 것처럼 아침에 떠오르는 아홉 개의 태양을 활로 쏘아 떨어뜨렸다.

대별왕이 다음으로 한 일은 동물과 식물, 사람을 구분하는 일이었다. 사람과 동식물을 나누는 가장 큰 잣대는 단연 언어다. 인류가 다른 생물체와 달리 문화를 발전시킬 수 있었던 가장 큰 원동력이 언어의 사용이기 때문이다.

수저가 밥을 먹기 위한 도구라면 언어는 서로를 이해할 수 있게 해 주는 도구이다. 언어, 즉 말과 글을 통해서 인류는 후세에 지혜와 지식을 전승할 수 있었고 문화의 연속성을 얻을 수 있었다.

대별왕은 소나무 껍질을 말리고 빻아서 가루를 만들었다. 그리고 세상에 골고루 그 가루를 뿌렸다. 그러자 동물과 식물의 혀가 굳어 말을 못 하게 되었다. 이제 삶과 죽음의 구분만 남았다.

대별왕은 고민 끝에 저울을 준비해서 사람들의 무게를 쟀다. 무게가 백 근이 넘는 자는 살아 있는 사람으로 보아 이승으로 보내고 백 근이 되지 않는 자는 귀신으로 처리해서 저승으로 보냈다.

대별왕은 가장 중요한 세 가지 문제를 해결해서 사람들이 살아갈 수 있는 세상을 만들었다. 이쯤에서 대별왕이라는 이름이 지닌 의미를 절로 알게 된다. 대별왕과 소별왕이라는 이름은 동화책에나 나올 법한 큰 별과 작은 별을 의미하는 것이 아니다.

대별이란 '크게 구별하여 나눔'이라는 뜻으로, 대별왕은 크게 나누는 왕, 또는 크게 나누는 신이라는 뜻일 것이다. 대별왕은 자기에게 주어진 사명에 따라 사람들을 괴롭히던 해와 달 하나씩을 하늘에서 떼어 냈고 인간을 동식물의 차원에서 분리했으며 삶과 죽음이라는 인간의 가장 본질적인 요소를 구분했다.

대별왕은 그 분리를 통해서 하늘과 땅에 어울리는 아름다운 질서를 만들어 냈다. 이것이 하늘의 신 천지왕이 대지의 여신 총맹부인과 결합해서 쌍둥이를 낳고 그들에게 세상을 맡긴 이유이다.

노래에서 태어난 인간

함경도에서 전해지는 〈창세가〉도 제주도의 〈천지왕본풀이〉와 얼개는 비슷하다. 지리적으로 멀리 떨어져 있으나 한반도에서 산다는 공통점이 정서에 반영된 탓으로 생각된다.

함경도의 창세 신화도 하늘과 땅이 붙어 있었다는 것부터 시작된다. 하늘과 땅이 붙어 있는 것은 질서가 없는 혼돈을 뜻한다. 이런 혼돈 속에 처음 모습을 드러낸 것은 좀 엉뚱하지만 미륵이다.

불교에서 석가가 현생의 부처라면 미륵은 미래에 나타나 구원자가 되는 부처이다. 미륵은 인류를 구원하기 위해 도솔천에서 수행하고 있다. 본래 미륵이 찾아올 시간은 먼 훗날의 일이다. 불교에 따르면 미륵이 도래할 시기는 석가모니가 열반하고 무려 56억 7000만 년이 지난 뒤이다.

예부터 사람들은 미륵이 빨리 와서 힘들고 고통스러운 세상에서 구원해 주기를 바랐다. 신라 말기부터 고려 시대까지 긴 기간에 걸쳐 미륵 신앙이 크게 유행했던 것도 이런 이유 때문이다. 우리나라의 산천에 바위나 암벽에 새겨진 마애불은 거의 미륵불이다.

함경도에 나타난 미륵은 먼저 하늘과 땅을 떼어 놓았다. 그는 네 개의 구리로 만든 기둥을 땅의 네 귀퉁이에 세우고 그 위에 하늘을 얹어서 분리했다. 미륵은 세상을 둘러보다가 하늘에 해와 달이 두 개씩 떠 있는 걸 보았다. 두 개의 해와 달은 혼돈이 끝나지 않았음을 뜻한다.

미륵은 해와 달을 하나씩 떼어서 그때까지 존재하지 않았던 별을 만들었고 그때부터 밤하늘에는 별들이 아름답게 반짝이기 시작했다.

문화의 핵심은 의식주이다. 삶이 의식주에서 비롯되기 때문이다. 미륵은 우주의 질서를 만든 다음 자기의 몸을 가릴 옷을 만들었다. 아직 세상에는 옷을 만들 수 있는 옷감이 없었다. 그래서 미륵은 칡넝쿨로 옷을 만들어 입었다. 미륵은 하늘과 땅을 떼어 놓을 정도로 키가 컸기에 많은 칡넝쿨이 필요했다. 미륵의 키를 지금으로 환산하면 약 사백 미터쯤 된다.

거인에 의한 창조는 다양한 신화에서 관찰된다. 북유럽 신화에서는 추운 지방답게 눈과 얼음 속에서 태어난 이미르라는 거인이 등장한다. 오딘을 비롯한 신들이 이미르를 죽이고 그의 몸으로 세상을 만들었다고 한다. 중국에서도 혼돈에서 태어난 반고라는 거인이 죽고 난 후 그의 머리와 팔다리는 산이되고 피와 눈물은 강과 하천이 되었으며 두 눈은 해와 달, 털은 풀과 나무, 입김은 비바람, 목소리는 천둥, 눈빛은 번개와 벼락이 되었다고 전한다.

옷을 구한 다음은 음식이었다. 누구든 생명을 유지하기 위해서는 음식이 필요하다. 미륵은 예외가 아니었다. 처음에는 나무 열매와 같은 날것을 먹었다. 미륵은 물과 불을 이용해서 음식을 익혀 먹고 싶었으나 물과 불을 어디서 얻어야 할지 알수 없었다. 그래서 미륵은 동물들에게 물어보기로 했다. 미륵이 처음 물어본 상대는 메뚜기였다.

"메뚜기야, 물과 불이 어디에 있는지 아느냐?"

메뚜기는 고개를 저으며 대답했다.

"저는 밤이면 이슬을 받아서 먹고 낮에는 햇빛을 받아서 먹고 사는데 제가 어떻게 물과 불이 어디서 나는지 알겠습니까?"

미륵이 한숨을 쉬자 메뚜기가 말을 이었다.

"혹시 개구리라면 알지도 모르겠습니다."

미륵은 개구리를 찾아가서 물었다.

"개구리야, 물과 불이 어디에 있는지 아느냐?"

그러나 개구리도 고개를 저었다.

"혹시 재빠르게 움직이며 여기저기를 다니는 생쥐라면 알지도 모르겠습니다."

미륵은 생쥐를 찾아갔다.

"생쥐야, 너는 물과 불이 어디에 있는지 아느냐?"

생쥐는 잘 알고 있다는 듯이 눈을 반짝이며 고개를 끄덕였다. 생쥐는 앞발을 비비며 말했다.

"그럼 저에게는 무엇을 주시겠습니까?"

생쥐의 당돌한 물음에 잠시 고민하던 미륵이 대답했다.

"세상의 모든 창고를 너에게 주마."

생쥐는 기쁜 표정으로 대답했다.

"금정산에 가면 차돌과 쇠가 있는데 이들을 부딪치면 거기서 불이 나옵니다. 또 소하산에 가면 샘물이 있는데 물이 거기서 나옵니다."

이렇게 미륵은 물과 불을 얻었고 인간 또한 음식을 끓이고 익혀서 먹을 수가 있게 되었다. 생쥐는 영리한 대답 덕분에 메뚜기나 개구리와 달리 집 안의 곳간에서 살 수 있게 되었다.

이제 하늘과 땅의 공간을 채울 사람이 필요했다. 미륵은 한 손에는 금쟁반, 다른 한 손에는 은쟁반을 들고 자리에 우뚝 섰다. 그리고 하늘을 향해 노래를 부르기 시작했다. 그러자 두 쟁반 위에 각각 다섯 마리의 벌레가 떨어져 내렸다.

벌레는 곧 자랐고 사람이 되었다. 금쟁반에 떨어진 벌레는 남자가 되었고 은쟁반에 떨어진 벌레는 여자가 되었다.

인류가 노래에서 태어난 사례는 세계 어느 신화에도 없다. 하늘을 향해 부르는 아름다운 노래, 그것이 한반도에서 태어난 사람들의 기원이다. 금쟁반과 은쟁반은 남녀 차별이 아니라 모두 귀한 것임을 의미한다.

미륵과 석가의
세상을 건 내기

미륵의 노래에서 태어난 사람들이 결혼하여 아이가 태어났다.

그렇게 사람들이 늘어났다. 사람들은 미륵처럼 옷을 입었고 물과 불로 음식을 익혀 먹으며 평화롭게 살았다.

사람들은 내 것과 네 것을 나누지 않았고 서로 속이지도 않았으며 다투지도 않았다. 미륵이 만든 세상에는 속임수와 싸움 따위가 애초에 없었기 때문이다. 이렇게 평화롭고 행복한 시간이 흘러갔다.

이 세상에 속임수와 싸움 등 부정적인 가치를 가져온 것은 석가였다. 여기서 석가나 미륵은 사람들의 생각과 염원을 상징으로 드러낸 명사에 불과하다. 이들의 이름을 다르게 바꾸어도 의미는 전혀 변하지 않는다. 철수와 영희라고 해도 문제없다.

신화에서 가장 중요하지 않은 것이 고유명사이다. 사람이 치매에 걸리면 고유명사부터 잊는 것을 보면 신화뿐만 아니라 삶에서도 다를 것이 없는 듯하다. 즉 미륵과 석가는 편의상 불교에서 그 이름만 따왔을 뿐이다. 그러니 불교를 배경으로 미륵과 석가를 생각할 필요는 없다.

석가는 미륵이 만들어 놓은 세상을 바라보았다. 석가는 그 아름다운 세상을 자기가 차지하고 싶었다. 그 순간 이 세상에 소유와 질투라는 개념이 생겨났다. 석가는 미륵을 찾아갔다. 미륵은 석가를 반갑게 맞이했다. 그런데 석가의 입에서 미륵이 전혀 생각하지 못한 말이 튀어나왔다.

"이 세상을 내게 넘겨라."

미륵은 엉뚱한 요구에 한동안 대꾸를 하지 않고 지그시 석가를 바라보았다. 석가는 기세에 눌리지 않겠다는 듯이 미륵을 노려보았다. 얼마 후 미륵이 평온한 목소리로 말했다.

"네가 이 세상을 차지할 능력을 가졌다고 생각하는가?"

석가는 미륵의 물음에 가슴을 활짝 펴며 대답했다.

"나 외에 누가 또 적임자가 있단 말인가?"

미륵은 고개를 가로저었다.

"자네는 그만한 능력이 없어."

석가는 발끈했다. 그 순간 세상에 존재하지 않았던 분노가 생겨났다.

"내 능력은 누구보다 뛰어나지. 세상을 홀로 독차지하겠다는 말을 어렵게 하네."

미륵은 석가의 모습을 보면서 희미하게 미소를 지었다.

"그렇다면 네 능력을 보여줘."

석가는 의기양양했다.

"어떻게 할까?"

"네가 정녕 세상을 다스릴 힘이 있는지 내기를 해 보면 어떨까?"

석가는 자신만만한 표정으로 고개를 끄덕였다. 그 순간 세상에 없었던 오만이 생겨났다.

첫 번째 내기는 동해에 줄이 달린 병을 던져서 줄이 먼저 끊어지는 쪽이 패배하는 내기였다. 미륵은 금으로 만든 병을 금줄에 달아서 동해 깊숙한 곳에 던졌다. 뒤이어 석가는 은으로 만든 병을 은줄에 달아서 동해에 던졌다.

파도는 때때로 고난을 상징한다는 면에서 이 내기는 고난을 잘 견딜 수 있는지를 시험하는 내기라고 생각할 수 있다. 훌륭한 지도자라면 거센 파도를 잘 견디고 극복해야 할 테니까.

얼마 후 석가의 줄이 툭 끊어졌다. 내기에서 패배한 석가는 화가 난다는 듯이 손에 들고 있는 줄을 바닥에 내팽개쳤다.

"이것 말고 다른 내기를 해. 이렇게 한 번으로 결정할 수는 없어. 그리고 이번 내기는 내게 불리했어."

미륵과 석가는 두 번째로 성천강을 얼리는 쪽이 이기는 내기를 하기로 합의했다. 때는 한창 뜨거운 여름이었다. 성천강은 한겨울에도 얼지 않는 강이었다. 먼저 시작한 것은 석가였다. 석가는 정신을 집중하고 강을 얼릴 수 있는 한기를 몰고 오기 위해 애썼다. 석가는 가진 힘을 모두 발휘했지만 열기가 넘치는 한여름의 성천강을 얼리지 못했다. 석가는 지친 표정으로 뒤로 물러났다.

미륵은 평온한 표정으로 성천강 앞으로 나갔다. 그리고 눈을 감고 정신을 가다듬으며 성천강이 얼어붙은 모습을 떠올렸다. 그러자 강기슭부터 조금씩 얼어붙기 시작했다. 옆에 있던 석가도 놀랍다는 듯이 신음을 내뱉었다.

얼마 후 뜨거운 태양 아래에 있는 성천강이 사람들이 뛰어도 괜찮을 정도로 꽝꽝 얼어붙었다. 이번에도 석가가 내기에서 패배했다.

"두 번이나 내기에서 패배했으니 네가 이 세상을 다스릴 능력이 없음을 알았겠지. 그만 물러가라."

그렇지만 석가는 어떻게 해서라도 미륵이 만든 세상을 차지하고 싶었다. 그 순간 세상에 없던 헛된 욕망이 생겨났다. 석가는 미륵에게 다시 내기하자고 졸랐다. 미륵은 석가가 그대로 물러나지 않을 것임을 알았다.

석가는 마지막 내기로 꽃 피우기를 제안했다. 내기의 방식은 미륵과 석가가 한 방에 누워 무릎 위에서 모란꽃을 피우는 쪽이 이기는 내기였다. 미륵과 석가는 나란히 누웠다. 미륵은 꽃을 피우기 위해 조용히 눈을 감았다. 그리고 이내 깊은 잠에 빠졌다. 그러자 무릎에서 모란꽃이 피어나기 시작했다.

석가는 잠을 자지 않고 미륵의 자는 모습을 살펴보고 있었다. 그리고 얼마 후 미륵의 무릎에서 모란이 피는 것을 보았다. 석가는 강한 질투심에 사로잡혔다. 석가는 자기의 힘이 미릌에 도저히 미치지 못하는 것을 알았지만 포기할 수 없었다.

석가는 손을 뻗어서 미륵의 무릎 위에 피어난 모란꽃을 꺾어 자기의 무릎 위에 올려놓았다. 그러나 그 모란은 뿌리가 없는 꽃이었다.

석가는 자기가 내기에서 이겼다고 소리를 질렀다. 잠에서 깨어난 미륵은 무슨 일이 일어났는지 알아차렸다. 집요하게 세상에 집착을 부리는 석가에게 진력이 난 미륵은 세상을 석가에게 넘기기로 했다.

미륵이 석가에게 말했다.

"난 네가 속임수를 썼다는 것을 알고 있다. 그리고 네가 세상을 다스릴 능력이 없다는 것도 알고 있다. 그러나 네가 그토록 이 세상을 원하니 이 세상을 너에게 넘겨주겠다. 이제 이 세상은 너의 것이다."

석가가 비웃는 듯한 표정으로 대답했다.

"결과가 중요한 거야. 네가 내기에서 패했으니 이 세상은 내가 다스리는 게 맞아."

미륵은 귀찮다는 듯이 손을 내저었다. 석가가 의기양양하게 말했다.

"이제 이 세상은 내 것이니까 자네는 사라져 줘."

미륵은 석가가 다스릴 세상이 걱정스러웠지만 이미 석가에게 세상을 넘기기로 한 상태였고 석가의 집요한 집착도 번거롭고 귀찮았다. 미륵은 이 세상을 떠나기 전에 석가를 향해 한 가지 경고를 했다.

"내 무릎에 꽃이 피었는데 너는 그것을 꺾어 네 무릎 위에 꽂았으니 꽃이 피어도 열흘을 가지 않을 것이다. 그것은 뿌리가 없기 때문이지. 또 네가 이 세상에 분노와 욕심, 질투와 속임수, 오만 등을 가져왔기 때문에 이 세상에 그런 것들이 가득 차게 될 것이다. 게다가 너는 그런 것들을 통제할 힘이 없으니 세상에 나쁜 일들이 계속 생기게 될 것이다."

그 이후 미륵의 경고대로 세상에는 싸움과 살인, 전쟁 등 나쁜 일이 점점 늘어났으나 석가는 그것을 통제할 힘이 없었다. 〈창세가〉에 따르면 이 세상이 이렇게 악해진 것은 석가가 속임수로 미륵의 세상을 빼앗았기 때문이라고 한다.

그런데 한 가지 의문이 든다. 대별왕과 미륵이 왜 뒤로 물러난 걸까? 능력이 없는 것도 아니고 세상에 대한 애정이 없는 것도 아닌데, 여기에 소별왕과 석가가 속임수까지 썼는데 왜 이들은 은퇴하듯 뒤로 돌아선 걸까?

신화는 유토피아를 상정하거나 이상적인 세계를 제시하지 않는다. 겉으로 보이는 황당한 이야기와 달리 신화의 내면은 현실을 토대로 하며 매우 논리적이다.

만약 대별왕과 미륵이 다스리는 세상이라면 분노와 욕심, 질투와 속임수, 오만이 판치는 오늘날의 세상을 어떻게 설명하겠는가? 신화는 현재의 모습을 토대로 이야기가 전개되기 때문에 소별왕와 석가의 출현은 어쩌면 필연적이다.

2

세상의 끝 원천강을 향한 여정

시계에 갇힌 시간

시간은 오랫동안 인류의 삶을 제약하는 큰 틀이었다. 물론 근대에 들어 시간은 시계에 갇히게 되었고, 벤자민 프랭클린의 말("시간은 돈이다")처럼 변형을 겪고 있지만 말이다. 이제는 교통수단과 통신 기술의 발달로 많이 극복했지만 여전히 인류를 제약하는 큰 틀이다.

애초에 인류가 영원히 살 수 없다는 점에서 시간은 억압적이다. 근대 산업혁명을 기점으로 농사를 짓던 대다수의 사람들이 공장 노동자가 되었고, 이들은 시계에 맞추어 일하고 밥을 먹는 등 철저히 시간에 통제되었다. 시간이 시계에 갇힌 것이다.

최근 노동시간이 줄어드는 등 조금씩 시간으로부터 자유로워지고 있으나 여전히 우리는 시간의 틀 속에 있다. 오히려 현재의 자본주의는 시간을 구속의 틀로 활용하고 있다.

생존을 위한 우리의 노동은 대체로 신체(최근에는 감정까지)와 시간을 제공하고 그 대가로 시급이나 월급 등을 받는 형태로 이루어져 있다. 즉 직장과 같은 특정한 장소로 신체를 보내고, 그곳에서 일정한 시간을 보내야 돈을 받는다.

이런 탓에 노동이 없는 곳, 혹은 시간이 흐르지 않거나 더디 흐르는 곳이 천국의 이미지로 자주 등장한다. 달리 표현하면 시간과 노동이 없는 곳, 그곳이 천국이 된다. 바둑 구경하다가 수백 년이 지났다는 복사꽃이 흐드러진 무릉도원이 그 예다.

그리스를 비롯한 수많은 나라의 신화에서도 그렇다. 그리스 신화에서 말하는 황금시대는 노동이 없고 먹을 것이 풍부한 시기였다. 노동이 없으니 그것을 가늠할 시간도 필요치 않았다. 황금시대가 몰락한 것은 인간이 잠을 너무 많이 잤기 때문이라고 설명한다.

20세기에 인류학자들이 조사한 여러 지역의 원주민들 가운데 시간 개념이 없는 곳이 많다는 점도 흥미롭다. 그들은 우리처럼 일곱 시에 만나자고 특정한 시간을 정하는 것이 아니라 그냥 막연하게 해가 질 무렵 등으로 표현한다. 그렇게 시간 구분이 없거나 희박한 곳이 천국일지도 모른다.

한국 신화에도 이런 시간에 대한 생각과 고민이 담긴 이야기가 있다. 주인공의 이름도 오늘이다. 이야기는 이렇다.

아이의 이름은 오늘

오래전 들판에 한 소녀가 살았다. 집도 없었고 부모도 없었으며 형제도 없이 홀로 텅 빈 벌판에서 살았다. 그 소녀는 자기가 어디서 왔는지 심지어 자기가 누구인지도 몰랐다. 그것 역시 가끔 들판을 지나는 사람이 소녀에게 물어서 알게 된 것이다.

"어디에서 왔는지 모르고 처음부터 여기서 살았어요."

사람들은 소녀에게 무엇을 먹고 추위를 어떻게 피하는지 물었다. 소녀는 별일 아니라는 듯이 대답했다.

"어릴 때부터 배가 고프면 학이 먹을 것을 가져다주었고 찬바람이 불면 학이 날개로 감싸 주어서 추운 줄 모르고 지냈어요."

소녀는 자기가 몇 살인지, 이름이 무엇인지도 몰랐다. 나이도 없고 이름도 없었다. 소녀는 그에 대해 별로 궁금해하지 않았다. 사람들은 소녀에게 이름을 붙여 주기로 했다. 오늘 만났다는 이유로 '오늘'이라는 이름을 붙여 주었다.

이름은 대상을 고정하는 것이다. 강물을 고정하지 않으면 그리스 철학자 헤라클레이토스의 말처럼 우리는 같은 강물에 두 번 들어갈 수 없다. 과거의 강물은 이미 흘러갔기 때문이다. 이름을 붙인다는 것은 그 시간을 고정함을 의미한다. 그건 시간도 마찬가지다.

이제 어디서 왔는지 모르는 소녀는 오늘이 되었다. 오늘은 이름이 생긴 뒤에도 들판에서 살았다. 하늘에서 찾아온 새들과 들판에 사는 동물들과 함께 어울려 놀았다. 새들과 함께 노

래를 불렀고 사슴이나 노루와 달리기도 했으며 다람쥐와 숨
바꼭질도 했다.

그러던 어느 날 들판 동쪽에 사는 바지왕의 어머니인 백씨
부인이 오늘을 찾아와 물었다.

"오늘아, 너는 네 부모에 대해 아느냐?"

오늘은 평소처럼 대답했다.

"저는 처음부터 여기서 자라서 부모가 있는지 모릅니다."

"세상에 홀로 태어난 사람은 없다. 너의 부모님은 원천강의
부모궁에서 살고 있단다."

"제게도 부모님이 계신단 말입니까? 그렇다면 원천강 부모
궁에는 어떻게 갈 수 있나요? 부모님을 만나고 싶어요."

"그곳이 어디인지는 아무도 모른단다. 그 길이 너무나 멀고
험해서 가 본 사람이 아무도 없거든."

오늘은 부모 없이 살다가 부모를 만날 수 있다는 희망이 생
기자 용기도 함께 솟아났다.

"아무리 길이 멀고 험해도 가겠습니다."

백씨부인은 오늘의 굳센 의지를 보고 길을 알려 주었다.

"흰 모래땅 북쪽 언덕에 가 보아라. 거기에 정자가 있고 도
령 하나가 글을 읽고 있을 테니 길을 물어보면 알려 줄 게다."

오늘은 곧바로 여행을 떠날 차비를 꾸렸다. 그리고 들판을

찾아오는 날짐승과 길짐승들에게 하나하나 작별을 고한 다음 부모를 찾아 먼 길을 떠났다.

오늘은 백씨부인이 알려 준 대로 흰 모래땅을 며칠 동안 걸어갔다. 힘든 길이었지만 길 너머에 있을 부모를 생각하며 묵묵히 걸었다. 그리고 마침내 북쪽 언덕에 도착했다.

과연 그곳에는 정자가 하나 있었고 그 안에 한 도령이 글을 읽고 있었다. 오늘은 도령이 글 읽는 것을 방해하지 않기 위해 바깥에서 기다렸다. 그러나 도령은 날이 저물어도 고개를 들지 않고 계속 글을 읽었다. 저녁이 되자 오늘은 하는 수 없이 정자로 올라가 말을 걸었다.

"저는 오늘이라고 하는데요, 원천강은 어디로 가야 하는지요?"

그제야 도령은 글 읽기를 멈추고 정자 안으로 오늘을 불러올렸다. 그리고 먹을 것과 마실 것을 오늘에게 내놓았다.

"난 장상이라고 합니다. 옥황상제의 명령으로 이곳에서 글을 읽고 있습니다. 그런데 아가씨는 어째서 원천강에 가려고 합니까?"

오늘은 원천강으로 부모를 만나러 간다고 대답했다. 장상은 간절한 눈빛으로 말했다.

"내 그쪽으로 가는 길을 알려 드릴 테니 원천강에 가거든 제가 언제까지 책을 읽어야 하는지 알아봐 주시겠습니까?"

오늘은 그렇게 하겠다고 약속했다. 오늘은 그날 밤 정자에서 보내고 다음 날 아침에 떠날 준비를 했다. 장상은 오늘에게 길을 알려 주었다.

"누런 모래땅 동쪽 언덕에 가면 연화못이 있고 그 연못가에 크기가 큰 연꽃이 있을 것입니다. 그 연꽃에게 원천강으로 가는 길을 물어보면 알려 줄 것입니다."

흰 모래땅, 누런 모래땅, 검은 모래땅

오늘은 다시 길을 떠났다. 강한 햇빛이 쏟아져 내리는 누런 모래땅 길을 땀을 뻘뻘 흘리며 며칠 동안 걸어간 끝에 동쪽 언덕에 도착했다. 그곳에는 맑은 물이 고인 크고 둥근 연못이 있었고, 연못가에는 매우 큰 연꽃이 하나 피어 있었다. 오늘은 조심스럽게 연꽃 가까이 다가가 길을 물었다. 부모를 만나러 간다는 오늘의 말을 들은 연꽃은 장상도령처럼 한 가지 부탁을 했다.

"저는 12월이 되면 뿌리에 움이 들고 1월이 되면 그 움이 몸속에 들었다가 2월이 되면 줄기로 가고 3월이 되면 꽃이 핍니다. 그런데 가운데 줄기에서만 꽃이 피고 다른 줄기에서는 꽃이 피지 않습니다. 원천강에 가면 왜 다른 줄기에서 꽃이 피지 않는지 그 까닭을 물어봐 주시겠어요?"

오늘은 그렇게 하겠다고 약속했다. 그러자 연꽃이 말했다.

"검은 모래땅으로 된 길을 따라가다 보면 바다가 나오고, 그 바닷가에 몸이 엄청나게 큰 이무기 한 마리가 모래밭에서 뒹굴고 있을 거예요. 그 이무기에게 길을 물어보면 알려 줄 거예요."

오늘은 연꽃이 알려 준 대로 검은 모래땅을 며칠 동안 걸어갔다. 오늘은 모래밭이 펼쳐진 바닷가에 도착했다. 과연 엄청난 몸집을 가진 이무기가 모래밭에서 뒹굴고 있었다. 오늘은 이무기에게 원천강으로 가는 길을 물었다. 이무기는 천천히 몸을 틀어서 오늘을 바라보았다.

"너는 누군데 원천강으로 가려고 하느냐? 내가 여기서 삼천 년을 살았는데 원천강으로 가는 사람을 본 적이 없다."

오늘은 부모를 찾으러 간다고 대답하고 지금까지 흰 모래땅과 누런 모래땅, 검은 모래땅을 지나온 이야기를 했다. 그러자 이무기는 반색하며 말했다.

"내 부탁을 들어주면 길을 가르쳐 주지."

"무슨 부탁인가요?"

이무기가 자신이 없는 표정으로 대답했다.

"다른 이무기들은 여의주를 하나만 가지고 있어도 용이 되어 하늘로 올라가는데 나는 여의주를 세 개나 갖고 있지만 삼천 년 동안 용이 되지 못하고 여기서 살고 있단다. 원천강에 가면 그 까닭을 알아봐 주겠니?"

오늘이 그러겠다고 대답하자 이무기가 자기 등에 타라고 말했다. 오늘을 태운 이무기는 바다를 건넜다.

"이 길로 죽 가면 흰 모래땅 북쪽 언덕에 있던 정자와 똑같은 정자가 보일 게야. 거기서 내일이라는 낭자가 글을 읽고 있을 텐데 그에게 원천강으로 가는 길을 물어보면 알려 줄 거야. 나는 여기서 네가 원천강에서 돌아올 때까지 기다리고 있을게."

십 년째 계속되는 내일

오늘은 며칠 동안 길을 걸었다. 그러자 장상도령이 글을 읽던 정자와 똑같이 생긴 정자가 나왔다. 그곳에 한 소녀가 장상도령과 똑같은 자세로 글을 읽고 있었다.

"글을 읽는 아가씨, 원천강으로 가려면 어디로 가야 하는지요?"

그러나 낭자는 고개도 들지 않았고 대답도 하지 않았다. 그래서 오늘은 다시 한 번 길을 물었다.

"저는 오늘이라고 합니다. 원천강으로 가는 길을 찾고 있습니다."

그 말을 들은 낭자가 고개를 들고 오늘을 바라보았다.

"참으로 기묘한 인연이군요. 나는 내일인데 당신은 오늘이군요. 원천강은 왜 가려고 하십니까?"

오늘은 부모를 만나러 간다고 대답했다. 그러자 내일도 부탁을 하나 했다.

"저는 이 정자에서 십 년째 글을 읽고 있습니다. 대체 언제까지 글을 읽어야 하는지 알아봐 주시겠어요?"

장상도령과 같은 부탁이었다. 오늘은 그러겠다고 대답했다.

"이 길로 계속 가면 바위산이 세 개 나올 거고 그 너머에 감로정이라는 우물이 있는데 거기서 선녀들이 물을 긷고 있을 거예요. 그 선녀들에게 원천강 가는 길을 물으면 알려 줄 거예요."

오늘은 내일이 알려 준 길로 걸어갔다. 과연 바위산이 연달아 나왔다. 산세가 매우 높고 험했으나 곧 부모를 만날 수 있다는 생각에 힘과 용기를 얻은 오늘은 세 개의 바위산을 모두 넘어섰다. 그러자 감로정이라는 글이 적힌 우물이 하나 나왔고 그 옆에서 아름다운 선녀들이 눈물을 흘리면서 물을 긷고 있었다. 매우 기묘한 광경이었다.

오늘이 선녀들에게 물었다.

"아니 어째서 울고 계신가요?"

선녀들이 울먹이며 대답했다.

"우리는 원래 하늘의 선녀였는데 죄를 짓고 귀양을 왔습니다. 이 우물의 물을 모두 퍼내야 하늘로 돌아갈 수 있는데 바가지 밑이 깨져서 아무리 퍼내도 물이 줄지 않아 이렇게 울고 있습니다."

그 말을 들은 오늘은 산으로 돌아가 풀을 잔뜩 벤 다음 꼭꼭 뭉쳐서 바가지의 깨진 부분을 막고 송진을 발라서 굳게 만들었다. 그러자 바가지가 새지 않았다. 오늘과 선녀들은 사흘 동안 물을 모두 퍼냈다. 선녀들은 이제 하늘로 돌아갈 수 있게 되었다. 선녀들은 크게 기뻐하며 소원을 들어주겠다고 했다.

"나는 원천강으로 가서 부모님을 만나고 싶습니다."

선녀들은 하늘로 돌아가는 도중에 원천강이 있다며 데려다주겠다고 제안했다. 선녀들과 오늘은 며칠 동안 걸었다. 그러자 큰 마을이 나오고 높은 성이 하나 나타났다.

"여기가 원천강입니다. 부모님을 만나 행복하게 보내세요."

오늘은 선녀들과 작별 인사를 하고 성문 앞으로 갔다. 오늘이 성으로 들어가려고 하자 성의 문지기가 나타나 험상궂은 표정으로 오늘의 앞을 막았다.

"너는 누구냐?"

"저는 오늘이라고 합니다. 부모님을 만나러 왔습니다."

"네 부모가 누구냐?"

오늘은 말문이 탁 막혔다. 자기가 누구인지도 모르는데 부모를 어떻게 안단 말인가?

"부모의 이름도 얼굴도 모릅니다."

그 말을 들은 문지기는 오늘을 밀쳐 냈다.

오늘은 기가 막혔다. 그 먼 곳을 고생하며 찾아왔는데 부모를 만날 수 없게 되자 절망스러웠다. 눈에서 눈물이 흘렀다. 그렇다고 그냥 돌아갈 수도 없었다. 오늘은 성문 대들보에 목을 매고 죽을 작정을 했다.

"아버님 어머님 얼굴도 뵙지 못하고 오늘은 여기서 죽습니다."

그 순간 성문이 열리더니 차사가 말을 타고 나타나 오늘을 성 안으로 데리고 들어갔다. 오늘은 성 안에서 가장 크고 높은 집으로 안내되었다. 그곳에 서 있던 노부부가 오늘에게 물었다.

"너는 누구인데 여기까지 왔느냐?"

"네, 들판에서 자란 오늘이라고 합니다."

노부부는 흥미롭다는 듯이 물었다.

"들판에서 어찌 살았단 말인가?"

"배가 고프면 학이 먹을 것을 주었고 추우면 학이 깃털로 덮어 주어 살았습니다."

그 말을 들은 노부부는 오늘에게 달려와 손을 덥석 잡으며 말했다.

"네가 내 딸이구나."

노부부의 눈에는 눈물이 글썽였다. 오늘은 어리둥절했다.

"너를 막 낳았을 때 천지왕이 우리에게 원천강을 다스리라고 명령했단다. 그래서 춤추는 학에게 너를 맡겨 두고 이곳으로 와야 했지. 그 아이가 이렇게 예쁜 소녀로 자랐구나. 바빠서 이름도 지어 주지 못했는데, 오늘이라고 했지? 예쁜 이름을 얻었구나."

이렇게 먼 길을 여행한 오늘은 마침내 부모님과 만났다. 오늘과 그녀의 부모는 그동안 밀린 이야기를 하느라 사흘 밤낮도 모자랐다.

원천강, 과거와 현재, 미래가 공존하는 곳

원천강에는 사계절이 모두 있었다. 한쪽에는 꽃이 핀 봄이 있는 동시에, 돌아서면 흰 눈이 쌓인 겨울이 있었다. 한쪽에는 뜨거운 햇볕이 내리쬐는 여름이 있지만, 돌아서면 단풍이 곱게 든 가을이 있었다.

그곳은 시간이 모두 존재하고 그래서 시간이 멈춘 곳이었다. 그곳에 사는 사람들은 먹지도 않았고 잠을 자지도 않았다. 오늘이 걸었던 흰 모래땅, 누런 모래땅, 검은 모래땅, 파란 바다는 사계절을 상징한다.

아이들은 오늘을 산다. 어른들은 계획을 세우고 그에 따라 시간과 힘을 분배하지만, 아이들은 당장 눈앞의 것에 온 힘을 쏟는다. 어른들은 내일을 위해 에너지를 남기지만 아이들은 방전이 될 때까지 멈추지 않는다.

신화 속 오늘은 동물들과 어울리며 오늘을 산다. 그리고 삶의 여정을 시작하고 원천강에 사는 부모를 만나기 위해, 즉 미래의 사건을 위해 의지와 용기를 갖고 현재의 고난을 극복해 나간다.

어떤 목표가 생기면 시간은 그 목표(미래)로부터 온다. 예를 들어 한 달 후에 시험을 치른다면 한 달 동안 그 시험을 위해 공부하고 생활을 통제한다. 이때 시간은 과거가 아닌 미래로부터 오는 것이다. 삶의 여정은 그 과정의 연속이다.

오늘이 길을 잃을 때마다 만나는 존재들이 그 과정의 실체이다. 새로운 목표를 정하고 그 목표에서 오는 시간을 따라 우리는 살아간다.

따라서 시간이 과거로부터 그저 흘러오는 사람은, 다른 말로 목표가 없는 사람은 길을 떠나지도 못하고 아무것도 이루지 못한다.

원천강은 그 미래의 가장 끝에 있는 곳이다. 원천강은 하루의 끝, 한 해의 끝을 뜻하기도 하고 삶의 마지막 종착지인 죽음을 의미하기도 한다. 즉 하루, 한 해, 한 생애 등의 끝을 의미한다. 하루가 끝나고 다음 날 새로운 하루가 시작된다. 한 해와 생애도 다르지 않다. 그래서 원천강은 시간이 모두 있고 또한 동시에 시간이 흐르지 않는 곳이다. 원천강은 시간의 끝이고 시작이다.

오늘은 원천강에서 부모와 함께 스무하루를 보냈다. 그리고 떠나야 할 때가 되었다.

"여기서 부모님을 모시고 천년이고 만년이고 살고 싶으나 부탁받은 일들이 있어서 돌아가 보아야겠습니다."

그리고 원천강으로 오면서 만났던 사람들이 부탁한 것들을 부모님에게 물어보았다. 그러자 오늘의 부모는 그 까닭이 무엇인지 하나하나 알려 주었다.

"장상도령과 내일낭자는 하늘에서 낸 천생연분인데 서로가 모르니 글만 읽고 있는 게지. 허허, 당장이라도 결혼을 하면 아주 행복하게 오래오래 살 것이다. 연화못의 연꽃은 가운데 줄기의 꽃을 따서 처음 만나는 사람에게 주면 다른 줄기에서 꽃이 활짝 피어날 게다. 바닷가에 사는 이무기는 여의주를 하나만 가지면 당장이라도 용이 되어 하늘로 날아갈 수 있는데 세 개나 갖고 있으니 무거워서 올라가지 못하는 게지. 처음 만나는 사람에게 여의주 두 개를 나누어 주라고 말해라. 그리고 누구든 연화못의 연꽃과 여의주를 갖는 사람은 훗날 옥황궁의 선녀가 될 수 있다."

오늘은 부모님의 말씀을 하나하나 새겨들었다. 그리고 발길을 돌려 길을 떠났다. 내일을 만난 오늘은 함께 바닷가로 가서 이무기를 타고 바다를 건넜다. 오늘은 이무기에게 부모로부터 들은 이야기를 전했다. 이무기는 오늘에게 여의주 두 개를 주었다. 그러자 하늘에서 번개가 내리쳤고 이무기는 곧바로 용으로 변해 하늘로 올라갔다.

오늘로부터 답변을 전해 들은 연화못의 연꽃도 가운데 줄기에서 난 꽃을 오늘에게 주었다. 그러자 다른 줄기에서도 꽃이 활짝 피었다. 그리고 오늘은 내일낭자를 장상도령에게 데리고 갔고, 그 둘이 결혼하는 것을 보았다.

오늘에게 던져진 물음,
우리의 삶

오늘은 늘 놀던 들판으로 돌아와 백씨부인에게 여의주 하나를 나눠 주었다. 훗날 연꽃과 여의주를 가진 오늘은 천지왕의 부름을 받고 하늘로 올라가 선녀가 되었다.

그렇다면 오늘이 부탁받은 것들은 무슨 의미일까? 그것은 과거와 현재, 미래라는 시간 속에서 사는 우리가 어떻게 살아야 하는지에 대한 대답이 아닐까?

장상도령과 내일낭자의 일화는 미련하게 일만 할 것이 아니라 타인과 인생을 즐겁고 행복하게 지내라는 의미가 담겨 있다. 다르게 말하면 더 나은 내일을 위해 오늘을 희생하지 말라는 것, 그리고 그 과정에서 홀로 무엇인가를 하는 게 아니라 함께할 때 그 의미가 배가된다는 의미일 것이다.

또한 준비만 할 것이 아니라 그냥 세상에 뛰어들라는 의미도 담겨 있다. 요즘 사람들은 끊임없이 무엇인가를 준비한다. 내일을 위해 준비를 하고, 내일이 오늘이 되면 다시 내일을 위해 준비를 하고, 또 내일이 찾아오고, 끝없는 내일의 연속이다. 장상과 내일의 글 읽기는 말 그대로 끝없는 내일이다.

두려운 실패를 마주하지 않기 위해 만반의 준비를 해야겠으나 준비만으로는 성취할 수 없다. 이는 원인에 따라 결과가 결정된다는 단선적인 사고에서 비롯된 것이다. 서툴지만 세상에 뛰어들고 경험을 통해 얻은 것을 토대로 다시 준비를 하고 다시 뛰어드는 순환적 구조가 삶을 더 풍요롭게 만들지 않을까? 오늘과 함께 뛰어놀던 동물에게는 내일이 없다는 점에서도 그렇다.

연못에 핀 연꽃의 부탁은 편견에 대한 물음이 아닐까 생각한다. 가치와 의미는 늘 변화하고 사회와 시대에 따라 달라지는데 가운데 줄기만 붙잡고 있는 것이다. 이는 하나의 가치와 의미만 붙잡고 살 때 삶이 풍요로워지지 못함을 말하는 게 아닐까. 사회의 다양한 가치를 인정하고 받아들이며 상대의 가치를 인정할 때 삶의 꽃이 활짝 피어남을 의미한다.

이무기의 부탁은 당연한 말이지만 욕심을 버려야 한다는 말이겠다. 불교에서도 인간이 버려야 할 것으로 어리석음과 분노에 더해 욕심을 꼽는다. 북유럽 신화에서도 많은 이야기가 탐욕에 대한 경계로 채워져 있다.

타인과 함께 즐겁게 시간을 보내고, 나만의 편견을 버리고 타인의 가치를 인정하며, 욕심을 버리고 가벼운 마음으로 살면 오늘처럼 아름다운 하늘의 선녀로 상징되는 멋진 사람이 될 수 있다. 한정된 시간을 편견과 욕심으로 채우지 않아야 할 것이다.

운명의 신 가믄장아기

운명처럼 찾아온 만남

운명의 사전적인 의미는 두 가지다. 하나는 "인간을 포함한 모든 것을 지배하는 초인간적인 힘 또는 그 초인간적인 힘에 의해 이미 정해져 있는 목숨이나 처지"라는 뜻이고, 다른 하나는 "앞으로의 생사나 존망에 관한 처지"라는 의미다. 이 중에 앞의 의미로 운명이라는 말을 쓰기 위해서는 미래를 좌우하는 초인간적인 힘이 존재함을 인정해야 한다.

과학이 성과를 거두기 이전에는 잔잔하던 바다에서 갑자기 발생한 사나운 폭풍을 신의 분노라고 여겼다. 다르게 표현하면 사나운 폭풍을 운명으로 여기고 받아들인 것이다. 그러나 오늘날 우리는 그것이 신의 분노도 아니고 운명도 아님을 잘 알고 있다. 그래서 신에게 제물을 바치기보다는 기상정보를 활용하고 그에 필요한 기계를 사는 게 낫다는 것도 잘 안다.

그렇지만 우리는 현재에도 종종 운명을 믿을 것인가를 놓고 때로는 가볍게 때로는 진지하게 이야기를 주고받곤 한다. 또 그 운명을 알기 위해 점쟁이를 찾아다니기도 한다. '알 수 없는' 미래로 우리를 이끌고 가는 초인간적인 힘이 있고, 그 힘이 우리의 생사와 존망을 결정한다는 믿음을 우리가 지니고 있다는 점에서 그렇다.

그렇다면 운명은 어디에서 왔을까? 운명은 상당 부분 시간에서 비롯되었다. 즉 우리에게 주어진 한정된 시간에서 운명이 나타났다. 시간이 한정되어 있기에 우리는 끊임없이 이것이냐 저것이냐를 놓고 선택해야 하고, 무언가를 선택하는 그 순간 우연적으로 또는 필연적으로 운명이 작용한다.

시간의 신은 대부분 여신이다. 그것은 사회적으로 약자였던 여성에게 훨씬 많은 삶의 변수가 발생했기 때문이다. 운명이 시간과 내밀하게 결합할 때, 그러니까 다른 선택지가 없이 그저 시간을 참고 견디어야 할 때 운명의 여신은 잔혹하고 비정해진다. 시간이란 운명을 이길 수 있는 인간은 없기 때문이다.

한국 신화에서 운명의 신은 가믄장아기다. 가믄장아기의 부모는 거지였다. 먼저 이들의 이야기를 따라가 보자.

먼 옛날, 어느 마을에 강이영성이서불이라는 긴 이름을 가진 남자 거지가 살았다. 한편 그 아랫마을에는 홍은소천궁에 궁전궁납이라는 역시 이름이 긴 여자 거지가 살았다. 두 거지는 각자 자기 마을에서 동냥하며 살았는데 어느 해 심한 흉년이 들었다.

인심은 곳간에서 나온다. 흉년으로 먹을 것이 부족해지자 거지에게 나눠 줄 양식이 있을 리 없었다. 두 거지는 동냥하기가 힘들어 굶기를 밥 먹듯이 하다가 솔깃한 소문을 들었다.

윗마을에서는 아랫마을에 풍년이 들어 인심이 좋다는 소문이 돌았고, 아랫마을에는 윗마을에 풍년이 들어 인심이 좋다는 소문이 퍼졌다. 이 소문을 믿은 두 거지는 각각 자기가 살던 마을을 떠나 다른 마을로 향했다.

비슷한 시기에 마을을 떠난 탓인지, 외나무다리에서 원수가 만나듯 두 마을의 경계에서 두 거지가 마주쳤다. 이들은 서로의 마을에 대해 물었고 어느 쪽이 나을 것이 없다는 것을 깨달았다. 소문은 늘 과장되고 왜곡되는 법이다. 두 거지는 한탄하듯 뇌까렸다.

"세상은 흉년인데 소문만 풍년이네."

두 거지는 어느 마을로도 갈 수 없었다. 한동안 그 자리에 주저앉아 넋두리를 주고받으며 동냥질도 일이라고 동병상련을 느꼈다. 헌 신발도 짝이 있고 길에 구르는 돌멩이도 인연이 있다고 두 거지는 함께 살기로 했다. 백지장도 맞들면 낫다고 했던가, 둘이 함께하기로 하자 삶에 대한 희망과 의지가 생겼다. 그때까지 주는 대로, 주어진 대로 살던 두 거지는 처음으로 자기들의 삶을 만들어 갈 희망과 의지가 생겼다.

만약 두 거지가 그대로 자기 마을에서 살았다면 만남도 결혼도 없었을 것이다. 다시 말해 변화가 없었다면 그저 주는 대로, 주어진 대로 살았을 것이다. 비록 잘못된 소문이었지만 그 소문에 따라 삶에 새로운 변화를 주었고 거기서 새로운 운명의 수레바퀴가 구르기 시작했다.

이때의 결혼은 만남이 극단화된 상징이다. 두 거지의 결혼은 우리 삶이라는 운명의 소용돌이에서 만남이 얼마나 중요한지를 새삼 느끼게 한다. 만남을 불교적으로 표현하면 '인연'이고, 구조주의 용어로 말하자면 '관계'다. 작은 관계가 우리의 운명을 바꾸고 새로운 세계로 이끌어 준다. 이래서 만남은 늘 소중하다.

굴러가는
운명의 수레바퀴

거지 부부는 던져진 삶에서 벗어나기 위해 동냥질을 그만두고 날품팔이에 나섰다. 빈둥거리며 동냥을 하던 젊은 남녀가 일을 하겠다고 나서자 아랫마을 윗마을 가릴 것 없이 기특하게 여기고 일을 주었다. 거지 부부는 마을 사람들에게 보답하기 위해 열심히 일했고 풍족하지는 않아도 굶지 않을 정도가 되었다. 주변의 사정과 상황에 따라 결정되던 삶이 이제 스스로 자기 삶의 수레바퀴를 굴릴 수 있는 상태가 된 것이다.

따스한 봄날에는 지나간 겨울의 매서움이 숨어 있다. 봄날

같던 거지 부부에게 시련이 다가왔다. 아이가 생긴 것이다. 달이 차자 예쁜 딸이 태어났다. 보통 아이의 탄생은 축복 같은 일이지만 거지 부부는 마냥 기뻐할 수만은 없었다.

둘이 힘을 합쳐야 어찌어찌 입에 풀칠하는 정도였는데, 딸이 태어나면서 여자 거지가 일을 못 하게 되었다. 여기에 입이 하나 더 생긴 셈이었다. 딸을 앞에 놓고 부부의 장탄식이 이어졌다.

그러나 굴러가는 삶의 수레바퀴는 멈추지 않는다. 하늘은 스스로 돕는 자를 돕는다고 하는데 여기서 하늘은 우리와 맺고 있는 인연과 관계를 뜻한다.

거지 부부가 딸을 낳고 곤란해진 것을 안 주변 사람들이 도움을 주었다. 그들이 빈둥거리는 거지였다면, 다른 말로 인연과 관계가 없었다면 부부는 도움을 받지 못했을 터였다.

마을 사람들은 날품을 파는 부부가 일할 수 있도록 아이를 맡아 키워 주었다. 사람들은 은그릇에 죽을 쑤어서 먹이고 밥을 지어 먹였다. 그래서 아이의 이름도 자연스럽게 은장아기가 되었다.

거지 부부는 주변 사람들의 마음씨에 감동하여 더욱 열심히 일했다. 이렇게 아이는 그 부모만이 아니라 세상이 함께 키우는 것이다. 그래야 그 아이도 커서 세상을 더 잘 만들기 위해 분투할 것이고, 또 그렇게 새로운 세상이 도래할 것이다. 그러나 오늘날에는 양육의 책임을 한 가정에만 전가하고 주변에서는 나 몰라라 하거나 심지어 '노키즈존'처럼 아예 아이를 배제하기까지 한다. 쓸쓸할 따름이다.

아이의 웃음소리와 재롱은 부부에게 큰 기쁨을 주었다. 은장아기가 세 살이 되었을 때 또 한 명의 아이가 태어났다. 이번에도 딸이었고, 이 아이 역시 마을 사람들이 키워 주었다. 그러나 처음보다 정성이 덜했고 놋그릇에 음식을 담아 먹여서 이름도 놋장아기가 되었다.

부부는 그것만으로도 감동했다. 그리고 이들의 생활도 동냥하면서 살 때와 매우 달라졌다. 이미 옹색함은 벗어난 상태였다. 다시 몇 년 뒤 딸이 하나 더 태어났다. 이번에도 마을 사람들이 키웠으나 그들의 정성이 예전보다 못했다. 셋째 딸은 나무바가지에 담긴 죽과 밥을 먹으며 컸고 그래서 가믄장아기라는 이름이 붙었다.

그런데 가믄장아기가 태어난 뒤로 날품팔이 부부의 일이 술술 풀려나가기 시작했다. 원하는 대로 일이 생겼고 일한 것보다 많은 수입이 생겼다. 부부는 모은 돈으로 논과 밭을 샀고, 날품팔이를 그만두고 농사를 짓기 시작했다. 다음 해에는 소를 사고 움막과 비슷했던 집을 헐어 새 집도 지었다. 부부의 재산은 눈덩이처럼 불어났다.

십 년쯤 지나자 부부는 인근에서 손꼽히는 부자가 되었다. 그들은 비단옷을 입었고 큰 창고가 있는 저택에서 하인들을 거느리며 매끼 쌀밥에 고기를 먹으며 살았다. 뽕나무밭이 바다가 되었다는 상전벽해라는 말처럼 머리끝부터 발끝까지 모든 것이 변했다. 처음에는 변화에 당황했으나 이제는 당연한 것으로 받아들였다. 그렇게 부부는 과거를 잊었다.

공허한 현재와
망각된 과거

과거가 사라지면 오만해진다. 과거를 잊으면 불행해진다. 가믄장아기가 열다섯 살쯤 되었을 때 일이 터졌다. 그날따라 비가 부슬부슬 내리고 딱히 할 일이 없었던 부부는 딸을 하나씩 불렀다.

"은장아기야, 너는 누구 덕에 이렇게 호강하며 산다고 생각하느냐?"

"하늘님 덕분이고, 아버님과 어머님 덕분이지요."

은장아기의 달콤한 대답에 부부의 입이 헤벌쭉 벌어졌다. 부부는 은장아기에게 비단옷을 한 벌 내주었다. 다음은 놋장아기 차례였다. 눈치가 빠른 놋장아기는 부모가 무슨 말을 듣고 싶어 하는지 알았다.

"하늘님 덕분이고, 아버님과 어머님 덕분이지요."

놋장아기는 비단신을 하나 얻었다. 부부는 세상에 부러울 것이 하나도 없었다. 더 큰 기쁨을 맛보기 위해 세 딸 가운데 가장 똑똑한 가믄장아기를 불렀다. 부부는 가믄장아기에게도 같은 질문을 던졌다. 가믄장아기는 물끄러미 부모를 바라보다가 입을 열었다.

"하늘님 덕분이지요. 그리고 부모님 덕분이지요. 모두의 덕분이기도 하지만 저의 복으로 먹고 입고 호강을 누리고 살지요."

두 언니는 부모가 듣기 원하는 말을 하고 선물을 받았으나 가믄장아기는 홀로 진실을 말했다. 하늘의 덕분이기도 하고 부모님 덕분이기도 하지만 자기의 타고난 복도 있다고 자기를 숨기지 않고 드러냈다.

하늘과 부모는 타고난 것을 상징하고, 자기의 복은 스스로 만들어 갈 삶을 의미한다. 우리는 실제로 이렇게 타고난 것에 더해 자기의 의지와 노력을 더하며 삶을 살아간다.

타고난 것, 즉 주어진 것으로 사는 사람과 자기의 삶을 개척하고 만들어 가는 사람은 다른 삶을 산다. 자기의 것을 갖지 못한 자는 불행해진다. 그 불행은 공허함에서 온다. 지나치게 과거가 현재를 간섭하고 그로 인해 생긴 공허함에서 불행이 자란다.

그 공허함에서 온 불행을 가진 자들은 물질로 극복하려고 한다. 은장아기와 놋장아기의 비단옷과 비단신이 그 상징이다. 그러나 이렇게 채운 물질은 공허함을 더 부채질할 뿐이다.

체험이나 기억이 담긴 물질은 소중하고 공허함을 메우는 역할을 한다. 그러나 자기의 체험이나 기억 없이 외부적인 이미지만 담긴 물질은 공허하다. 드라마에서 본 멋진 이미지 때문에 산 물건이 내게 충족감을 줄 리가 없다. 중첩된 가짜가 진실할 수 없다. 일시적인 만족을 줄지는 몰라도 진정한 행복을 주지는 않는다. 공허함에 더해서 그 공허함을 메우기 위한 물질이 중첩된 가짜를 만든다.

가믄장아기는 듣기 좋은 겉치레 대답을 하지 않고 자기의 생각과 진실을 대답했다. 그러나 기대한 말이 아닌 다른 대답을 들은 부부의 얼굴은 바위처럼 굳었다. 부부는 하루의 즐거움이 송두리째 사라지는 것을 느꼈다. 부부는 선물 대신 불호령을 내렸다.

"썩 나가라! 부모의 은혜도 모르는 너는 이 집에서 살 자격이 없다."

가믄장아기는 갑작스러운 아버지의 고함에 놀랐지만 이미 엎질러진 물이었다. 가믄장아기는 곱게 절을 했다.

"아버님, 어머님 평안하게 잘 지내십시오."

가믄장아기는 쓸쓸한 표정으로 방을 나와 평소에 입던 옷가지 몇몇과 약간의 양식을 준비한 다음 검은 암소에 싣고 집을 나섰다. 쉬이 발길이 떨어지지 않았다.

한편 부부도 마음이 편치 않았다. 그래서 은장아기를 불러서 가믄장아기에게 갈 때 가더라도 식은 밥이라도 물에 말아 먹고 가게 하라고 일렀다.

은장아기는 평소 똑똑한 가믄장아기를 싫어했다. 부모가 가믄장아기를 예뻐할 때마다 질투를 느꼈다. 은장아기는 이참에 가믄장아기를 쫓아내야겠다고 생각했다. 은장아기는 노둣돌 위에서 머뭇거리는 가믄장아기에게 가서 말했다.

"아버지가 너 때리러 온다. 빨리 떠나라."

가믄장아기는 그것이 거짓말임을 알아차렸고 서글픈 표정으로 은장아기를 바라보았다. 가믄장아기는 하늘을 올려다보며 중얼거렸다.

"언니가 노둣돌 아래로 내려오면 다리가 많이 달린 지네로 환생하게 하십시오."

그러자 은장아기가 지네로 변해서 노둣돌 아래로 사라졌다.

은장아기가 가믄장아기를 데리고 오기를 기다리던 부부는 오랫동안 소식이 없자 놋장아기를 불러서 가믄장아기에게 밥이라도 먹여서 보내라고 일렀다.

놋장아기도 평소 강한 질투심과 시샘을 품고 있었다. 놋장아기가 밖에 나가 보니 가믄장아이가 여전히 문간에서 서성이고 있는 게 보였다.

"가믄장아기야, 아버지 어머니가 널 때리려고 나오니 빨리 떠나거라."

가믄장아기는 슬픔과 분노를 느꼈다. 가믄장아기는 하늘을 바라보며 중얼거렸다.

"놋장아기가 내려오면 두엄의 버섯으로 환생하게 해 주세요."

놋장아기는 독버섯으로 변했다. 한편 가믄장아기를 데리러 간 은장아기와 놋장아기가 돌아오지 않자 부부는 안달이 났다. 부부에게 깊은 불안이 엄습해 왔다.

부부는 상황을 알아보기 위해 밖으로 나가다가 문지방에 걸려 넘어졌다. 넘어지면서 벽에 눈이 부딪쳤고 그렇게 부부는 동시에 눈이 멀고 말았다. 눈을 잃은 부부는 얼마 지나지 않아서 재산도 모두 잃었고 다시 거지가 되어 빌어먹고 살게 되었다.

이렇게 부부는 가믄장아기를 쫓아냈고 가믄장아기를 질투

했던 은장아기와 놋장아기는 지네와 버섯이 되었으며 부부는 장님이 되고 말았다. 무슨 의미일까?

여러 가지로 해석할 수 있겠지만 가믄장아기를 백성으로 보면 쉽게 이해된다. 지배층이 백성 덕분에 호강하는 것을 잊고 자기 덕분이라고 오만에 빠진 것이다. 백성인 가믄장아기가 그것을 깨우쳐 주었지만 받아들이지 않았을 뿐만 아니라 오히려 백성을 쫓아냈다.

뒤늦게 지배층은 백성의 소중함을 알고 돌이키려고 하지만 지배층을 추종하는 은장아기와 놋장아기로 상징되는 중간 관료들은 백성들을 호되게 몰아붙인다. 이때 가믄장아기가 하늘에 대고 기원한 것은 현대말로 바꾸면 여론에 비유할 수 있다.

여론은 백성들의 염원이 담겨 있는 주문이다. 은장아기와 놋장아기와 같이 백성들을 괴롭히는 지배층과 중간 관료들에 대한 주문은 마법처럼 위력이 대단해서 그들을 지네와 버섯으로 만들어 버렸다. 그리고 오만 때문에 세상을 바로 보지 못하던 부부는 실제로 눈이 멀고 말았다.

물론 거지 부부와 가믄장아기의 두 언니를 우리 주변의 사람을 상징한다고 봐도 무리가 없다. 왜 이런 사람들이 있지 않은가?

운명의 길 위에 선
가믄장아기

가믄장아기는 검은 암소에 옷가지와 양식을 싣고 정처 없이 걸었다. 딱히 어디로 가야 할 목적지가 있는 것도 아니었다. 그저 발길이 닿는 대로 걸었다. 삶의 중심이 되는 집을 잃은 사람들은 정처 없이 떠돌 수밖에 없다.

집을 잃은 자는 돌아갈 곳이 없다. 끊임없이 앞으로 나아가야 할 뿐이다. 집을 잃은 자는 돌아가 쉴 곳이 없다. 그래서 집을 잃은 자는 편하게 쉴 수가 없다. 그것이 집을 잃은 자들의 운명이다.

집을 잃는다는 것은 유대인들이 고향을 떠나 디아스포라가 되어 세계를 떠돌아다닌 것에 비유할 수 있다. 유대인들은 오랜 세월 세계를 떠돌아다녔다. 또 그것은 현대인의 모습을 닮았다. 과거에 집 역할을 해 주며 개인의 삶을 든든하게 받쳐 주던 여러 공동체가 약해지거나 붕괴했고 최근에는 공동체의 최소 단위인 가족마저 해체의 위기에 처해 있다.

따지고 보면 유대인들이 디아스포라가 된 것도 시대가 낳은 그들의 운명이고 현대인들이 개인화 과정에서 집으로 상징되는 공동체를 잃어 가는 것도 현대라는 시대를 살아가는 현대인의 운명이다. 집을 떠나야 했던 가믄장아기 역시 부부의 오만이 낳은 운명의 뒤틀림이다.

어쩌면 그 떠남은 아기가 자궁(여기서 궁도 집을 의미한다)을 떠나면서부터 시작되는 것일지도 모른다. 그래서 가믄장아기는 누구 덕에 사느냐는 부모의 물음에 자기 덕분에 산다고 주저 없이 말할 수 있었던 것일지도 모른다. 이런 면에서 삶은 끝없는 여행이기도 하다.

그러나 떠나지 않으면 새로운 세계와 만나지 못한다. 가믄장아기가 집에서 쫓겨나 겪는 여정은 새로운 세계와 만날 수 있는 가능성을 던져 주었다.

가믄장아기는 온종일 고개를 넘고 들판을 지났다. 가믄장아기는 설움을 꾹 참고 걷고 또 걸었다. 그렇지만 해가 서산으로 뉘엿뉘엿 넘어갈 때까지 사람의 흔적을 찾을 수가 없었다.

날은 저물어 가고 몸은 피곤한데 하룻밤 쉬어 갈 곳이 눈에 들어오지 않았다. 그 순간, 다 쓰러져 가는 낮은 지붕의 초가집이 하나 눈앞에 나타났다. 가믄장아기는 안도의 한숨을 내쉬며 그 집으로 들어갔다.

집 안에는 노부부가 살고 있었다. 가믄장아기는 검은 암소를 매어 두며 하룻밤 묵게 해 달라고 부탁했다. 할머니는 난처하다는 듯이 대답했다.

"우리 집에는 삼 형제가 있어서 나그네가 쉴 방이 없는데."

가믄장아기가 사정을 했다.

"부엌도 좋고 헛간도 좋으니 하룻밤만 지내게 해 주세요."

할머니는 가믄장아기가 딱했는지 그리하라고 허락했다. 가믄장아기는 부엌에 앉아 비로소 지친 다리를 접고 쉬었다. 얼마 지나지 않았을 때 밖에서 요란한 소리가 들려왔다. 가믄장아기가 할머니에게 무슨 소리인지 물었다.

"우리 큰아들이 돌아온 모양이네. 아이들이 마밭에서 일을 하거든."

큰아들은 부엌을 흘낏 보더니 험상궂은 표정으로 욕을 퍼부었다.

"에이, 내가 힘들게 일해서 기껏 배불리 먹여 놓았더니 부엌에서 낯선 아이와 노닥거리기나 하고."

얼마 후 다시 바깥에서 요란한 소리가 나더니 둘째 아들이 돌아왔다. 둘째 아들도 형처럼 부엌을 향해 욕을 퍼붓고 방으로 들어갔다. 얼마 후에 삼 형제의 막내가 돌아왔다. 막내는 부엌을 흘낏 보더니 싱글싱글 웃으며 말했다.

"아니 우리 집에 웬 암소요? 게다가 귀한 손님도 오셨네."

얼마 후 형제들은 자기가 수확한 마를 부엌으로 가지고 와서 삶기 시작했다. 가믄장아기는 구석에 앉아서 형제들의 모습을 물끄러미 지켜보았다. 마를 모두 삶자 첫째와 둘째가 말했다.

"아버지와 어머니는 먼저 태어나서 마를 많이 먹었으니 이 거나 드셔요."

첫째와 둘째가 부모에게 준 것은 마의 모가지 부분이었다. 그리고 손님은 가장 늦게 왔다는 이유로 꼬랑지 부분을 던져 주고 자기들이 살이 많은 가운데 부분을 먹었다.

"손님은 아무 일도 하지 않았고 우리는 열심히 일했으니까."

그러나 셋째는 달랐다.

"아버지 어머니 날 키우느라 고생하셨으니 이걸 드셔요."

셋째는 부모에게 가운데 살을 내밀었다.

그리고 가믄장아기를 돌아보며 말했다.

"손님은 온종일 걸어서 힘들 테니 모가지 부분을 드셔요. 난 먹지 않아도 배가 부르니 꼬랑지를 먹고."

가믄장아기는 삼 형제가 마를 모두 먹고 나자 검은 암소에 싣고 왔던 보퉁이에서 쌀 석 되를 꺼냈다. 가믄장아기는 쌀을 깨끗이 씻어서 김이 모락모락 나는 쌀밥을 지었다.

"주인 나그네가 따로 없으니 이 밥을 드셔 보세요."

가믄장아기는 할아버지와 할머니에게 권했으나 조상 때에 도 먹지 않은 것이라고 말하며 거절했다. 가믄장아기는 삼 형 제에게도 밥을 권했다. 그러자 첫째와 둘째는 버러지 닮은 것을 먹을 수 없다며 거절했다. 그런데 셋째는 가믄장아기가 밥을 주자 게가 눈을 감추듯 맛있게 먹었다.

환대가 낳은 인연

집단의 가장 큰 미덕 가운데 하나는 환대다. 환대는 찾아온 자를 반갑게 맞이하는 것이다. 고대 여러 지역에서는 누군가 찾아오면 상대를 가리지 않고, 이익을 따지지 않고 환대해야 했다. 지나가는 나그네가 유숙을 청하면 재워 주는 게 마땅한 일이었다.

내가 환대하지 않으면 상대도 나를 환대하지 않는다. 삶을 긴 여행에 비유해서 생각해 보면 환대가 왜 미덕인지 쉽게 알 수 있다. 우리는 모두 여행자이다. 따라서 가슴 따뜻한 환대만큼 지친 여행자에게 위안이 되는 건 없다.

평소 타자에 대한 환대가 있어야 관계가 생기고 새로운 운명의 문이 열리게 된다. 아무것도 하지 않고 좋은 일이 생기기 바라는 것은 신화뿐만 아니라 과학적 상식으로도 말이 안 된다.

노부부의 집에 머물게 된 가믄장아기는 혼자 자는 것이 섭섭해 아들 하나를 보내 달라고 부탁했다. 큰아들과 작은아들은 싫다고 했으나 막내아들은 기꺼이 가믄장아기에게 갔다.

가믄장아기가 막내아들의 몸을 씻기고 새 옷을 입히고 보니 훤칠한 장부였다. 그날 밤 가믄장아기는 막내아들과 백년가약을 맺었다. 다음 날 아침 막내아들이 새 옷을 입고 나가자 첫째와 둘째가 알아보지 못하고 막내를 향해 꾸벅 절을 하며 물었다.

"어느 서방님 행차이신지요?"

그러자 막내가 웃으며 대답했다.

"형님들, 나요. 막내요."

길을 떠나면 새로운 세계와 사람을 만나고 그곳에서 인연이 생긴다. 가믄장아기의 고된 하루는 젊은 시절을 상징한다. 젊은 시절은 외롭고 고된 시간이다.

그러나 고된 시간은 인연을 찾게 한다. 영웅 신화에서는 자기에게 주어진 힘든 소명을 완수한 영웅이 그 과정 중에 만난 인연과 신성한 결혼을 올리는 것으로 끝맺는 것을 흔히 볼 수 있다. 이처럼 인연은 힘든 소명을 완수한 자의 산물이다.

가믄장아기는 남편과 함께 삼 형제가 일하는 마밭으로 구경을 갔다. 첫째의 밭에는 똥만 잔뜩 쌓여 있었다. 둘째의 밭에는 지네와 뱀이 가득했다. 이어서 셋째의 마밭으로 갔다.

"밭을 일구는데 자갈이 많아서 고생을 많이 했어."

가믄장아기는 남편이 자갈이라고 던져 놓은 것들을 만져 보았다. 그것은 모두 금덩어리이고 은덩어리였다. 가믄장아기는 그 금과 은을 검은 암소에 실어서 집으로 날랐다. 가믄장아기와 마를 캐던 막내아들은 엄청난 부자가 되었다.

부자가 된 가믄장아기는 부모님 생각이 간절했다. 가믄장아기의 부모가 자기들만 생각하던 것과 달랐다. 가믄장아기는 자기가 집을 떠난 뒤에 부모가 장님이 되었고 거지가 되어 빌어먹으며 세상을 떠돌고 있다는 것을 소문을 들어 알고 있었다.

눈을 뜨고 바라보는
새로운 세상

가믄장아기는 부모를 찾아야겠다고 결심했다. 그리고 남편과 상의해서 거지들을 위한 백 일 잔치를 열기로 했다. 백 일 동안 잔치를 하면 부모가 반드시 찾아올 것으로 생각한 것이다.

잔치가 시작되었다. 거지들을 위한 잔치가 열린다는 소문은 널리 퍼졌고, 사방에서 거지들이 몰려들었다. 가믄장아기는 하루도 빼놓지 않고 잔치를 지휘하면서 부모가 오는지 살폈다. 하지만 두 달이 지나도 나타나지 않았고 석 달이 지나도 나타나지 않았다.

가믄장아기는 시간이 흐를수록 초조하고 갑갑한 마음이 들었다. 언제 부모가 나타날지 몰라 자리도 비우지 못하고 입구쪽만 바라보았다. 그리고 석 달 열흘이 지나 계획했던 백 일째가 되었다.

백 일째 날도 어느덧 저물기 시작했다. 가믄장아기는 마음이 찢어지는 듯 아팠으나 끝까지 희망을 버리지 않고 입구를 지켜보았다. 마지막 날이라 더욱 많은 거지들이 찾아와 잔치는 매우 북적거렸다.

그러나 기다리는 사람은 쉬이 나타나지 않았다. 날이 어둑어둑할 무렵, 가믄장아기는 한 장님 거지 부부가 지팡이에 의지해서 더듬더듬 집으로 들어서는 것을 보았다. 가믄장아기는 가슴이 쿵 하고 내려앉은 것을 느꼈지만 떨리는 마음을 가라앉히고 일하는 사람을 불러서 무엇인가를 지시했다.

"저 장님 부부 거지가 위쪽에 앉아서 먹으려 하면 아래쪽부터 음식을 내가고 아래쪽에서 음식을 먹으려 하면 위쪽부터 음식을 내가거라. 그들이 음식을 먹지 못하게 하여라."

장님 거지 부부는 먼저 위쪽으로 향했으나 음식을 먹지 못했다. 그래서 이번에는 아래쪽으로 갔지만, 그쪽에서도 음식을 먹을 수 없었다. 이렇게 우왕좌왕하는 사이에 날이 완전히 저

물어 잔치는 끝나고 말았다.

"잔치도 복이 있어야 얻어먹는 모양이네. 박복한 우리네 신세가 그렇지 뭐."

장님 부부 거지가 체념하고 밖으로 나가려고 할 때였다. 가믄장아기의 지시를 받은 하녀가 그들을 따로 사랑방으로 데리고 갔다. 그리고 그들 앞에 상다리가 휘어질 정도로 음식을 차려 냈다. 거지 부부는 허겁지겁 음식을 퍼먹었다. 얼마 후 가믄장아기가 사랑방으로 찾아와 술을 한잔 따르며 말을 걸었다.

"옛날이야기나 하나 해 주세요."

할 이야기가 없다고 손사래를 치던 거지 부부는 거듭 요청하자 자기들 이야기를 신세 한탄하듯 늘어놓기 시작했다. 장님 거지 부부는 노래하듯 자기들이 살아온 이야기를 펼쳐 놓았다. 처음 거지 생활을 하다가 부부의 인연을 맺은 것부터 시작해서 은장아기, 놋장아기, 가믄장아기를 낳고 부자가 되어 호강하던 이야기를 신이 나서 이야기했다.

"그때는 정말 좋았지. 무엇 하나 부러울 것이 없었다니까. 재산도 많고 예쁜 딸들도 있고."

장님 부부 거지는 거기서 말을 끊었다. 그리고 잠시 후에 말을 이었다.

"가믄장아기는 어디서 뭘 하는지. 잘 살아야 할 텐데."

그 말을 듣는 가믄장아기의 볼에는 끊임없이 눈물이 타고 흘렀다.

　"그때 그 아이를 내쫓지 말아야 했는데."

　장님 부부 거지는 아까와 달리 풀이 죽은 목소리로 말을 이었다. 부부가 동시에 장님이 된 이야기, 그 많던 재산을 잃고 딸들도 잃은 뒤 다시 거지가 되어 빌어먹고 살게 되었다는 이야기를 해 주었다. 가믄장아기는 말없이 눈물만 흘리고 있었다.

　"우리야 원래 거지였으니 다시 거지가 되었다 한들 서러울 것이 없지만 가믄장아기 그것은 곱게 컸는데 어디서 고생하고 있는 건 아닌지."

　가믄장아기는 자기의 눈물을 쏟아내듯 술을 따랐다.

　"이 술 드세요. 천 년을 산다 해서 천년주라지요. 아버님 어머님 이 가믄장아기가 따르는 술을 드시고 천년이고 만년이고 사셔야 해요."

　거지 부부는 그 말을 듣고 너무 놀라서 술잔을 떨어뜨렸다.

　"가믄장아기라고? 어디 보자."

　그 순간 거지 부부의 눈을 막고 있던 어둠이 걷히고 환하게 밝아졌다. 눈을 떴다는 것은 실제로 앞이 보이게 되었다는 의미에 더해 그동안 그들의 앞을 가로막고 있던 어둠의 벽을 무너뜨리고 밝은 세계, 달리 말하면 인간 세계의 도리를 깨달았음을 의미한다.

　이런 면에서 보면 우리 주위에 눈을 감고 살아가는 사람이 얼마나 많은지 새삼 놀라게 된다. 눈을 뜨면 새로운 세계가 보인다.

　가믄장아기는 훗날 운명의 신이 되었다. 우리가 믿고 있는 운명의 실체는 바로 가믄장아기의 삶이다. 둘 이상으로 갈라진 갈래길 없이 앞에 오직 한 길만 있고 그 길로만 가야 할 때 그것을 운명적이라고 부른다. 자유의지로 선택할 수 있는 선택지 없이, 주어진 대로 사는 것이 운명이다.

　그런데 가믄장아기는 역설적으로 운명은 스스로 만들어 가는 것임을 보여 준다. 자기 앞에 놓인 그 길이 비록 어렵고 힘든 것일지라도 그것을 감수하고 감내하면 새로운 운명이 기다리고 있음을 보여 주는 것이다. 그러니까 운명은 로버트 프로스트의 유명한 시 〈가지 않은 길〉에 잘 드러난 것처럼 자유의지를 통해 선택하는 것이다.

마마신을 굴복시킨 삼승할망

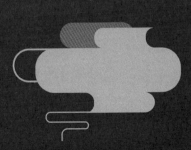

뒤늦게 얻은 자식

한국 신화에서 생명의 상징은 꽃이고 그 생명으로 이루어진 세계의 상징은 꽃밭이다. 그 꽃과 꽃밭의 이야기는 엉뚱하게도 동해의 용궁에서 시작된다.

먼 옛날 바닷속에 큰 경사가 있었다. 동해용왕이 서해용왕의 따님을 신부로 맞이하는 결혼식이 거행된 것이다. 바닷속은 온통 축복으로 가득했다. 많은 하객이 식장을 찾았고 동해용왕은 기쁨에 입을 다물지 못했다.

동해용왕 부부는 남부러울 것이 없었다. 무엇 하나 부족한 것이 없었고 부부 사이도 매우 좋았다. 그러나 단 하나 없는 것이 있었으니, 그것은 바로 자식이었다. 결혼한 지 삼십 년이 지나도 아이가 태어나지 않았다. 동해용왕 부부는 시름에 잠겼고 그들이 한숨을 내쉴 때마다 파도가 크게 일렁였다.

동해용왕 부부는 하늘에 기원해 보기로 했다. 부부는 백 일 동안 몸과 마음을 깨끗이 하고 하늘신인 천지왕에게 아이를 보내 달라고 기원했다. 이들의 정성이 하늘에 닿았는지 마침내 서해용왕의 딸에게 태기가 생겼다. 이 소문을 들은 바닷속 모든 생물은 한마음으로 축하하고 기뻐했다. 그리고 아기가 건강하게 태어나기를 빌고 또 빌었다.

열 달이 지나 아이가 세상으로 나왔다. 동해용왕은 아들을 원했으나 태어난 아이는 달처럼 예쁜 딸이었다. 용왕은 아들 딸 가릴 것 없이 자식이 태어났다는 것에 감동했다. 아버지가 된 동해용왕은 딸을 선녀처럼 예쁘게 키우겠다고 다짐했다.

동해용왕의 딸은 아버지뿐만 아니라 바닷속 모든 생물의 사랑을 듬뿍 받았다. 그런데 사랑이 지나친 탓에 버릇이 좋지 않았다. 처음 허물이 있을 때 바로잡아야 했으나 동해용왕은 웃음으로 넘겼다. 용왕이 이러하니 누가 아이의 나쁜 버릇을 바로잡겠는가.

동해용왕의 딸은 많은 죄를 지었다. 그 죄목은 이렇다. 한 살 때 어머니의 젖가슴을 세게 때린 죄, 두 살 때 아버지의 수염을 뽑은 죄, 세 살 때 널어놓은 곡식을 엉망으로 흩트린 죄, 네 살 때 남의 집 곡식과 채소를 뽑은 죄, 다섯 살 때 남의 집에 돌을 던진 죄, 여섯 살 때 남의 집 아이를 울린 죄, 일곱 살 때 마을 어른에게 욕을 한 죄, 여덟 살 때 마을에 나쁜 소문을 퍼트린 죄, 아홉 살 때 거짓말을 해서 사람들 사이에 불화를 조장한 죄.

동해용왕이 딸을 귀여워하는 사이에 그 죄는 눈덩이처럼 커졌다. 이제는 매일 나쁜 짓을 저질렀다. 그러나 누구 하나 그를 꾸짖지 못했다. 마침내 그냥 두고 볼 수 없는 지경에 이르렀다. 늙은 신하 하나가 백성을 대표해 용왕에게 조심스레 입을 열었다.

"사람들의 고생이 이만저만 아닙니다. 공주님을 멀리 보내
거나 궁전 안에서 나오지 못하게 막아 주십시오."

신하의 입을 통해 그동안 딸이 저지른 일을 전해 들은 동해
용왕은 파도가 거세게 출렁거릴 정도로 화를 냈다.

"내가 힘들게 얻었다고 귀여워하며 싸고돌다가 이런 화를
자초했구나. 그냥 둘 수가 없다."

무슨 일이든 기대가 크면 실망도 큰 법이다. 동해용왕은 처
음에 딸을 죽이려고 했다. 백성들을 괴롭힌 것은 용서할 수 없
는 일이었다.

그 모습을 지켜본 동해용왕의 부인은 안절부절못했다. 자칫
딸이 죽게 생긴 것이다. 부인이 동해용왕의 옷자락을 붙잡고 눈
물을 흘리며 애원했다.

"아무리 그래도 그렇지. 어떻게 내 배에서 나온 아이를 죽
인단 말씀인가요?"

화를 가라앉힌 동해용왕 역시 차마 자기 손으로 딸을 죽일
수는 없다고 생각했다. 그렇다고 용궁에 그냥 둘 수도 없는 노
릇이었다. 동해용왕은 깊은 고민에 빠졌다. 눈치를 살피던 부
인이 동해용왕에게 한 가지 제안을 내놓았다.

"아이를 궤짝에 넣어 바다 위로 보내는 게 어떨까요?"

동해용왕 부인은 딸의 목숨을 구하기 위해 남편을 달랬다. 동해용왕은 알았다는 듯이 고개를 끄덕였다. 동해용왕은 대장장이의 아들을 불러서 쇠로 튼튼한 궤짝을 하나 만들라고 지시했다. 명령을 받은 대장장이의 아들은 곧바로 궤짝을 만들기 시작했다.

생불왕이 된
동해용왕의 딸

서해용왕의 따님은 딸을 살려 낸 것에 안도의 한숨을 쉬었으나 한편으로 걱정 때문에 다시 한숨이 나왔다.

"저 아이는 무엇 하나 제대로 할 줄 아는 게 없는데, 세상에 나가 무엇을 하며 먹고산단 말인가?"

한편 아버지가 용궁에서 자기를 쫓아낸다는 소식을 들은 동해용왕의 딸은 눈앞이 캄캄해졌다. 동해용왕의 딸은 눈물을 흘리며 어머니에게 달려갔다. 동해용왕의 부인은 일부러 매정하게 말했다.

"네가 저지른 일이니 네가 감당해야지."

딸은 어머니에게 울면서 매달렸다.

"나 이제 어떻게 살아?"

동해용왕의 부인은 딸이 애처로웠다. 그는 딸의 손을 잡고 말했다.

"잘 들어라. 인간 세상에 아직 생불왕이 없다고 하니 네가 가서 생불왕이 되어라."

생불왕은 아이를 잉태시키고 태어나게 해 주는 산신(産神)이다. 다른 말로 삼승할망이라고 부른다.

"내가 그런 걸 어떻게 해? 내가 어떻게 아이를 낳게 한단 말이야?"

동해용왕의 부인은 딸에게 아이를 낳게 하는 방법을 차근차근 일러 주었다.

"아버지 몸에서 흰 피 석 달, 어머니 몸에서 검은 피 석 달 열흘, 아홉 달, 열 달을 채워서 아이를 밖으로 나오게 하면 된단다."

그 순간 쇠로 만든 궤짝이 완성되었고 동해용왕의 추상같은 엄명이 떨어졌다.

"빨리 저 아이를 이 궤짝 속에 넣어라. 부인, 뭘 꾸물거리는 거요."

동해용왕의 명령에 모녀는 당황해서 허둥지둥 궤짝이 있는 곳으로 달려갔다. 동해용왕의 딸이 궤짝 안으로 들어가자 밖에서 굵은 자물쇠를 채웠다.

그런데 쇠로 만든 궤짝에 자물쇠를 채운 뒤에야 동해용왕의 부인은 가장 중요한 것을 빼먹었다는 사실을 깨달았다. 그것은 산모가 아이를 낳을 때 어디로 내보내야 하는지를 알려 주지 못한 것이다. 동해용왕이 화를 내며 서두르는 바람에 깜빡 잊고 말았다.

그렇게 동해용왕의 딸은 궤짝에 실려 바다 위로 보내졌다. 쇠로 만든 궤짝은 바다 여기저기를 떠다녔다. 배처럼 노나 돛이 있는 게 아니라서 파도가 이끄는 대로 떠다닐 수밖에 없었다.

궤짝은 물 위로 삼 년, 물 아래로 삼 년을 떠다니다가 마침내 해변에 도착했다. 궤짝에는 '임박사가 열어 보라'라는 글귀가 적혀 있었다. 궤짝을 발견한 사람들은 함에 적혀 있는 대로 임박사를 찾아서 건네주었다. 임박사는 자기 앞으로 온 쇠로 만든 함을 요모조모 뜯어보았다. 함에는 굵은 자물쇠가 채워져 있었으나 열쇠가 없었다.

열쇠가 없는 임박사는 난처했다. 그래서 될 대로 되라는 식으로 자물쇠를 발로 걷어찼다. 그러자 신기하게도 자물쇠가 떨어져 나갔다. 임박사는 어리둥절한 표정으로 함의 뚜껑을 열었다. 그러자 그 안에는 한 송이 꽃처럼 아름다운 처녀가 앉아 있었다.

"이게 무슨 조화인가?"

임박사는 눈앞에 펼쳐진 광경을 믿지 못하겠다는 듯이 중얼거렸다. 동해용왕의 딸도 궤짝 밖으로 나와 신기하다는 표정으로 임박사를 바라보았다. 그도 그럴 것이 태어나서 처음으로 보는 인간 세상이었다.

"넌 사람이냐 귀신이냐?"

임박사의 물음에 동해용왕의 딸은 주위를 한 바퀴 둘러보고 대답했다.

"귀신이 어찌 물에서 나오겠습니까?"

임박사가 재차 물었다.

"그렇다면 넌 어디 사는 누구냐?"

동해용왕의 딸이 방긋 웃으며 대답했다.

"저는 동해용왕의 딸입니다."

그제야 임박사는 놀란 가슴을 쓸어내리고 평온하게 물었다.

"동해용왕의 딸이 인간 세상에 왜 왔느냐?"

동해용왕의 딸은 어머니의 말을 떠올렸다.

"인간 세상에 생불왕이 없다는 말을 듣고 생불왕이 되기 위해 왔습니다."

임박사는 쉰 살이 넘었으나 아직 아기를 얻지 못했다. 임박사 부부는 오랫동안 아이가 태어나기를 기원했지만 허사였다.

그래서 임박사는 동해용왕의 딸이 생불왕이 되고자 세상에 왔다는 말을 듣고 뛸 듯이 기뻐했다.

"이제야 우리 부부의 고민을 해결할 수 있겠구나."

임박사는 동해용왕의 딸을 집으로 안내했다.

"동해용왕의 따님아, 우리 부부에게 아이를 점지해 줘."

동해용왕의 딸은 밝게 웃으며 대답했다.

"그리 하겠습니다."

동해용왕의 딸은 용궁을 떠나기 전에 어머니가 일러 준 대로 해서 임박사의 부인 몸속에 아이가 들어서게 해 주었다. 임박사는 아내가 임신하자 크게 기뻐했다. 동해용왕의 따님도 임박사가 기뻐하는 모습을 보자 즐거웠다. 태어나서 처음으로 보람 있는 일을 했다는 생각도 들었다. 그래서 많은 사람에게 아이를 주어 기쁨을 주겠다는 결심을 했다. 용궁을 떠나 인간 세상으로 오기 잘했다는 생각도 들었다.

임박사 아내가 임신하도록 한 동해용왕의 딸은 의기양양해졌다. 그런데 문제가 하나 생겼다. 어머니에게 아기를 어디로 내보내야 하는지를 배우지 못한 것이다. 열 달의 시간이 눈 깜빡할 사이에 지나갔다.

임박사 부인의 배는 언덕처럼 부풀어 올랐다. 이제 해산의 때가 온 것이다. 그러나 동해용왕의 딸은 손을 놓고 있었다. 다시 두 달이 지나갔다. 임박사 부인의 배가 남산처럼 커졌다. 동해용왕의 딸은 어쩌할 줄을 몰랐다.

그 사이에 임박사 부인은 고통을 호소했다. 그 모습을 지켜보던 임박사도 초조해졌다. 동해용왕의 딸은 산모가 죽을까 봐 덜컥 겁이 났다. 그래서 임박사 부인의 몸을 이리저리 살피다가 은 가위로 임박사 부인의 오른쪽 겨드랑이를 찢고 아이를 꺼내려고 했다. 그러나 거기서 아기를 꺼낼 수는 없었다. 자칫 산모와 아이가 모두 죽을 위기에 처했다.

"이를 어쩌지. 아버지가 그때 고함만 지르지 않았어도."

동해용왕의 딸은 자기의 무능함을 탓하지 않고 아버지를 원망했다. 이상한 것을 느낀 임박사가 추궁하자 불안해진 동해용왕의 딸은 임박사의 집을 뛰쳐나와 물가로 달려갔다.

동해용왕의 딸은 물가에 있는 수양버들 나무 아래에 털썩 주저앉아 하염없이 눈물을 흘렸다. 그러나 아무리 울어도 해결책이 떠오르지 않았다. 동해용왕 딸의 마음에는 자기를 내쫓은 아버지와 결정적인 것을 알려 주지 않은 어머니에 대한 원망만 가득했다.

또 한 명의 생불왕

한편 임박사는 천둥벌거숭이 같은 동해용왕의 딸을 믿었다가 어렵게 얻은 아이는 고사하고 아내까지 잃게 될 지경에 놓였다. 동해용왕의 딸이 무책임하게 집 밖으로 뛰어나가는 것을 보고 임박사는 주먹으로 자기의 가슴을 쳤다.

임박사는 동해용왕의 딸과 달리 그대로 주저앉지 않았다. 임박사는 배가 산처럼 부풀어 올라 신음하는 아내를 구하기 위해 곧바로 산으로 올라가 제단을 차려 놓고 요령을 흔들며 옥황상제, 즉 천지왕에게 자기의 억울함과 원통함을 고했다.

천지왕은 임박사가 흔드는 요령 소리를 듣고 그 연유를 물어 오게 했다. 이렇게 해서 임박사의 원통한 사정이 하늘에 닿았다.

천지왕은 곧바로 인간 세상에 생불왕이 필요한 것을 알고 생불왕으로 적합한 인물을 추천하라는 명령을 내렸다. 얼마 후 명진국에 살고 있는 한 소녀(명진국따님)가 생불왕의 후보로 적합하다는 추천이 있었다.

"부모에게 효도하고 이웃과 화목하게 지내며 마음이 깊은 아이입니다."

추천을 받은 천지왕은 명진국따님을 생불왕으로 지명했다.

한편 딸을 하늘로 올려 보내라는 명령을 받은 명진국따님의 부모는 가슴이 덜컥 내려앉았다. 부모는 딸의 손을 잡고 하염없이 눈물을 흘렸다.

"네가 그 먼 곳을 어찌 간단 말이냐?"

명진국따님은 의젓하게 대답했다.

"내가 죽으러 가는 것도 아니니 너무 슬퍼하지 마세요."

명진국따님은 부모의 마음을 달래 놓고 하늘에서 온 사자를 따라나섰다. 동해용왕의 딸이 집을 나설 때와 사뭇 달랐다.

얼마 후 천지왕의 부름을 받은 명진국따님이 하늘에 당도했다. 천지왕은 명진국따님이 생불왕의 자격이 있는지 시험을 해 보았다. 천지왕은 아무것도 모른다는 듯이 호통을 치며 물었다.

"보아하니 머리를 땋은 처녀인데 어찌 대청으로 들어오느냐?"

당시 세상은 남녀가 유별해서 서로의 법도가 달랐다. 그 사실을 물은 것이다. 그러나 명진국따님은 당황하지 않고 당차게 대답했다.

"저도 드릴 말씀이 있습니다. 남녀가 유별한 것처럼 하늘과 땅도 서로 다른데 시집도 가지 않은 저를 부모님과 갈라놓는 이유가 무엇인지요?"

천지왕은 마땅히 대꾸할 말이 없었다. 천지왕은 너털웃음을 터뜨리며 유쾌한 목소리로 말했다.

"과연 듣던 대로 현명하고 당차구나. 세상에 생불왕이 없으니 네가 그 자리를 차지하면 좋겠구나."

그 말을 들은 명진국따님이 대답했다.

"상제님, 저는 철도 모르고 때도 모르는 미욱한 처녀일 뿐입니다. 제가 어떻게 아이를 마련하고 점지한단 말입니까?"

천지왕은 그 말이 옳다는 듯이 고개를 끄덕였다. 천지왕은 명진국따님에게 아기를 점지하는 방법을 알려 주었다.

"아버지의 몸에서 흰 피 석 달, 어머니 몸에서 검은 피 석 달 열흘, 살 살아서 석 달, 뼈 살아서 석 달, 이렇게 아홉 달과 스무 날을 채운 다음에 뻣뻣한 아기 어머니의 뼈를 늦추고 자궁의 문을 통해서 내보내면 된다."

천지왕은 아기가 태어나도록 하는 방법을 상세하게 알려 주었다. 이 또한 동해용왕의 딸과 사뭇 달랐다.

천지왕의 명령에 따라 생불왕이 된 명진국따님이 인간 세상으로 내려왔다. 이는 살던 곳에서 쫓겨나 함에 갇힌 채 인간 세상을 찾은 동해용왕의 딸과는 전혀 다른 모습이다.

명진국따님의 옷차림을 잠시 살펴보자. 비단으로 만든 남색 저고리와 비단으로 만든 하얀색 바지를 입었으며 비단으로 만든 붉은 치마에 명주 속옷을 입었다. 그리고 은으로 만든 가위와 참실, 꽃씨가 손에 쥐어져 있었다. 명진국따님은 누가 보아도 눈이 부실 정도로 아름다운 모습으로 인간 세상에 내려왔다.

생명을 잉태하는 것은 세상에서 가장 아름다운 일이다. 또 가장 소중한 일이다. 생명이 잉태되지 않으면 멸망에 이르게 된다는 점에서 그렇다. 아기 울음소리가 들리지 않는 세상은 그래서 암울하다.

명진국따님이 한껏 화려하게 차려입은 것은 그녀가 맡은 생불왕이 지닌 권위와 그 일의 아름다움 때문이다. 이제 인간 세상은 명진국따님의 옷차림처럼 아름답고 화려해질 것이다. 그것이 천지왕이 바라는 일이기도 했다. 천지왕은 하늘이 그런 것처럼 땅도 그렇게 되기를 원했다.

인간 세상으로 내려온 명진국따님은 곧바로 임박사의 집으로 향했다. 임박사의 아내는 당장이라도 숨이 넘어갈 지경이었다.

명진국따님은 서둘러 옥황상제에게 배운 대로 임박사 아내의 뻣뻣한 뼈를 느슨하게 해서 자궁 문을 열었다. 이윽고 은 가위로 아기 코를 건드리자 양수가 터졌다. 명진국따님은 임박사의 아내에게 힘을 불어넣었다.

임박사의 아내는 명진국따님이 힘을 불어넣어 주자 기운이 솟아났다. 그래서 아랫배에 한껏 힘을 주었다. 그러자 막혔던 길이 뚫리듯 스스로 아기가 산도를 따라 밖으로 나왔다.

명진국따님은 가지고 온 은 가위와 참실로 탯줄을 자르고 배꼽을 묶었다. 이후 아기를 번쩍 들어 올리자 오랫동안 어머니의 배 안에 갇혀 있던 아기가 우렁찬 울음을 터뜨렸다. 명진국따님의 이마에서 땀방울이 흘러내렸지만, 마음에는 벅찬 감동이 큰 파도처럼 밀려왔다.

한편 물가 버드나무 아래에서 울고 있던 동해용왕의 딸도 아기의 울음소리를 들었다. 동해용왕의 딸은 어찌 된 일인지 알아보기 위해 아기의 울음소리를 따라 임박사의 집으로 돌아왔다.

집 안에는 처음 보는 처녀 하나가 땀을 훔치며 앉아 있었다. 동해용왕의 딸은 방 안을 둘러보며 자기가 해내지 못한 해산을 그 처녀가 해냈다는 것을 알았다. 한편으로 무사히 아기가 태어난 것에 안도의 한숨을 내쉬면서도 다른 한편으로는 부아가 치밀었다. 동해용왕의 딸이 낯선 처녀에게 따지듯 물었다.

"나는 동해용왕의 딸로 인간 세상에 생불왕이 되기 위해 찾아왔다. 너는 누군데 내 일을 하는 거야?"

명진국따님은 또박또박 대답했다.

"나는 명진국의 딸로 하늘에 계신 천지왕의 명령을 받고 생불왕이 되어 내려왔습니다."

동해용왕의 딸은 명진국따님의 대답을 듣고 심한 모욕감과 질투심, 그리고 분노를 느꼈다. 인간 세상의 생불왕이 되는 것만이 유일한 희망이었던 동해용왕의 딸은 이성을 잃고 말았다. 명예도 잃고 생계 수단도 잃은 셈이었다.

동해용왕의 딸은 북받쳐 오른 분노 때문에 생불왕 후보로서의 체면도 잊고 어릴 때의 악동 기질을 발휘했다. 동해용왕의 딸은 다짜고짜 명진국따님의 머리채를 잡고 흔들며 악다구니를 썼다.

"내가 아기를 임신시켰는데, 네가 뭐라고 해산을 시켜."

그것도 모자라 동해용왕의 딸은 손으로 명진국따님의 뺨을 때리고 발로 옆구리를 걷어찼다. 창졸간에 봉변을 당하게 된 명진국따님은 한동안 수모를 겪은 뒤에 동해용왕의 딸을 자리에 주저앉혔다. 명진국따님은 아닌 밤중에 홍두깨라고 심한 모욕을 당했지만, 꾹 참고 차분하게 말했다.

"내 말을 좀 들어 보세요."

한바탕 악을 쓰고 난 동해용왕의 딸은 몸을 반쯤 돌리고 앉아서 아직도 분이 풀리지 않았다는 듯이 씩씩거렸다.

"듣기는 뭘 들어. 인간 세상의 생불왕은 나야. 그러니 넌 꺼져!"

명진국따님이 그 말을 듣고 물었다.

"그럼 저 산모는 어떻게 된 것입니까? 거의 죽을 뻔하지 않

있습니까?"

동해용왕의 딸은 말문이 막혔다.

"그거야, 뭐. 암튼 아기가 태어났잖아?"

명진국따님이 물었다.

"왜 생불왕이 되려고 하십니까?"

그러자 동해용왕의 딸은 넋두리하듯 어릴 때 죄를 지어 용궁의 인심을 잃고 인간 세상으로 쫓겨난 이야기를 풀어놓았다.

"아버지가 호통을 치는 바람에 다 배우지 못해서 그래."

그리고 흐느끼듯 말했다.

"나 생불왕이 되지 못하면 뭘 하며 살아야 해?"

명진국따님은 이야기를 다 듣고 보니 동해용왕의 딸이 처한 처지가 안타까웠다. 명진국따님과 동해용왕의 딸은 나이도 비슷하고 부모와 이별해서 떨어져 살아야 한다는 점에서 공통점이 있었다.

사만오천육백 개의
가지에서 피어난 꽃

명진국따님은 동해용왕의 딸이 가슴에 품고 있는 서글픔도 이해할 수 있을 듯했다. 그러자 자기를 괴롭힌 동해용왕의 딸이 안쓰럽게 느껴졌다. 명진국따님은 곰곰이 생각한 다음 동해용왕의 딸에게 한 가지 제안을 내놓았다.

"당신의 말을 듣고 보니 처지가 딱합니다. 그렇지만 생불왕이 되겠다는 사람이 둘이나 있으니 그것도 우스운 일입니다. 우리가 여기서 생불왕을 놓고 싸울 것이 아니라 하늘로 올라가 천지왕에게 누가 생불왕이 되는 것이 좋은지 판결해 달라고 합시다."

그 말을 들은 동해용왕의 딸은 그게 좋겠다고 생각하고 고개를 끄덕였다. 그래서 명진국따님과 동해용왕의 딸은 나란히 하늘로 올라가 옥황상제 앞에 섰다.

"생불왕 후보가 둘입니다. 상제께서 결정해 주시기 바랍니다."

옥황상제는 두 처녀를 번갈아 보았다. 그리고 동해용왕의 딸에게 생불왕이 되려는 연유를 물었다. 동해용왕의 딸은 눈물을 흘리며 자기가 용궁에서 쫓겨나 생불왕이 되기 위해 인간 세상에 나오게 된 까닭을 천지왕에게 설명했다.

천지왕은 자기가 명진국따님을 생불왕으로 임명했지만 동해용왕의 딸이 생불왕이 되기 위해 명진국따님보다 먼저 인간 세상에 왔기 때문에 선뜻 누구 하나를 선택하기가 힘들었다.

그래서 천지왕은 시험을 통해서 선발하기로 했다. 한국 신화에서 시험은 늘 그렇듯이 꽃 피우기 시합이다.

"산에는 꽃 피네/ 꽃이 피네/ 갈 봄 여름 없이/ 꽃이 피네" 한국을 대표하는 시인인 김소월의 〈산유화〉 가운데 첫 구절이다. 꽃은 산에만 피는 것이 아니라 우리의 삶에도 피어난다. 무엇인가 노력을 해서 성공을 하거나 성과를 얻었을 때 우리는 관용적으로 '꽃을 피웠다'라고 표현한다.

김소월의 〈산유화〉는 바로 그 지점을 노래하기 때문에 아름답다. "저만치 혼자서 피어 있네"라는 구절은 유명인이 아닌 우리 모두가 삶의 아름다운 꽃을 피워 내야 함을 노래한다.

〈산유화〉에서 "작은 새"로 표현되는 우리는 그저 꽃이 핀 산이 좋아 산에서 살아간다. 따라서 꽃은 우리 삶이 담고 있는 아름다움이기도 하고, 뒤집어서 아름답게 살아야 하는 우리의 목표이기도 하고, 더 나아가 꽃은 삶 그 자체, 즉 생명이기도 하다.

한국 신화에서 다른 신화에 없는 꽃 피우기 내기나 꽃밭이 매번 등장하는 이유가 여기에 있다. 꽃이 만발한 언덕처럼 풍요롭고 아름다운 삶을 살고 싶어 했기 때문이다.

특히 세상을 누가 다스릴 것인지 두고 겨루는 〈창세가〉나 이승과 저승을 다스릴 사람을 결정하는 〈천지왕본풀이〉 속 꽃 피우기 내기는 세상을 다스릴 자격과 능력이 있는지를 가늠하는 잣대였다. 세상을 다스리는 지도자를 고를 때는 그가 세상을 환하고 아름다운 꽃밭으로 만들 수 있는지를 시험해야 했기 때문에 꽃 피우기 내기를 한 것이다.

나아가 꽃은 삶, 생명 자체를 상징한다고 하였다. 그래서 소중한 생명을 다루는 산신인 생불왕을 고르는 일에도 꽃 피우기 내기가 등장하는 것이다.

천지왕은 명진국따님과 동해용왕의 딸에게 말했다.

"내가 너희들을 보니 서로 비슷한 나이에 비슷하게 생겼고, 그래서 누가 생불왕이 된다고 해도 이상할 것이 없을 듯하다. 그러니 꽃 피우기 내기를 해서 생불왕을 정하도록 하겠다."

천지왕은 두 처녀에게 꽃씨를 나누어 주면서 서천서역국의 모래밭에 꽃씨를 심어 꽃을 잘 피우는 쪽을 생불왕으로 삼겠다고 선포했다. 명진국따님과 동해용왕의 딸은 옥황상제의 명령에 따라 서천서역국으로 가서 모래밭에 꽃씨를 심었다.

얼마 후 봄바람에 싹이 트듯 두 처녀가 꽃씨를 심은 곳에서 움이 돋아나고 가지가 뻗어나기 시작했다. 그리고 그 가지에서 꽃이 피어났다. 그런데 명진국따님의 꽃나무와 동해용왕의 딸이 심은 꽃씨에서 자란 꽃나무가 사뭇 달랐다.

동해용왕의 딸이 심은 꽃씨에서는 하나의 뿌리에서 하나의 가지만 돋아났다. 그리고 꽃도 활짝 피어나지 못하고 금세 이

울어 갔다. 그런데 명진국따님이 심은 꽃씨에서는 사만오천육
백 개의 가지가 돋아났고, 각각의 가지마다 꽃들이 환하고 아
름답게 만발했다. 옥황상제가 심사를 위해 서천서역국으로 갔
을 때 굳이 자세하게 살펴보지 않아도 누가 생불왕이 되어야
하는지 판가름이 나 있었다.

생불왕이 인간 세상에 '아기'로 상징되는 생명이라는 꽃을
활짝 피워 내야 하는 자리임을 생각하면 명진국따님이 생불왕
이 되기에 적합한 사람이었다. 두 처녀가 피워 낸 꽃은 그들이
지닌 생명력, 즉 대지의 힘을 의미한다.

삼승할망과
저승할망의 갈림길

천지왕은 그 자리에서 명진국따님을 생불왕으로 삼으라는 분
부를 내렸다. 그리고 동해용왕의 딸은 죽은 아이들의 영혼을
돌보는 저승할망으로 삼았다. 꽃 피우기 내기를 통해 생명과
죽음이 갈린 셈이다.

"생불왕은 가난한 집이나 부잣집을 가리지 말고 건강한 아
이들이 많이 태어나게 해서 세상이 번성케 하라. 또 저승할망

은 죽은 아이들의 영혼을 잘 돌보도록 하라."

두 처녀는 천지왕의 분부에 따라 생불왕과 저승할망으로 나뉘었다. 그러자 동해용왕의 딸은 질투가 나서 참을 수가 없었다. 그래서 명진국따님이 키워 낸 꽃가지를 하나 툭 꺾어서 가졌다. 그것을 본 명진국따님이 노기를 띠며 물었다.

"어째서 남의 꽃가지를 꺾는 것입니까?"

그러자 동해용왕의 딸이 히죽이며 비아냥거렸다.

"아기들이 많이 태어나게 해. 가난한 집 부잣집 가리지 말고 많이 태어나게 해. 난 나대로 내 일을 할 테니."

명진국따님은 갑자기 불안해졌다. 그래서 당부를 하듯이 말했다.

"어려서 죽은 아이들을 잘 돌보아 주세요."

동해용왕의 딸이 여전히 이죽거렸다.

"아기가 백일이 되면 이 꺾인 꽃가지처럼 아기들에게 온갖 병을 안겨 줄 테니까."

명진국따님은 앞이 캄캄해졌다. 저승할망의 성격으로 보아 그 말은 빈말이 아니었다. 명진국따님의 머릿속에 고통받는 어린 아기들의 모습이 떠올라 저절로 이마에 주름이 생겼다. 명진국따님은 동해용왕의 딸을 달래야겠다고 생각했다. 그래서 애써 화를 참고 차분한 목소리로 새로운 저승할망을 달래려고 했다.

"내 말 좀 들어 봐요."

그러나 동해용왕의 딸은 들은 척도 하지 않았다. 명진국따님이 재차 말했다.

"귀여운 아기들을 괴롭혀서 무슨 이익이 있겠어요?"

그러자 동해용왕의 딸이 퉁명스럽게 대꾸했다.

"난 저승에서 살아야 해. 거긴 즐거울 일도 없고 좋은 일도 없는데 나더러 어떻게 하라고?"

명진국따님은 달래듯이 부드럽게 말했다.

"아기가 태어나면 사람들이 당신을 위해 훌륭한 폐백과 좋은 음식을 차려 주도록 할 테니까 마음을 풀고 아기에게 해코지하지 마세요."

자기를 위해 상을 차려 주겠다는 말을 들은 동해용왕의 딸은 그제야 마음을 풀었다.

명진국따님과 동해용왕의 딸이 서로 생불왕이 되겠다고 다투던 사건은 이렇게 막을 내렸다. 사정이 어떻게 되었든 생불왕(삼승할망)과 저승할망으로 나뉜 두 처녀는 조촐한 상을 차려 이별주를 나누어 마시며 각자 맡은 역할을 잘해 보자고 다짐했다. 그들은 서로에게 덕담을 건네며 지난날 마음에 쌓인 앙금을 풀고 이승과 저승의 경계에서 각자의 길로 갈라섰다.

이렇게 하여 동해용왕의 딸이 용궁에서 쫓겨나 인간 세상에서 생불왕이 되려고 한 일은, 그마저도 능력 부족으로 결국 저승할망이 되는 것으로 일단락되었다.

자리가 사람을 만들기도 한다지만, 그것도 기본이 갖춰져 있을 때의 일이다. 애초에 가능성이 없는 사람을 억지로 자리에 끼워 맞추는 일은 동해용왕의 딸의 이야기에서 보았듯이 그 자신에게도 고통을 준다.

한편 명진국따님은 저승할망이 된 동해용왕의 딸과 이별하고 정식으로 아기를 점지해 주는 산신인 생불왕이 되어 인간 세상으로 내려왔다.

생불왕이 된 명진국따님은 금백산 밑에 비자나무로 기둥을 세우고 대추나무로 서까래를 깔고 생불왕의 지위에 어울리는 크고 멋진 누각을 짓게 했다. 누각의 네 귀퉁이에는 풍경을 달았고 누각을 감싸는 내성과 외성을 크게 둘렀다.

생불왕은 처녀의 몸이었지만 저승할망과 짝을 이루어 삼승할망이라고도 불린다. 삼승할망은 문 밖과 문 안에 각각 육십 명의 하인을 거느리고 하루 일정을 진행했다. 삼승할망의 앞에는 일천 장(일 장은 약 삼 미터)에 이르는 커다란 벼루가 놓였고 하인들은 삼천 개의 먹으로 먹물을 갈았다.

삼승할망은 한 손에는 번성꽃을 쥐고 다른 한 손에는 환생

꽃을 들었다. 또 삼승할망은 앉아서 천 리를 보고 서서 만 리를 보는 능력을 지녔다. 삼승할망은 그 능력으로 세상을 굽어보며 아기가 필요한 곳을 찾아냈다. 삼승할망은 하루에 만 명의 아기를 점지했고, 동시에 만 명씩 해산을 시켰다. 사람들은 매월 초사흘, 초이레, 열사흘, 열이레, 스무사흘, 스무이레가 되면 감사의 제물을 바쳤다.

삼승할망은 매우 바쁘게 일하면서도 처녀 시절의 아름다운 마음을 잊지 않았다. 아기들이 무사히 태어날 수 있도록 모래밭에서 꽃을 피워 내듯 늘 정성을 다했고, 태어난 아기들이 건강하게 무사히 자라기를 한결같은 마음으로 기원했다.

세상에서 가장 무서운 두 가지, 호환과 마마

세상에서 궁극적으로 가장 무서운 두 가지는 물과 불이다. 대표적으로 《성경》에는 두 차례의 파멸적인 재앙이 찾아오는데, 하나는 대홍수이고 다른 하나는 불 심판이다. 북유럽 신화도 '신들의 황혼'이라고 불리는 〈라그나뢰크〉에서 불로 세상을 모두 태우는 것으로 끝이 난다.

그래서 종교에서는 물로 세례를 주거나 물을 떠 놓고 기원하기도 하고 촛불을 밝히는 등 물과 불을 적극적으로 활용한다(지혜의 불을 섬기는, 그래서 불을 숭배한다는 의미인 배화교라고 불리던 조로아스터교도 있다). 그래서 물불을 가리지 않는 사람이 가장 무서운 사람이다.

반면에 과거 이 땅에서 살았던 사람들은 오랫동안 호환과 마마에 대한 두려움이 컸다. 호환은 호랑이에게 변을 당하는 것이고 마마는 천연두의 다른 이름이다. 천연두는 선사 시대 이후 인류에게 내려진 가장 큰 재앙 가운데 하나였다. 게다가 전염력도 강해서 1796년 영국의 외과 의사 에드워드 제너가 우두를 이용한 종두법을 발견하기 전까지 가장 무서운 전염병이었다.

그래서인지 천연두는 신화나 옛이야기에 자주 등장한다. 《삼국유사》에 등장하는 처용의 이야기 역시 천연두를 다룬 것이다. 과거 천연두는 역신, 또는 마마신으로 불렸다. 바이러스가 신의 자리에까지 오른 것이다. 마마신에게 밉보이지 않기 위해 '손님'이라 부르기도 했다.

어느 날 그 마마신과 삼승할망이 외나무다리에서 만나듯 마주쳤다. 그리고 문제가 생겼다.

삼승할망이 급하게 해산을 해 주어야 하는 아기가 있어서 서둘러 달려가던 중이었다. 강의 다리를 건너 네거리에 당도

한 삼승할망은 잔뜩 위세를 부리며 나타난 마마신과 마주쳤다.

마마신은 임금이라도 되는 양 앞에 영기(令旗)를 휘날리고 좌우로 육방 관속을 거느리며 행차하고 있었다. 그 한가운데 화려하고 높은 가마 안에 마마신이 거만한 표정으로 비스듬히 누워 있었다.

마마신의 앞에는 인물도감이 한 아름 놓여 있었다. 삼승할망이 보기에 마마신은 삼승할망 자신이 점지하여 세상 밖으로 내보낸 아이들에게 마마를 주러 가는 길이 분명했다. 연신 육방관속들이 큰소리로 외쳤다.

"마마신 행차니라, 저리 비키거라."

마마신에 대한 인간들의 공포가 강해질수록 마마신의 위세는 강해졌다. 공포는 사람들의 마음을 먹고 산다. 마마신의 행차는 거칠 것이 없었다. 주위의 사람들은 안중에도 없다는 듯이 안하무인격이었다.

마마신의 위세를 본 삼승할망은 잠시 생각하다가 옆으로 비켜섰다. 그리고 공손한 표정으로 꿇어앉은 다음 두 손을 가지런히 모으고 인사를 했다.

"잘 지내시는지요? 저는 어머니의 배 속에 아이를 점지해 주는 삼승할망입니다."

오만한 표정으로 그냥 지나치려고 하던 마마신이 손짓으로 가마를 세웠다. 그리고 거만한 표정으로 위에서 삼승할망을 내려다보았다. 삼승할망은 다시 공손한 표정으로 목례한 다음에 입을 열었다.

"한 가지 부탁이 있습니다."

"그게 뭐요?"

마마신이 거드름을 피우며 물었다. 삼승할망은 간절한 마음을 담아서 말했다.

"내가 점지해서 세상에 내보낸 아이들이 마마를 곱게 앓도록 해 주세요."

그러자 마마신의 얼굴이 일그러졌다.

"뭐라? 저 여자 말하는 것 좀 보게. 어디 감히 여자가 사내대장부가 행차하는 데 길을 막고, 뭐? 마마를 곱게 앓게 해 달라고? 괘씸하군."

마마신은 삼승할망에게 눈을 동그랗게 뜨고 삿대질을 하면서 벌컥 화를 냈다. 삼승할망은 기세가 눌린 사람처럼 가만히 고개를 숙였다. 그러자 마마신은 더욱 기고만장해졌다.

"내 눈앞에서 썩 꺼져라."

삼승할망은 아무 대꾸도 못하고 고개를 숙인 채 마마신의 행차 옆을 지나갔다. 삼승할망은 심한 모욕감을 느꼈다. 동해 용왕의 딸에게 당했던 수모는 새 발의 피였다.

삼승할망의 속에서는 열불이 나고 천불이 났지만, 아이들을 위해서 참고 또 참았다. 당장에라도 마마신이 탄 가마를 엎고 싶었지만, 그가 행패를 부리면 아이들만 불쌍해질 터였다. 삼승할망은 이를 악다물었다. 그런 삼승할망의 뒷덜미를 향해 마마신은 욕설을 퍼부었다.

그러나 삼승할망은 아무런 대꾸도 하지 않고 잘 부탁한다는 듯이 돌아서서 손을 모으고 고개를 숙였을 뿐이었다. 마마신은 그날부터 아이들에게 더 혹독하게 마마를 주었다.

천연두에 걸리면 열이 펄펄 끓고 몸에 발진이 생긴다. 천연두는 전염이 쉽고 치사율이 매우 높아서 과거에 많은 아이가 천연두로 죽었다. 치료해도 얼굴에 마맛자국이라고 불리는 보기 흉한 흉터가 남는다. 특히 얼굴의 흉터는 곰보라고 불린다. 그래서 표면이 거친 빵을 곰보빵이라 불렀다. 앉아서 천 리, 서서 만 리를 보는 삼승할망은 아이들이 천연두에 시달리는 것을 보고 가슴이 찢어지는 것을 느꼈다.

이를 자연에 비유할 수 있다. 그게 신이든 무엇이든 초자연적인 존재가 있고 그가 만든 아름다운 자연이 있다고 할 때, 사람들이 조심스럽게 자연을 가꾸는 것이 아니라 여기저기 제멋대로 파고 뚫고 베어 대면 그의 기분이 어떨까?

그렇게 자연에 생채기를 내고 심하게는 곳곳에 흉터를 남기는 것이 마마신을 닮은 인간이라면 자연은 삼승할망의 마음이다. 자연이 우리를 살리는 생명이라는 면에서 삼승할망을 대지의 힘으로 볼 수 있다. 인격적으로 부르면 삼승할망은 대지의 여신이다. 그러나 얼핏 보기에 자연은 마마신에게 고개를 숙인 삼승할망처럼 무력해 보인다.

그러나 자연은 무기력하지도 약하지도 않다. 가끔 찾아오는 자연의 분노는 끔찍할 정도로 무섭다. 영국의 대기화학자 제임스 러브록은 그리스 신화의 대지의 여신 가이아의 이름을 딴 '가이아 이론'을 창시했다. '가이아 이론'은 대지의 여신 가이아가 종종 대지(자연)를 괴롭히는 사람들에게 폭풍이나 지진과 같은 자연재해를 보내서 복수한다는 내용이다. 그리고 그때마다 인류에게 엄청난 재앙이 찾아왔다.

질병에 맞서는
생명의 분노

생명을 품고 있는, 그래서 대지의 여신이기도 한 삼승할망은 마마신의 행패에 크게 분노했다. 삼승할망이 마마신에게 머리를 숙인 것은 귀여운 아기들을 위한 것이었지 힘이 약해서 그런 것이 아니었다. 그런데 마마신은 삼승할망을 업신여기고 아기들 얼굴에 흉터를 남겼다. 마마를 심하게 앓은 아이 몇몇은 죽는 일까지 있었다. 삼승할망은 곰보로 덮인 아이들의 얼굴을 보고 부들부들 떨면서 다짐했다.

"네가 나에게 무릎을 꿇고 사정할 때가 곧 올 것이다."

삼승할망은 가만히 생각에 잠겼다. 그리고 어떻게 하면 마마신의 제멋대로 하는 버릇을 고칠 수 있을지 고민했다. 이윽고 삼승할망은 아이를 점지해 주는 생불꽃 한 송이를 들고 마마신의 집을 찾아갔다. 삼승할망은 생불꽃으로 마마신의 부인 서신국마누라의 몸속에 아기가 들어서게 했다.

서신국마누라가 임신하자 마마신은 크게 기뻐했다. 고슴도치도 제 새끼는 예쁜 법이다. 마마신과 서신국마누라는 곧 태어날 아기를 기다리며 즐거워했다.

한 달이 지나고 두 달이 지나고, 시간은 쏜살같이 지나가 금세 열 달이 되었다. 마마신은 아기가 나오기를 눈이 빠지게 기다렸다. 그러나 열 달에서 다시 한 달이 지나도 아이는 밖으로 나올 생각을 하지 않았다.

또다시 한 달이 지나갔다. 과거 임박사의 부인처럼 서신국마누라의 배는 점점 커졌고, 곧 남산만 하게 부풀어 올랐다. 그러나 삼승할망이 환생꽃으로 해산을 해 주지 않았기 때문에 아기는 밖으로 나올 수 없었다.

서신국마누라는 시간이 지나면서 초주검이 되었고 이를 바라보던 마마신 또한 얼굴이 새파랗게 질렸다. 서신국마누라는 정신을 잃어 갔다. 그러다 문득 정신을 차렸을 때 남편인 마마신의 손을 꼭 붙잡고 애원했다.

"제발 삼승할망에게 아기를 낳게 해 달라고 부탁해 봐요. 이러다 나 죽겠어. 제발 부탁이야."

마마신은 아내가 사경을 헤매고 있는 것을 보면서도 영 마음이 내키지 않았다.

"어떻게 사내대장부가 여자에게 부탁을 한단 말인가?"

이것이 마마신의 속마음이었다. 그렇다고 아내와 아기가 죽게 버려둘 수도 없었다. 마마신은 귀찮다는 표정으로 삼승할망의 집으로 가기 위해 길을 나섰다. 마마신은 늘 하던 대로 영기를 앞세우고 육방 관속을 거느리고 높은 가마를 타고 거드름을 피우며 삼승할망을 찾아갔다.

그리고 하인을 시켜서 삼승할망에게 자기가 곧 방문하겠다는 기별을 했다. 마마신은 일부러 천천히 갔다. 이내 삼승할망이 버선발로 뛰어나와 자기를 맞이할 것이라고 기대한 것이다. 그런데 네거리를 지나고 다리를 건넜지만 삼승할망은 코빼기도 보이지 않았다.

"이런 고얀 여자가 있나. 내가 일부러 기별까지 했건만."

멀리서 삼승할망의 집이 보였다. 마마신은 삼승할망이 집 앞에서 자기를 기다리고 있을 것이라고 기대했지만 마당 어디에도 인적이 없었다. 삼승할망의 집은 그날따라 고요했다. 기분이 상한 마마신은 그대로 몸을 돌려 돌아가려고 하다가 아이를 낳지 못해 초주검이 된 아내를 떠올리고 가마에서 내려 삼승할망의 집 앞에 섰다.

"으음, 거기 아무도 없소?"

아무도 마마신의 물음에 대답하지 않았다.

"삼승할망, 나와 이야기 좀 합시다."

그러나 아무런 대답을 듣지 못했다. 마마신은 하인들을 뒤로 물리고 댓돌 앞까지 걸어갔다.

"우리 마누라 좀 살려 주시오."

마마신은 역시 아무 대꾸도 듣지 못했다. 그제야 마마신은 지난번의 일을 떠올렸다. 그리고 자기의 처지에 대해서도 깨달았다. 마마신은 마지못해 댓돌 앞에 무릎을 꿇고 말했다.

"제 아내와 아기를 제발 살려 주십시오."

마마신은 머리를 바닥에 대고 엎드렸다. 시간이 한참 지난 뒤 문 너머에서 차분한 삼승할망의 목소리가 들려왔다.

"나를 너희 집으로 부르고 싶다면 내가 시키는 대로 해야 한다.”

초조해진 마마신이 공손하게 대답했다.

“시키는 대로 하겠습니다.”

“당장 집으로 돌아가서 칼로 머리를 싹싹 깎은 뒤 지금 입은 옷을 벗고 누런 장삼을 입고 고깔을 쓴 다음에 맨버선 차림으로 다시 와서 댓돌 앞에 엎드리면 내가 가겠다.”

조금씩 허물어지기 시작한 마마신의 자존심이 이제 모두 무너져 내렸고, 더 이상 버틸 힘도 없었다. 이제는 아내와 아기를 살려야겠다는 마음밖에 없었다.

그러자 자기가 마마를 앓게 하여 죽은 수많은 아이들이 떠올랐다. 한편으로 삼승할망에게 굴복했다는 처참한 마음이 들었지만 다른 한편으로는 자기 아내와 아이가 죽은 아이들과 오버랩되면서 삼승할망의 마음도 이해가 되었다.

마마신은 한달음에 집까지 달려갔다. 그리고 칼로 머리를 깎고 고깔을 썼다. 그리고 장삼을 입고 맨버선 차림으로 다시 삼승할망의 집으로 달려가 댓돌 앞에 공손한 자세로 무릎을 꿇었다.

위 끝이 뾰족하게 생긴 모자인 고깔은 승려들이 머리에 쓰는 것이다. 또한 길이가 길고 품과 소매가 넓은 옷인 장삼은 승려들이 주로 입었던 것으로, 조선 시대에는 여자들이 예복으로 입었다.

고깔과 장삼은 삼승할망이 마마신의 위세를 끌어내리기 위해 씌우고 입힌 것이다. 옷을 바꿔 입히고 신발을 벗긴 것은 신분의 전락을 경험하게 해서 마마신이 갖고 있던 허황한 권위의식과 위세를 꺾어 놓으려고 한 것이다.

우리 모두의 어머니, 대지의 여신

삼승할망은 마마신의 달라진 겉모습을 통해 마마신이 자기를 버리고 아내를 위해 위세를 내려놓은 것을 확인했다. 이제는 생명의 고귀함을 알려 줄 때가 되었다. 그래야 마구잡이로 아이들에게 천연두를 전염시키는 행패를 부리지 않을 것이다.

대지의 여신 삼승할망이 처음에 마마신에게 고개를 숙인 것은 힘이 없어서가 아니라 상대가 스스로 마음을 바꿀 수 있도록 그 때를 기다린 것이다.

힘으로 상대를 굴복시키는 것은 오히려 어렵지 않다. 그러나 힘으로 누군가를 굴복시킨다면 이후로도 계속 그 힘의 관계를 유지해야 한다. 그것은 함께 공존하고 더불어 살기를 꿈꾸는 삼승할망의 세계관과 다른 모습이다. 삼승할망이 마마신에게 말했다.

"이제 하늘이 높고 땅이 낮은 이치를 깨달았을 것입니다. 아무리 위세가 당당해도 하늘 아래에 있음을 알았을 것입니다. 뛰는 재주가 있다고 해도 그 위에 나는 재주가 있음을 알았을 것입니다."

마마신은 댓돌 앞에 무릎을 꿇고 삼승할망의 말을 경청했다. 마마신은 자기가 우물 안의 개구리였음을 절감했다. 우물 속을 세계라고 생각하고, 우주라고 생각하고 오만했음을 깨달았다.

어쩌면 마마신은 행복한 사람이다. 자기를 거울에 비춰 볼 수 있는 계기가 있었고, 그를 통해 자기 삶에 대한 반성의 기회와 깨달음을 얻었다는 점에서 그렇다. 우리 인생에서 이런 기회는 쉽게 찾아오지 않는다.

사람이 잘 변하지 않는 것도 이런 계기가 여간해서는 생기지 않기 때문이다. 아이가 어른이 될 때 치르는 성인식이 유난히 혹독하고 가혹한 것도 이런 이유에서이다. 아이와 성인은 다른 존재이기에 완전히 사람을 바꿔 놓아야 하고 그를 위해서는 먼저 밑바닥으로 굴러 떨어뜨려야 한다. 그래서 세계 곳곳에서는 전락을 맛보게 하는 의식을 진행한다.

그중 하나로 남태평양의 어느 부족의 성인식에서 유래한 번

지점프가 있다. 오늘날에는 번지점프가 오락이 되었지만, 원래는 전락을 상징적으로 보여 주는 성인식이었다. 또 아프리카의 어느 부족은 추장 즉위식 전날 부족 사람들이 추장 후보에게 침을 뱉고 그를 때리고 짓밟는 행동을 한다. 가장 높은 곳으로 올라가기 전에 가장 밑바닥으로 전락시켜 밑바닥을 체험시키는 것이다.

삼승할망이 계속해서 말했다.

"나를 데려가고 싶다면 강에 명주로 다리를 만드세요."

이 말은 자칫 삼승할망이 과거 마마신이 했던 것처럼 자기 힘이 지닌 권위에 사로잡혀 으리으리한 행차를 하려고 하는 게 아닌가 하는 의구심을 갖게 한다. 그러나 그건 그렇지 않다. 삼승할망은 생명이 태어나는 과정, 생명 그 자체가 지닌 고귀함을 마마신에게 알려 주고 싶었던 것이다.

강을 건넌다는 것은 다른 단계로 이행되는 것을 의미한다. 아기를 예로 들면 엄마의 배 속에서 세상으로 나오는 것을 의미한다. 따라서 그 길을 부드러운 명주로 까는 것은 삼승할망 본인을 위한 것이 아니라 생명이 얼마나 아름답게 세상에 나오는지를 상징적으로 마마신에게 알려 주기 위함이다.

마마신은 진정한 마음으로 강에 명주로 된 다리를 만들었다. 마마신은 불평하거나 속으로 딴마음을 먹지 않았다. 삼승할망은 마마신의 안내를 받아 명주로 된 다리를 건너 마마신의 집으로 향했다. 마마신의 아내 서신국마누라는 곧 숨이 넘어갈 것처럼 보였다.

삼승할망은 부드러운 손으로 서신국마누라의 배를 두어 번 쓸어내렸다. 그러자 뼈가 느슨해지고 굳게 닫혀 있던 자궁의 문이 열렸다. 이윽고 마마신과 서신국마누라의 아기가 명주로 된 다리를 건너 세상 밖으로 나왔다. 아기는 꽃이 활짝 피어나듯 힘찬 생명의 울음소리를 터뜨렸다. 마마신은 신비한 생명의 탄생에 감동했다. 그리고 이를 알려 준 삼승할망에게 깊이 고개 숙여 감사를 표했다.

마마신은 다음 날이면 다시 인간 세상으로 가서 천연두를 퍼뜨릴 것이다. 그것이 그가 맡은 역할이기 때문이다. 빛이 있으면 반드시 그림자가 생기는 법이다. 그러나 그림자가 짙을수록 빛은 환하게 빛난다.

마마신은 신화에서는 천연두를 담당하는 신이지만 우리 삶에 비유하면 이따금 찾아오는 고난이나 불행으로 볼 수 있다. 여러 고난과 불행은 주변의 인간관계에서 오는 경우가 많다. 특히 오늘날처럼 자기주장이 강한 사회에서 자주 발생하는 문제이다. 최근 사람들이 스트레스의 가장 큰 원인으로 인간관계를 꼽는다.

이럴 때 삼승할망은 마마신처럼 위세로 상대를 제압하거나 굴복시키지 않는다. 그저 인내하며 때를 기다리고 상대를 감화시켜 스스로 변하게 만드는 방법을 알려 준다. 마마신의 행차 때 옆으로 물러난 삼승할망처럼 한 발짝만 뒤로 물러서서 생각해 보면 갈등과 대립을 크게 줄일 수 있지 않을까.

5

바리데기, 버려진 자에서 버린 자로

점쟁이의 마지막 말

한국 신화 가운데 가장 유명한 것을 꼽는다면 단연 바리데기 신화이다. 바리데기 신화는 아들만이 왕이 되어야 한다는 편견을 가진 아버지의 일곱 번째 딸로 태어나 버림받은 공주의 이야기이다. 그 흥미진진하고 긴 이야기 속으로 들어가 보자.

먼 옛날 불라국에 오구대왕이 살았다. 오구대왕은 혼인할 나이가 되자 널리 사람들을 보내어 자기에게 걸맞는 배필을 찾도록 했다. 신하들이 세상을 다 뒤져서 오구대왕과 어울리는 아름다운 처녀를 찾아냈다. 그 처녀의 이름은 길대부인이었다.

오구대왕은 혼인을 앞두고 그 혼인에 대한 점을 쳤다. 점괘를 풀어 보니 다른 것은 다 좋았는데 단 하나 마음에 걸리는 것이 있었다. 그것은 점쟁이의 마지막 말이었다.

"올해 결혼을 하시면 딸을 일곱 얻으실 것이고 내년에 결혼하면 아들을 셋 얻으실 것입니다."

오구대왕은 자기의 뒤를 이어 왕이 될 아들을 얻고 싶다는 마음이 있었지만 끓어오르는 젊은 혈기 때문에 점괘를 무시했다. 오구대왕은 점은 점일 뿐이라고 웃어넘기며 견우와 직녀가 만난다는 칠월 칠석날에 성대한 결혼식을 올리고 달콤한 신방을 차렸다.

오구대왕과 길대부인은 금슬이 매우 좋았다. 얼마 지나지 않아 길대부인의 배가 불러 왔고, 열 달이 지나자 첫 번째 아기가 태어났다. 딸이었다. 오구대왕은 아이가 태어나자 크게 기뻐했다.

"첫딸은 복덩이라고 했지."

오구대왕은 첫째 아이의 이름을 청대공주라 붙이고 별궁을 지어 유모와 궁녀들에게 잘 키우라고 당부했다. 그 이듬해, 부부 간의 금슬을 과시하듯 다시 길대부인의 배가 불러 왔고 열 달이 지나 둘째 아이가 태어났다. 이번에도 딸이었다.

"둘째 딸은 살림 밑천이라지."

오구대왕은 크게 기뻐하며 둘째 딸에게 홍대공주라는 이름을 내리고 역시 별궁을 지어 유모와 궁녀를 보내 아이를 곱게 키우게 했다.

그 이듬해에도 길대부인은 임신을 했고 이번에도 딸을 낳았다. 오구대왕의 머릿속에 혼인 전에 들었던 점괘가 떠오르기는 했지만 아닐 것이라고 스스로 위안을 했다. 그리고 셋째 딸의 탄생을 기뻐했다.

"셋째 딸은 얼굴도 보지 않고 데리고 간다 하지 않던가."

오구대왕은 셋째 딸에게 녹대공주라는 이름을 내리고 새로 별궁을 지은 다음에 유모와 궁녀를 붙여서 아이가 잘 자랄 수 있도록 해 주었다.

이듬해에도 길대부인은 자랑하듯 아기를 임신했고 달을 채워 아이를 낳았다. 그런데 이번에도 또 딸이었다. 오구대왕은 실망하지 않았다.

"넷째 딸은 재롱둥이라 했으니 참으로 기쁜 일이다. 다음에는 아들이 태어나겠지."

오구대왕은 넷째 딸에게 황대공주라는 이름을 붙여 주고 역시 별궁을 지어 유모와 궁녀에게 아기를 소중하게 돌보게 했다.

그 이듬해에도 길대부인은 임신을 했다. 오구대왕은 자기의 뒤를 이어 왕이 될 아들의 탄생을 은근히 기다렸다. 그러나 머릿속 한편에는 점괘가 계속 맴돌았다.

만약 점괘대로 딸만 일곱이 태어난다면 낭패도 보통 낭패가 아니었다. 왕위를 물려줄 수 없으면 조상을 볼 면목이 없을 듯했다. 그런데 다섯 번째 아기도 딸이었다. 오구대왕은 자기의 생각을 드러내지 않고 기쁜 표정을 지었다.

그리고 다섯 번째 공주에게 흑대공주라는 이름을 붙여 주고 역시 별궁에서 유모와 궁녀의 시중을 받으며 살게 해 주었다. 길대부인은 이듬해에 다시 임신했고 이번에도 어김없이 딸이 태어났다.

오구대왕의 얼굴에는 실망감이 가득했다.

"남들은 딸도 낳고 아들도 낳던데 우리는 왜 딸만 태어난단 말인가? 내가 전생에 무슨 잘못을 한 걸까?"

오구대왕은 초조함과 실망을 애써 감추고 여섯 번째 공주의 탄생을 기뻐하며 백대공주라는 이름을 붙여 주고 역시 별궁을 지어 유모와 궁녀에게 공주를 잘 돌보게 했다.

"이번에는 반드시 아들을 낳아야 하는데."

오구대왕의 마음을 잘 아는 길대부인 또한 긴장감을 느꼈다. 그러나 아이를 점지하는 것은 삼승할망의 일로 인간이 아들과 딸을 결정할 수는 없는 노릇이었다.

오구대왕과 길대부인의 간절한 마음이 통했는지 길대부인은 그 다음해에도 임신했다. 오구대왕은 늘 기도하는 마음으로 길대부인의 배를 바라보았다. 아들만 낳을 수 있다면 무슨 일이든 할 수 있을 듯했다.

왕비가 임신했지만 신하들마저도 크게 기뻐하기보다는 긴장한 표정이 역력했다. 오구대왕에겐 하루가 삼 년 같았다. 거북의 걸음처럼 느리고 더딘 시간도 흘러 열 달이 다 되어 갔다.

하루는 길대부인이 잠깐 졸았는데 하늘에서 청룡과 황룡이 날아와 품에 안기고 흰 거북과 검은 거북이 다가와 두 무릎에 앉고 두 어깨에서 해와 달이 솟아나는 꿈을 꾸었다. 그 이야기를 들은 오구대왕은 자기도 같은 꿈을 꾸었다며 이번에는 아들이 틀림없다며 크게 기뻐했다.

얼마 뒤 길대부인이 산기를 느끼고 산실로 들어갔다. 오구대왕은 물론 신하들까지 초조함과 극도의 긴장감을 느끼며 아기의 탄생을 기다렸다. 궁녀들은 새로 태어날 아기를 위해 만반의 준비를 했다.

아들이 태어날 것을 고대하며 금실과 은실로 수를 놓은 바지저고리도 이미 만들어 놓았다. 그리고 얼마 후 산실에서 아기의 울음이 터져 나왔다. 바깥에서 기다리던 오구대왕은 밖으로 나온 궁녀를 붙잡고 성별을 물었다.

궁녀는 울먹거리는 표정으로 길대부인이 딸을 낳았다고 전했다. 오구대왕은 하늘이 무너지는 것을 느꼈다. 그리고 분노가 치밀어 올랐다.

"이제 딸이라는 말에 신물이 난다. 얼굴도 보기 싫다. 당장 밖에 갖다 버려라."

오구대왕의 추상같은 호령을 거역할 배짱을 가진 사람은 아무도 없었다. 갓 태어난 공주가 불쌍하기는 했지만 명령을 받은 신하는 어쩔 수 없이 아이를 마구간에 버렸다. 그러자 말들이 마구간 밖으로 나왔다.

이를 이상히 여기며 외양간에 버렸더니 소들이 바깥으로 나왔다. 말들이나 소들 모두 아기를 보호하기 위해서 바깥으로 나온 것이다. 그 소식을 들은 오구대왕은 역정을 내며 말했다.

"그런 곳에 버리지 말고 아주 멀리 버려라. 그래야 돌아오지 못할 테니."

그 말을 들은 길대부인은 땅이 꺼지는 듯한 절망을 느꼈다. 그래서 해산 후 몸도 추스르지 못한 상태로 오구대왕을 찾아가 아기를 버리지 말라고 눈물로 호소했다. 그러나 오구대왕은 들은 척도 하지 않았다.

"그렇다면 버리시더라도 이름이나 붙여 주세요."

어미의 간절한 부탁을 거절하지 못한 오구대왕은 버림받은 아이라는 의미로 바리데기라는 이름을 붙여 주었다. 데기는 부엌데기라는 말에서 알 수 있듯이 천한 신분을 의미한다. 갓 태어난 공주는 한순간에 천한 신분으로 전락했다.

신하들은 옥으로 함을 만들어 아기를 넣었다. 그리고 바리데기의 이름을 수놓은 비단 바지저고리를 함께 넣었다.

이미 딸이 여섯이나 태어났다는 것은 일곱 번째 딸을 홀대할 수 있다는 복선이 된다. 다르게 표현하면 여섯 딸과 막내딸은 극명한 대비를 이루면서 앞으로 전개될 이야기의 근간을 형성한다. 여섯 공주는 궁중에서 편안하게 자랄 것이고 버려진 공주는 세상의 온갖 고난을 모두 겪게 될 터이다.

그러나 성경에 나오는 모세나 그리스 신화의 오이디푸스처럼 버려진 아이가 세상을 바꾼다. 나일강에 버려진 모세는 훗날 노예 상태에 있던 이스라엘 백성들을 구원해 고향으로 돌아가게 했고, 오이디푸스는 괴물 스핑크스를 몰아내고 테베의 왕이 되었다.

버려진 아이
바리데기

오구대왕의 일곱째 공주 바리데기는 이렇게 버려졌다. 그것을 지켜보던 길대부인은 눈물을 뚝뚝 흘리며 설움을 삼켰다. 다른 사람들도 착잡한 마음으로 그 모습을 지켜보았다.

　오구대왕의 명을 받은 신하들은 옥함에 자물쇠를 채우고 그것을 강에 던졌다. 그런데 옥함이 빙그르르 한 바퀴 돌더니 육지로 되돌아왔다. 신하들이 돌아온 옥함을 다시 강물에 던졌으나 옥함은 또다시 육지로 돌아왔다. 신하들은 옥함을 재차 던졌고, 그렇게 세 번째 버리자 옥함은 물결을 따라 흘러가기 시작했다. 옥함은 가라앉지 않고 물을 따라 며칠을 흘러가다가 어느 마을에 도착했다.

　마침 고기를 잡으러 나온 마을 사람들이 옥함을 발견하고 건져 올렸다. 마을 사람들이 옥함을 열어 보려 했지만 자물쇠는 풀리지 않았다. 힘으로도 안 되었고 온갖 재주를 부려 보아도 그 옥함은 열리지 않았다.

그렇게 굳게 닫힌 옥함에 대한 소문이 퍼졌다. 그 소문을 듣고 많은 사람들이 모여 옥함을 열어 보겠다고 나섰지만 아무도 열지 못했다. 그때 우연히 그 지방을 지나던 비리공덕 거지 노부부가 사람들의 요청을 받고 옥함 앞에 섰다. 거지 노부부가 옥함에 손을 대자 거짓말처럼 자물쇠가 풀리며 옥함이 열렸다. 옥함 안에는 귀여운 여자아이가 하나 들어 있었다.

사람들은 이를 신기하게 생각하여 뒷산에 집을 하나 지어 주고 거지 노부부가 아기를 키우며 살 수 있도록 도와주었다. 이렇게 해서 오구대왕의 일곱째 공주는 비리공덕 거지 노부부와 함께 살게 되었다.

거지 노부부는 자식이 없는 자기들을 딱히 여긴 하늘이 말년에 도와주었다고 믿고 정성을 다해서 바리데기를 키웠다. 비리공덕 노부부는 젖동냥을 해서 아이를 먹였고 사람들도 비리공덕 노부부가 아이를 키울 수 있도록 도와주었다. 버려진 공주 바리데기는 비리공덕 노부부의 정성 덕분에 아무 탈 없이 잘 자랐다. 바리데기는 어릴 때부터 총명했고 길쌈과 글공부, 고기잡이를 모두 배웠다.

바리데기가 열다섯 살이 되었을 때였다. 그 무렵 오구대왕의 궁전은 큰 시름에 빠져 있었다. 오구대왕과 길대부인이 병에 걸려 쓰러진 것이다. 세상에서 가장 뛰어난 의사가 치료를 해 보았지만 실패했고 가장 뛰어난 약도 듣지 않았다. 절망에 빠진 오구대왕은 점을 쳐 보았다. 점쟁이는 점괘를 뽑아 보더니 탄식을 하면서 말했다.

"대왕님, 이 병을 낫게 할 약은 이승에 없습니다. 방법은 오직 하나, 서천서역국에 있는 약을 가져와야 합니다."

서천서역국은 수만 리 떨어진 서쪽 끝에 있는 저승이었다. 오구대왕과 길대부인이 깊은 병에 걸린 것은 일곱 번째 공주를 버렸기 때문이었다. 처음에는 절망과 분노 때문에 공주를 버렸지만 시간이 지나면서 후회와 죄책감이 쌓였고 그것이 원인이 되어 병으로 변한 것이다.

딸을 일곱 낳는다는 오구대왕의 첫 번째 점괘는 틀리지 않았다. 그 점괘를 따르지 않고 결혼을 했다가 딸을 일곱 낳은 것은 누구보다 오구대왕의 잘못이다. 그런데 오구대왕은 자기의 잘못을 인정하지 않았고 오히려 일곱 번째로 태어난 공주를 버렸다. 그리고 그 일로 인해 오구대왕과 길대부인은 불치병에 걸리고 말았다.

그리고 두 번째로 점을 쳤을 때 그들을 살릴 수 있는 약은 이승에 없고 저승인 서천서역국에 있다는 점괘가 나왔다. 첫 번째 점괘가 그대로 실현되었기에 두 번째 점괘는 그 누구도 부정할 수 없는 절대적인 힘을 갖게 된다. 즉 누군가 서천서역국에 가서 약을 구해 와야 한다는 과제가 만들어진 것이다.

재회, 또 다른 여정의 시작

오구대왕과 길대부인은 궁리 끝에 여섯 공주를 차례로 불러서 서천서역국에 갈 수 있는지 물었다. 첫째 공주는 변명을 늘어 놓으며 거부했다.

"지금까지 궁전에서 살면서 바깥에 나가 본 적이 없는데 그 먼 길을 어떻게 갈 수 있겠습니까?"

둘째 공주도 다르지 않았다.

"저는 길눈이 어두워 궁전 안에서도 자주 길을 잃는데 그 먼 길을 어떻게 가겠습니까?"

다른 공주들도 마찬가지였다. 형님들도 가지 못하는 길을 어떻게 가겠냐며 아무도 부모를 살릴 약을 구하러 가겠다고 나서지 않았다.

오구대왕과 길대부인이 신하가 아닌 여섯 공주를 불러서 의사를 물어본 것은 불치병의 원인이 내부에서 촉발된 것이기에 그 과제를 수행해야 하는 깃 역시 타자가 아니라 내부여야 함을 의미한다.

한편 여섯 공주의 거부는 어쩌면 당연하다. 온실의 화초처럼 자라난 공주들이 먼 길을 갈 능력도 없거니와 그럴 의지도 없을 것이다. 그들로서는 부모님이 돌아가시면 공주로서 유산을 받아서 계속 편안하게 지내면 그만이다. 굳이 부모를 살리기 위해 목숨을 걸어야 할 이유와 의지가 없는 것이다.

결자해지라고 했다. 이제 점괘는 버려진 공주인 바리데기를 향하고 있다. 오구대왕과 길대부인의 불치병은 바리데기로 말미암아 생겨난 것이기 때문에 그것을 해결할 수 있는 열쇠 역시 바리데기가 쥐고 있는 셈이다.

오구대왕과 길대부인은 여섯 공주가 약을 구하기 위해 서천 서역국에 가는 것을 거부하자 병이 나을 수 있다는 희망을 버렸다. 그러고 나자 한 가지 간절한 바람이 생겼다. 그것은 버린 딸의 얼굴이나 한번 보자는 바람이었다. 죽기 전에 버린 딸을 만나 '버림'에 대한 회개를 해야 마음 편하게 세상을 떠날 수 있을 듯했다. 버린 딸이 살아 있다는 보장도 없었지만, 이왕 이렇게 된 것 할 수 있는 것은 다 해 보아야 한다고 판단했다. 그래서 충실한 사람을 불러 바리데기를 찾아오라고 시켰다.

왕과 왕비의 명령을 받은 시종은 바리데기를 버린 강물을 따라 다니며 바리데기의 흔적을 수소문했다. 이윽고 시종의 발길이 비리공덕 노부부가 사는 마을까지 이르렀다.

바리데기는 누군가 자기의 이름을 부르며 찾고 있다는 소문을 듣고 집으로 달려갔다. 그 말을 들은 비리공덕 노부부는 그때까지 숨겨 왔던 출생의 비밀에 대해 털어놓았다. 그리고 옥함에 들어 있었던 바리데기의 이름이 새겨진 바지저고리를 꺼냈다.

비리공덕 노부부도 옥함에 든 바지저고리를 보고 바리데기가 귀한 이의 자식일 것이라 예상은 했으나 공주였다는 사실에 깜짝 놀랐다. 바리데기 또한 비리공덕 노부부가 부모인 것으로 알았기 때문에 출생의 비밀을 알고 역시 크게 놀랐다.

바리데기는 자기를 키워 준 비리공덕 노부부와 눈물 섞인 아쉬운 작별을 하고 자기를 찾으러 온 시종과 함께 자기를 태어나게 해 준 부모를 만나기 위해 궁전으로 떠났다.

바리데기가 궁전으로 들어가 자기를 낳아 준 오구대왕과 길대부인을 만났을 때 그들은 제대로 할 말이 없었을 것이다. 사람들은 자주 만나야 주고받을 이야기가 많은 법이다. 서로에 대해 알고 있는 것이 있어야 할 이야기가 생기는 것이다. 그래서 오랜만에 만난 사람과는 대화가 뚝뚝 끊어지기 마련이다.

오구대왕 부부와 바리데기 역시 관계가 깊지 않아 할 수 있는 말이 없었다. 그러나 부모자식의 연은 이보다 깊었다. 그들에게는 많은 말이 필요하지 않았다. 서로에 대한 반가움과 설움이 교차하여 눈물바다를 이루었다. 부모는 부모대로 버린 자식에 대한 회개와 안타까움에 눈물을 흘렸고, 바리데기 또한 버려진 것에 대한 설움과 진짜 부모를 만났다는 기쁨이 북받쳐 눈물을 흘렸다. 바리데기는 차마 아버지 어머니라 부르지 못하고 고개만 숙였다.

"네가 일곱째 공주인 바리데기란 말이냐? 어디 보자."

오구대왕과 길대부인은 병으로 쇠약해진 손으로 바리데기의 손을 붙잡았다. 바리데기는 병에 걸린 부모를 보고 목이 메어 아무 말도 하지 못했다.

"네가 고생이 많았겠구나. 이제라도 다시 만났으니 우리의 생명이 다하는 날까지 행복하게 지내자."

이렇게 해서 바리데기는 바리공주가 되었다.

공주가 된 바리는 부모가 왜 병에 걸렸는지 물었다. 그러자 길대부인이 쓸쓸한 표정으로 대답했다.

"우리가 너를 버린 죄로 이렇게 나을 수 없는 병에 걸렸단다. 우리를 용서해 주겠니?"

바리공주의 눈에서 또다시 눈물이 흘러내렸다.

"저 때문에 병에 걸리셨다니."

이렇게 십오 년 만에 만난 부모와 자식은 재회의 기쁨을 나누기 보다는 서로를 걱정하고 위로하며 첫 만남을 마쳤다.

바리공주는 궁전에서 편안하게 살아온 언니들도 만났다. 서로 달라도 너무나 다른 세계에서 살아왔기 때문에 그다지 큰 감회가 있는 만남은 아니었다.

그러던 차에 바리공주는 부모의 병을 치유할 수 있는 약이 있음을 알게 되었다. 그리고 그 약이 멀고도 먼 서천서역국에 있다는 것도 알게 되었다. 바리공주는 자기가 그 약을 구하기 위해 떠나기로 했다.

다음 날 바리공주는 부모님에게 문안을 드리러 갔을 때 조심스럽게 말을 꺼냈다.

"제가 서천서역국으로 가서 약을 구해 오겠습니다."

그 말을 들은 오구대왕과 길대부인이 반대하며 말했다.

"그럴 수는 없다. 너를 버린 우리가 무슨 면목으로 너를 그 멀고 험한 곳으로 보내겠느냐? 우리가 살날이 얼마 남지 않았으니 그때까지 우리와 함께 호강하며 지내거라."

그러자 바리공주가 고개를 저으며 대답했다.

"그렇지 않습니다. 비록 저를 키워 주지는 않으셨지만 저를 낳아 준 것도 큰 은혜입니다. 은혜를 갚는 것이 사람이 할 도리라 배웠습니다."

그 말에 오구대왕과 길대부인의 눈에서 다시 눈물이 흘렀다.

"너희 여섯 언니들은 낳아 주고 곱게 키워 주었는데도 아무도 가려고 하지 않았는데."

오구대왕과 길대부인은 이런 바리공주가 고마우면서도 안쓰러워서 재차 말렸지만 바리공주의 결심은 바위보다 굳었다.

"부모님이 깊은 병에 걸렸는데 제 마음이 편하겠습니까? 어찌 호강하라고 하십니까?"

바리공주의 말에 오구대왕과 길대부인은 대꾸할 말이 없었다. 다만 버려진 자식이 다시 고생길을 나서는 것이 안쓰럽고 또 안쓰러울 따름이었다.

바리공주의 행동은 '아시시의 성인'이라고 불리는 성 프란체스코의 기도를 연상케 한다. 프란체스코는 신에게 자기를 지옥으로 보내 달라고 기원했다. 그곳에서 고통받는 사람들을 구원하겠다고 결심했기 때문이다.

그는 지옥에서 고통받는 사람들을 두고 천국에 간다면 그 천국이 행복하고 즐거운 천국이겠냐고 신에게 묻는다. 지옥에서 고통에 시달리는 사람들을 생각하면 천국은 지옥과 다를 바 없으리라는 의미다.

바리공주 또한 죽을병에 시달리는 부모를 앞에 두고는 호사가 호사가 아니고 호강이 호강이 아님을 알고 있었다. 이렇게 부모와 자식은 재회한 둘째 날에도 서로의 손을 붙잡고 울고 또 울었다. 이미 결심을 굳힌 바리공주는 더 지체할 수 없다고 생각했다. 그래서 곧바로 먼 길을 떠날 채비를 차렸다.

바리공주는 남자의 옷을 입고 남장을 한 다음에 가벼운 차림으로 떠날 준비를 했다. 사람들은 겨우 상봉한 바리공주가 다시 먼 길을 떠나는 것을 보고 눈물과 한숨으로 배웅했다. 다만 여섯 언니들은 이해하지 못하겠다는 표정을 짓고 있을 뿐이었다.

그러나 바리공주가 약을 구하러 가야 하는 서천서역국이 어디에 있는지 아는 사람은 아무도 없었다. 죽었다가 다시 살아온 사람이 없었기 때문에 서천서역국, 즉 저승으로 가는 길을 아무도 알지 못한 것이다.

바리공주는 서천서역국이 서쪽 어딘가에 있다는 것밖에 몰랐기 때문에 무조건 서쪽을 향해 걷기 시작했다. 고개가 나오면 고개를 넘고 강이 나오면 강을 건넜다. 가시밭길이 나와도 바리공주는 포기하지 않고 그 길을 뚫고 지나갔다.

전해지는 어느 이야기에서는 바리데기의 여정을 "까막까치가 인도하는 대로 약수 삼천 리를 가시더라"라고 표현한다. 짧은 문장이지만 아득함과 막막함이 고스란히 전해진다.

여기서 삼천 리는 물리적인 거리를 표현한 것이 아니라 아주 멀다는 표현이다. 바리공주는 남들은 피하려고 하는 죽음의 땅을 향해 제 발로 한 걸음 한 걸음 다가갔다.

바리공주의 여정은 우리가 삶의 길을 걸어가는 여정과 닮았다. 그 길의 끝에 저승이 있다는 점과 그곳이 어디인지 모른다는 점도 닮았고, 우리 앞에 편하고 아름다운 길보다는 거칠고 힘든 길이 더 많다는 점에서도 그렇다. 그리고 결정적으로 우리 모두 그 길을 끝까지 걸어가야 한다는 점에서 그렇다. 거칠고 험한 길이 계속된다고 그 여정을 끝낼 수는 없다.

무엇보다 여섯 공주처럼 지레 겁을 먹고 떠나지 않는다면 그 삶에는 아무런 변화가 생기지 않는다. 당장은 편할지 모르지만 삶의 본질이 변화라는 면에서 이는 삶을 부정하는 것이고 삶의 부정은 죽음이다. 즉 여섯 공주는 이미 죽음의 상태에 놓여 있는 셈이다.

우리는 살아가면서 하고 싶은 일만 하면서 살 수는 없다. 추운 겨울을 견디어야 봄이 오는 것처럼 힘든 일을 참고 견딜 수 있어야 한다. 그것은 단지 알 수 없는 미래를 위해서 현재를 희생하는 것이 아니라 현재의 인내를 통해서 새로운 현재를 만들어 가는 것이다.

농부가 봄에 밭을 가는 것은 단지 가을의 추수만을 위해서 그렇게 하는 것이 아니다. 봄에 밭을 가는 것은 고되지만 그 또

한 농부의 현재이다. 오직 가을의 추수만을 위해서, 다른 말로 미래를 위해서 현재를 희생하는 마음으로 밭을 갈고 씨를 뿌린다면 그것은 단지 고된 일의 연속일 뿐이다.

죽음의 땅
서천서역국을 향하여

바리공주는 어디로 가야 서천서역국이 나오는지 몰랐기 때문에 무조건 서쪽으로 갔다. 우리가 이런 경우를 겪어야 한다면 멘토나 조력자가 필요하다. 길을 잃고 헤맬 때 먼저 그 길을 걸어간 선배나 멘토의 조언은 큰 도움이 된다.

특히 공부할 때 학문의 세계에서 길을 헤매기 쉬운데, 의지를 갖고 묵묵히 정진하면 도움을 주는 멘토나 스승을 만나게 된다. 물론 의지의 강도가 중요하다. 멘토나 선배, 스승이라는 존재가 무조건 도와주는 것이 아니기 때문이다. 강한 의지가 엿보일 때 그들은 비로소 도움의 손길을 내밀어 준다.

바리공주에게는 부모님을 살려야 한다는 강한 의지가 있었기 때문에 그의 앞에는 많은 조력자가 등장한다.

조력자들은 늘 의지를 가진 자를 시험한다. 도움을 주기에 앞서서 그 도움을 받을 자격이 있는지를 살피기 위해 어려운 일을 맡기고 시험해 본다. '진인사대천명'이라는 옛말도 이와 일맥상통한다.

바리공주 앞에 나타난 첫 번째 조력자는 할아버지였다. 머리가 하얗게 센 할아버지는 끝도 없이 넓은 밭을 갈고 있었다. 밭이 바다와 닮아서 저 멀리 지평선이 아득히 보일 정도였다. 바리공주는 길과 가까운 곳에서 밭을 갈고 있는 할아버지에게 말을 걸었다.

"저기, 말씀 좀 묻겠습니다. 혹시 서천서역국으로 가는 길을 알고 계시면 알려 주시겠습니까?"

할아버지는 바리공주가 있는 길 쪽으로 천천히 다가왔다. 그리고 바리공주를 향해 말했다.

"서천서역국으로 가는 길을 알고 있지."

바리공주가 반색하며 말했다.

"그럼 길을 알려 주시겠어요?"

할아버지는 가볍게 고개를 끄덕였다.

"그러나 그 전에 일을 좀 해 줘야 해."

바리공주는 무슨 일이든 할 테니 길을 알려 달려고 부탁했다. 할아버지는 물끄러미 바리공주를 쳐다본 다음에 천천히 입을 열었다.

"이 밭을 모두 갈면 길을 알려 주지. 그리고 밭을 갈 때 석 자 깊이로 고르게 갈아야 하네."

바리공주는 끝없이 넓은 밭을 바라보면서 한숨을 내쉬었지만 이내 마음을 다잡았다.

"알겠습니다. 밭을 갈 테니 길을 알려 주셔야 합니다."

할아버지는 고개를 끄덕였고 바리공주는 밭으로 들어갔다. 바리공주는 소에게 쟁기를 지우고 소를 몰아서 밭을 갈기 시작했다.

바리공주는 아득히 넓은 밭을 조금씩 갈았다. 서두르지 않았고 그렇다고 쉽게 포기하지도 않았다. 석 자 깊이를 유지하기 위해 힘주어 소를 몰았다.

밤이 찾아왔지만 바리공주는 쉬지 않고 일을 계속했다. 처음에는 아득했던 밭도 꾸준히 쉬지 않고 갈자 어느덧 끝이 보였다. 그렇게 바리공주는 아흐레 동안 밤낮으로 일을 했고 그 넓던 밭을 석 자 깊이로 모두 갈았다. 그 모습을 본 할아버지는 바리공주에게 부드러운 표정으로 길을 알려 주었다.

"이 길을 따라서 계속 가거라. 고개가 계속 나올 거야. 그렇게 고개 아홉 개를 건너가면 개울가에서 빨래하는 사람을 만날 수 있을 거야. 그 사람에게 서천서역국으로 가는 길을 물어보면 알려 줄 것이다."

바리공주는 비록 서천서역국으로 곧바로 가는 길을 듣지는 못했지만 실망하지 않았다. 오히려 서천서역국으로 갈 수 있는 길의 실마리를 찾았다고 생각했다. 작은 희망을 느낀 바리공주는 할아버지에게 감사하다는 말을 하고는 다시 길을 따라서 걷기 시작했다.

할아버지가 알려 준 것처럼 고개를 아홉 개 넘자 빨래터가 나왔고 한 할머니가 빨래를 하고 있는 게 보였다. 할머니 옆에는 빨래가 산더미처럼 쌓여 있었다.

할머니는 빨래하는데 집중을 한 탓인지 낯선 사람이 오는 것도 알아차리지 못했다. 바리공주는 조심스럽게 다가가서 말을 걸었다.

"할머니, 말씀 좀 묻겠습니다."

할머니는 손을 멈추지 않은 채 고개를 들어 바리공주를 바라보았다.

"할머니, 서천서역국으로 가는 길을 알면 알려 주세요."

할머니는 하던 빨래를 멈추고 자기를 도와주면 길을 알려 주겠다고 대답했다. 바리공주는 길을 알려 준다면 무슨 일이든 하겠다고 말했다.

"이 빨래를 모두 해 주어야 해. 검은 빨래는 희게 하고 흰 빨래는 검게 빨아 주면 길을 알려 주마."

바리공주는 다시 한숨을 내쉬었다. 그러나 부모님을 살릴 수 있는 약이 있는 서천서역국으로 갈 수만 있다면 무슨 일이라도 하겠다고 다짐하지 않았던가. 바리공주는 이내 팔을 걷어붙이고 할머니가 일어난 자리에 앉았다.

바리공주는 빨래의 양을 가늠해 보았다. 빨랫감은 산더미처럼 쌓여 있었다. 하지만 이미 바다와 닮은 밭을 갈아 본 적이 있었기 때문에 그때만큼 막막하지는 않았다. 무슨 일이든 어려운 일을 겪고 나면 자신감이 생기는 법이다.

바리공주는 검은 빨래는 희게 빨고 흰 빨래는 검게 빨았다. 빨랫감은 조금씩 줄어들었다. 역시 아흐레 동안 밤낮으로 쉬지 않고 빨래를 하자 빨랫감이 바닥을 드러냈다. 그 모습을 지켜보던 할머니는 따뜻한 눈길로 바리공주를 바라보며 말했다.

"빨래를 모두 했으니 길을 알려 주어야겠지. 이 길을 따라가면 아홉 개의 개울이 나올 거야. 그 개울을 모두 건너가면 숯을 씻는 사람이 보일 게다. 그 사람에게 서천서역국으로 가는 길을 물어보면 알려 줄 거야. 조심해서 가거라."

바리공주는 할머니에게 고맙다는 말을 하고 자기 앞으로 난 길을 따라 걷기 시작했다. 바리공주는 언제 끝날지 모르는 길을 향해 계속 걸었다.

이윽고 할머니가 알려 준 대로 아홉 개의 개울이 나왔다. 개울을 모두 건너자 머리가 하얗게 센 할아버지가 숯을 씻고 있었다. 바리공주는 그 할아버지에게 길을 물었다. 그러자 할아버지는 검은 숯을 맑은 물이 나올 때까지 씻어 주면 길을 알려 주겠다고 대답했다.

바리공주는 검은 숯을 씻었다. 그러나 아무리 씻어도 검은 물만 계속 흘러나왔다. 바리공주는 포기하지 않았고, 마침내 아흐레가 지나자 숯에서 맑은 물이 흘러나왔다. 그 모습을 본 할아버지가 길을 알려 주었다.

"이 길을 계속 따라가면 아홉 개의 가시밭길이 나올 게야. 이를 지나면 밭에서 풀을 뽑고 있는 사람이 보일 테니 그 사람에게 다시 길을 물어보거라."

바리공주는 아홉 개의 가시밭길을 걸었다. 가시밭길을 모두 지나자 밭에서 한 할머니가 풀을 뽑고 있는 것이 보였다.

"할머니, 서천서역국으로 가는 길을 알고 계시면 알려 주시겠어요?"

바리공주는 공손하게 물었다. 풀을 뽑던 할머니는 바리공주를 흘낏 보고는 밭의 풀을 모두 뽑아 주면 길을 알려 주겠다고 퉁명스럽게 대답했다. 바리공주는 지금껏 그래 왔듯이 아무런 토도 달지 않고 곧바로 밭에 들어가 풀을 뽑기 시작했다.

풀을 뽑던 할머니는 그런 바리공주를 물끄러미 바라보며 고개를 끄덕였다. 그리고 바리공주가 풀을 모두 뽑기를 기다렸다가 꽃 한 송이와 방울 하나를 주었다.

"어려운 일이 생기면 이게 도움이 될 거야."

이렇게 죽음의 땅인 서천서역국으로 가는 바리공주는 풀을 뽑던 할머니로부터 생명을 뜻하는 꽃을 하나 얻었다.

할머니는 가던 길을 계속 가면 서천서역국이 나올 것이라고 알려 주었다. 바리공주는 할머니에게 깊이 머리를 숙여 감사의 인사를 하고 다시 서천서역국을 향해 길을 떠났다.

한국 신화에서는 늘 꽃과 꽃밭이 나온다. 그것은 꽃이 삶의 본질인 생명을 의미하기 때문이다. 신화에는 우리의 삶이 꽃처럼 환하고 아름답게 피어나기를 희망하는 마음이 담겨 있다. 또한 신화는 우리로 하여금 삶을 아름답게 피워 내라고 말하고 있다.

바리공주는 이본이 상당히 많은데 어떤 것에서는 석가모니로부터 나화를 받았다고도 한다. 나화는 삼천 년에 한 번 핀다는 꽃으로 부처를 상징하는 우담바라의 다른 이름이다. 거기서도 어김없이 꽃이다. 죽음의 땅 저승의 문을 열 수 있는 것은 아이러니하게도 생명을 의미하는 꽃이다.

저승의 강과
무지개 다리

꽃과 방울을 받은 바리공주는 새삼 용기를 얻었다. 말이 쉽지 바다와 같이 넓은 땅을 가는 일과 검은 빨래를 희게, 흰 빨래를 검게 빠는 일, 숯에서 맑은 물이 나올 때까지 씻는 것은 매우 고된 일이다.

하늘이 큰사람을 내기 위해서는 시험을 한다. 바리공주가 치른 시험은 보통 사람들은 엄두도 낼 수 없는 일이다. 만약 여섯 공주가 서천서역국으로 갔다고 해도 이 단계에서 이 핑계 저 핑계를 대며 돌아섰을 것이다.

우리는 삶 속에서 여섯 공주가 될 것인지 바리공주가 될 것인지 매번 선택해야 한다. 고된 시험을 통과해야만 아름다운 꽃을 손에 넣을 수 있다. 고난과 역경을 이겨 냈을 때 우리는 삶에 대한 이해를 얻을 수 있다. 개인에게 주어진 고난을 극복했을 때 강한 자신감이 생기고 공동체에게 주어진 고난을 극복했을 때 훌륭한 가치가 만들어진다. 우리가 알고 있는 모든 아름다운 가치는 이렇게 생성된 것이다.

길을 따라가던 바리공주의 앞에 열두 고개가 나타났다. 시험이 끝났다고는 하지만 저승으로 들어가는 길이 쉬울 리 없었다. 그러나 바리공주에게는 새로운 용기가 있었고 시험을 통과한 사람만이 가질 수 있는 꽃과 방울이 있었다.

바리공주는 여러 고난을 통해 성장했고 자신감을 얻었다. 어려운 일을 극복하면 사소한 고난 따위는 쉽게 극복할 수 있는 법이다.

바리공주 앞의 열두 고개는 죽은 사람들의 고개였다. 노인들이 죽은 고개, 할머니가 죽은 고개, 총각이 죽은 고개, 처녀가 죽은 고개, 아이가 죽은 고개, 도둑놈들이 죽은 고개 등등. 죽어서 저승으로 들어가지 못하고 세상을 떠도는 자들이 그곳에 있었다.

저승으로 들어가지 못한 귀신들은 바리공주를 막고 울음을 터뜨렸다. 자기들도 저승으로 데리고 가 달라고 울며 매달렸다. 바리공주는 그들을 달랬다. 지금은 자기도 저승에서 약을 구해야 하기 때문에 그들을 도와줄 수 없지만 훗날 그들이 저승으로 가서 편안하게 지낼 수 있게 해 주겠다고 약속했다.

바리공주는 살아서도 고생하고 죽어서도 저승으로 들어가지 못해서 떠도는 이들을 보며 안타까운 마음이 들었다. 언젠가 기회가 되면 반드시 그들을 저승으로 인도해 주겠다고 다짐했다. 바리공주는 무거운 걸음으로 열두 고개를 모두 지나 저승으로 다가갔다.

열두 고개 너머에 있는 것은 강이었다. 그 강은 저승과 이승의 경계였다. 강의 이쪽은 이승이고 강 너머는 저승이었다.

그리스 신화에서는 레테라는 강이 있어서 죽은 사람이 그 강을 건너면 이승에서의 모든 기억을 잃는다고 한다. 이승을 떠나 저승의 식구가 되는 셈이다.

레테 강을 비롯하여 그리스 신화에는 이승과 저승 사이에 여러 강이 있다. 그 강들을 건네주는 것은 카론이라는 뱃사공으로, 뱃삯을 주지 않으면 건네주지 않는다. 그래서 사람이 죽으면 뱃삯으로 쓰라는 의미로 이빨 사이에 동전을 꽂아 주었다.

이런 풍습은 동서양이 다르지 않다. 우리나라에서도 저승 갈 때 쓰라며 관에 노잣돈이라는 것을 넣어 준다. 이런 관념은 저승에서의 생활이 이승과 다르지 않고 그대로 적용된다는 생각에서 비롯된 것이다.

바리공주 앞에 나타난 강에는 카론과 같은 뱃사공이 없었다. 그 강은 무게가 있는 것은 무엇이든 가라앉히는 무서운 강이었다. 가벼운 새의 깃털도 가라앉았다. 그런 강을 어떻게 건너간단 말인가?

바리공주는 난감한 표정으로 오랫동안 강을 바라보았다. 아무리 생각해도 강을 건널 방법이 없었다. 바리공주는 지금껏 온갖 고생을 하며 여기까지 왔는데 도저히 건널 수 없는 강을 마주하자 한숨이 나오고 절망을 느꼈다.

사흘을 꼬박 강 앞에서 지새운 바리공주는 마침내 자리에서 일어났다. 그리고 할머니 또는 석가모니에게서 받은 꽃을 강을 향해 던졌다. 바리공주가 쓸 수 있는 마지막 방법이었다. 그러자 신기한 일이 벌어졌다.

바리공주가 꽃을 무엇이든 삼키는 강으로 던지자 물 위로 무지개가 생겼다. 그 무지개는 강의 이쪽에서 시작하여 반대편으로 이어졌다. 그렇게 무지개 다리가 생겨났다.

하늘이 무너져도 솟아날 구멍은 있다고 했다. 무슨 일이든 포기하지 않고 끝까지 고민하고 실천하면 무지개 다리처럼 새로운 길이 생겨난다.

인류는 오랜 역사를 거치면서 이렇게 수많은 해결하기 힘든 일과 만났을 것이다. 인류는 그 문제를 앞에 두고 고민을 거듭했을 것이고 그를 통해 새로운 길을 만들어 왔다. 그것이 오늘날 인류가 건설한 문명과 문화이다.

바리공주는 감사와 안도의 마음을 안고 무지개 다리 위로 올라섰다. 그리고 한결 여유로운 마음으로 저승으로 가는 마지막 길을 천천히 걸어갔다. 무지개 다리를 건너면 부모님을 살릴 수 있는 약이 있을 터였다. 바리공주의 마음에는 부모님을 살릴 수 있겠다는 희망의 싹이 봄철 풀처럼 쑥쑥 자라났다.

무지개는 그 화려하고 아름다운 색깔에서 보듯이 희망을 상징한다. 억센 빗줄기가 지나가면 어김없이 무지개가 나타난다. 그 어떤 고난이나 역경도 그 너머에 무지개와 같은 희망이 있음을 우리 인류는 알고 있다. 그렇게 무지개는 희망의 상징이 되었다.

바리공주는 희망을 딛고 이승에서 저승으로 건너갔다. 저승 땅에 내려서자 누군가 바리공주의 앞을 막았다. 키가 하늘에 닿을 정도로 크고 눈은 등잔처럼 컸으며 얼굴은 박박 얽었고 다리는 절름발이인 젊은 총각이었다. 그 총각이 물었다.

"당신은 누구인데 산 사람이 여기까지 온 게요?"

저승의 문지기가 요구한 약값

바리공주가 총각을 바라보며 답했다.

"나는 오구대왕의 일곱째 왕자입니다. 부모님이 불치병에 걸렸는데 그 병을 고칠 수 있는 약이 이곳에 있다고 해서 여기까지 왔습니다. 그런데 당신은 누구십니까?"

총각은 바리공주를 한차례 훑어보고 대답했다.

"나는 이곳을 지키는 무장승이요."

무장승은 원래 하늘의 신이었지만 잘못을 저질러 저승을 지키는 역할을 맡게 되었다. 무장승은 인간 처녀와 결혼해서 아이를 셋 낳으면 하늘로 돌아갈 수 있을 터였다.

무뚝뚝하게 자기소개를 한 무장승은 바리공주에게 손을 내밀었다. 바리공주는 영문을 모르겠다는 표정으로 무장승을 바라보았다.

"약값을 주어야 약을 줄 게 아니요?"

바리공주의 가슴이 철렁 내려앉았다. 부모님의 약을 구해야 한다는 일념으로 고생을 하며 여기까지 왔는데 약값을 내라는 말에 기가 막혔다.

한국 신화에서 저승은 이승과 다를 것이 없다. 이승에서 약을 살 때 돈이 필요한 것처럼 저승에서도 돈이 필요하다.

"급하게 오느라 약값을 가져오지 못했습니다. 다른 방법이 없겠습니까?"

풀죽은 바리공주의 대답을 들은 무장승은 물끄러미 바리공주를 바라보았다. 그리고 무장승은 고개를 끄덕이며 말했다.

"약값은 다른 것으로 받겠소."

바리공주의 눈빛에 희망이 담겼다.

"제가 무엇을 하면 되겠습니까?"

무장승은 껄껄 웃으며 말했다.

"나를 위해서 나무를 삼 년 해 주고 빨래도 삼 년 해 주고 불도 삼 년 동안 때 주시오. 그러면 약을 내드리겠소."

바리공주는 안도의 한숨을 내쉬었다. 그 정도라면 얼마든지 할 수 있을 듯했다. 그래서 바리공주는 밝은 목소리로 대답했다.

"그렇게 하겠습니다."

그러자 무장승은 다시 웃음을 터뜨리며 말했다.

"그리고 당신은 불라국의 왕자라고 소개를 했고 남장을 했지만 내가 보기에 당신은 남자가 아니오."

바리공주는 난감했다. 남장을 하고 목소리도 바꾸었다고 생각했는데 그것을 무장승이 간파한 것이다. 바리공주가 아무 말도 하지 못한 채 주저하고 있는 것을 무장승이 싱긋 웃으며 바라보고 있었다.

바리공주는 무장승을 속일 수가 없었다. 무장승은 부모님의 생명을 구할 약을 가지고 있었다. 바리공주는 무장승에게 자기가 불라국의 일곱 번째 공주라는 사실을 털어놓았다.

"내 그럴 줄 알았지."

바리공주는 절망을 느끼면서 물었다.

"여자라면 약을 얻을 수가 없단 말인가요?"

바리공주는 일곱 번째 딸이라는 이유로 버려졌던 자기의 처지가 새삼 떠올랐다. 설움이 북받쳐 올랐다. 매번 여자라는 이유로 받는 박해와 차별로 가슴이 칼에 찔린 듯 아팠다.

바리공주는 억울하고 분했다. 자기도 모르게 주먹이 쥐어졌다. 까막까치가 인도하는 대로 그 먼 길을 고생하며 왔는데 약값을 달라고 하고, 게다가 여자라는 이유로 차별을 받는다고 생각하니 분노와 설움이 마음속에서 교차했다.

그 모습을 본 무장승이 당황한 표정으로 손을 내저으며 말했다.

"당신이 여자라고 해서 약을 주지 않겠다는 말이 아니오."

바리공주는 안도의 한숨을 내쉬었다. 무장승은 자기가 하늘에서 벌을 받아 저승을 지키는 일을 하게 되었다는 사실을 털어놓고 자기를 위해 아들 삼 형제를 낳아 달라고 부탁했다.

"당신이 나를 위해 아들 셋을 낳아 주면 나는 다시 하늘로 돌아갈 수 있소."

바리공주는 난감한 표정으로 대답했다.

"혼인은 인륜지대사인데 어찌 부모님의 허락도 없이 할 수 있겠습니까?"

이제 애가 타는 것은 무장승 쪽이었다.

"사정이 급하니 어찌 하겠소? 훗날 아이들 손을 잡고 부모님을 찾아가 용서를 구하면 되지 않겠소?"

바리공주도 더 우길 수가 없었다. 무장승이 마음이 변해 약을 내어 주지 않으면 부모님의 병을 고칠 도리가 없어진다. 그래서 바리공주는 무장승의 요구를 들어주기로 했다.

바리공주의 승낙이 떨어지자 무장승의 입이 귀에 걸렸다. 아름다운 바리공주와 혼인을 한다고 생각하니 가슴이 설렜다. 바리공주 또한 듬직한 무장승에게 호감을 갖고 있었다. 이렇게 해서 바리공주와 무장승 사이에 거래가 성립되었다. 이것이 약을 구하러 서천서역국, 즉 저승으로 간 바리공주에게 주어진 마지막 시험이고 관문이었다.

바리공주와 무장승은 물을 한 그릇 앞에 두고 조촐한 혼례를 치렀다. 바리공주는 무장승에게 약속한 대로 삼 년 동안 나무를 해 주고 삼 년 동안 빨래를 해 주고 삼 년 동안 불을 때 주었다.

또 그들 부부 사이에서 세 아들이 태어났다. 바리공주는 무장승을 위해 일했고, 무장승 또한 아내를 살뜰하게 살펴 주었다. 바리공주와 무장승은 하늘을 지붕으로 땅을 구들로 삼고 해와 달을 등불처럼 여겼다. 또한 잔디를 이불로 나뭇등걸을 베개로 삼아 도란도란 행복한 신혼을 보냈다.

이렇게 바리공주는 무장승과 아홉 해를 함께 보냈다. 저승의 시간과 이승의 시간은 서로 다른 법이다. 무릉도원을 찾은 나무꾼이 바둑을 구경하는 사이 도끼가 썩을 정도의 시간이 흘렀던 것과 마찬가지이다.

한편 바리공주가 무장승과 저승에서 행복한 시간을 보내고 있는 동안 오구대왕과 길대부인의 병은 점점 깊어져 갔다. 혹시나 하고 바리공주의 귀환을 기다렸지만 아무리 기다려도 돌아오지 않았다. 말하기 좋아하는 사람들은 바리공주가 죽었거나 심지어 다른 곳으로 달아났을 것이라고 떠들기도 했다.

버려진 자와
스스로 버린 자

사람들은 바리공주가 서천서역국으로 가지 못하고 약을 구하지 못하자 부끄러워 어딘가에 숨었을 것으로 생각했다. 사람들은 그런 바리공주를 이해할 수 있다고 말했지만 여섯 공주는 비웃듯이 바리공주에 대해 험담을 했다.

"혼자 잘난 척하더니 이게 뭐야?"

사람들은 그런 여섯 공주를 싸늘한 시선으로 바라보았다. 몇몇 사람들은 바리공주가 곧 약을 구해서 올 것이라는 희망을 버리지 않았다.

"공주님이 빨리 돌아오셔야 하는데. 왕과 왕비님이 너무 불쌍해."

바리공주에 대한 온갖 억측이 떠도는 사이에 오구대왕과 길대부인의 병은 더 손을 쓸 수 없을 정도로 악화되었다.

오구대왕과 길대부인은 약을 구하지 못해도 좋으니 막내딸이 돌아오기를 간절하게 바랐다. 세상을 떠나기 전에 마지막으로 얼굴이라도 한번 보고 싶었다.

그러나 오구대왕과 길대부인의 바람은 이루어지지 않았다. 오구대왕과 길대부인이 한날한시에 세상을 떠나고 만 것이다. 동시에 왕과 왕비를 잃은 불라국은 깊은 슬픔에 빠졌다. 마지막 희망이었던 바리공주도 돌아오지 않았다.

한편 바리공주는 그날 잠을 자다가 부모님이 돌아가시는 꿈을 꾸었다. 잠에서 깬 바리공주는 무장승에게 이제 약을 가지고 돌아가야겠다고 이야기했다. 무장승 또한 아내의 말에 반대하지 않았다.

"빨리 약을 주세요. 아무래도 불안해요."

무장승은 걱정하지 말라고 바리공주를 안심시켰다.

"당신이 부모님을 구할 수 있을 거요. 당신의 부모님은 나의 부모님이기도 하오. 자, 함께 약을 가지러 갑시다."

무장승은 바리공주를 데리고 바깥으로 나갔다. 무장승은 그들이 늘 길어 먹던 샘가로 바리공주를 데리고 갔다.

"부인, 저게 바로 약이오. 저 물을 떠서 부모님께 마시게 하면 병이 나을 거요."

바리공주는 깜짝 놀랐다. 늘 길어 먹던 물이 약이라니.

"부인, 가기 전에 들를 곳이 한 곳 있소."

무장승은 바리공주의 손을 잡고 뒷동산으로 올라갔다. 그곳에는 너른 꽃밭이 있었다. 바리공주가 무장승과 함께 자주 꽃구경을 하던 꽃밭이었다.

무장승은 꽃밭에서 꽃을 하나 따서 바리공주에게 주었다.

"이 꽃은 죽은 사람의 뼈를 살리는 뼈살이꽃이오."

그리고 연속해서 두 개의 꽃을 꺾어 주었다.

"이것은 죽은 사람의 살을 살리는 살살이꽃이고 이것은 죽은 사람의 숨을 돌아오게 하는 숨살이꽃이오. 아마 이 꽃들이 필요할 것이오."

늘 길어 먹던 물이 약이고 자주 놀던 뒷동산의 꽃이 죽은 사람을 살리는 힘을 갖고 있다는 것은 무엇을 의미할까? 그것은 우리에게 위기가 닥쳤을 때 그것을 해결해 주는 해답이 우리 주변에 있음을 의미한다.

비유하자면 그것은 가족이기도 하고 친구이기도 하다. 어려운 일이 닥쳤을 때 멀리서 약을 구할 것이 아니라 가까운 가족과 친구에게서 답을 구해야 함을 의미한다.

무장승으로부터 약과 꽃을 받은 바리공주는 곧바로 불라국으로 달려갔다. 저승에 갈 때와는 달리 하늘의 도움 탓인지 단숨에 도착했다. 그때 어디선가 서글픈 노랫가락이 들려왔다.

"불쌍한 오구대왕과 길대부인, 약을 구하러 간 막내딸은 소식도 없고, 불쌍한 오구대왕과 길대부인은 한날한시에 세상을 떠났다네."

그 노래를 들은 바리공주는 혼백이 빠져나가는 듯했다. 바리공주는 미친 사람처럼 엎어지고 자빠지며 궁전을 향해 달려갔다. 바리공주가 궁전 앞에 도착했을 때 오구대왕과 길대부인의 상여가 궁전 문을 나오고 있었다.

상엿소리가 들리고 여섯 공주가 남편들과 함께 흰 상복을 입고 따르고 있었다. 바리공주는 상여 앞으로 달려가 쓰러지듯 엎드렸다. 누군가 외쳤다.

"막내 공주님이 돌아오셨다."

여섯 공주는 바리공주를 알아보고 밀어냈다.

"너는 약을 구하러 간다더니 소식도 없다가 부모님이 돌아가시니까 이제 나타나느냐? 저리 꺼지지 못할까?"

바리공주는 아무 대꾸도 하지 않고 상여의 문을 열었다. 상여 안에는 관 두 개가 있었고, 그 안에 오구대왕과 길대부인이 자는 듯이 누워 있었다.

주위에서 죽은 사람을 모독하지 말라고 외쳤지만 바리공주는 개의치 않았다. 사람들의 눈이 일제히 바리공주에게 쏠렸다. 바리공주는 품에서 꽃 세 송이를 꺼내 들었다. 그리고 그 꽃들을 부모님의 몸에 올려놓았다.

그러자 오구대왕과 길대부인이 잠에서 깨어나듯 기지개를 펴며 자리에서 일어났다. 길가에 있던 사람들이 일제히 환호성을 질렀다. 여섯 공주는 뒤로 물러났다.

두리번거리던 오구대왕과 길대부인은 바리공주를 보고 덥석 손을 잡으며 말했다.

"네가 돌아왔구나. 그래 얼마나 고생이 많았을까?"

부모의 눈에서도 눈물이 흘렀고 바리공주의 눈에서도 눈물이 떨어졌다. 그것을 바라보는 사람들의 눈에서도 감격의 눈물이 흘러내렸다.

"이 물을 드시면 병이 나을 것입니다."

바리공주는 품에서 약물을 꺼내 부모님의 입에 흘려 넣었다. 그러자 병은 씻은 듯이 사라졌고 오구대왕과 길대부인은 과거의 건강을 되찾았다. 그것을 보던 사람들은 놀라서 입을 다물지 못했다.

오구대왕이 바리공주에게 말했다.

"네가 원하는 것이 있으면 무엇이든 줄 테니 말해 보아라. 나라를 원하면 나라를 주고 돈을 원하면 돈을 주겠다."

오구대왕의 진짜 병은 아들이 왕이 되어야 한다는 생각이었고 그래서 막내딸을 버린 것이었지만 이제 완쾌된 오구대왕은 바리공주가 왕이 되어도 괜찮다고 생각하게 되었다. 아들이 왕이 되어야 한다는 편견이 바로 불치병이었고 그것을 바리공주가 치유한 것이다. 비로소 오구대왕은 편견이라는 감옥에서 벗어났다.

바리공주는 아버지의 말에 고개를 가로저었다.

"아버님, 저는 나라도 싫고 돈도 싫습니다. 저승에 가다 보니 죽어서도 편안하게 저승을 가지 못하는 사람들이 많음을 알았습니다. 저는 그들이 저승으로 편안하게 갈 수 있도록 돕는 무당이 되겠습니다."

이렇게 해서 바리공주는 우리나라 최초의 무당이 되었다. 사람이 죽으면 굿을 하고 그 자리에서 바리공주 신화를 낭송하는 것은 바리공주가 죽은 사람을 저승으로 안내해 준다고 생각하기 때문이다. 바리공주는 버림을 받았지만 돌아와 부모를 살려냈고 이제 스스로 안락한 삶을 '버리고' 떠난 것이다.

20세기에 세상을 풍미한 실존철학의 가르침에서 보듯 인간은 스스로 원해서 태어난 것이 아니다. 우리는 세상에 던져졌다. 달리 표현하면 세상에 버려진 것이다. 그렇다면 계속 그렇게 살아야 하는가? 실존철학자들은 적극적으로 세상에 뛰어들라고, 달리 표현하면 스스로 버리라고 말한다. 바리데기 신화에서 여섯 공주처럼 안주하는 삶을 살지 말고 스스로 원하는 삶을 향해 자기를 던지고 버리는 것을 실존이라고 불렀다.

따라서 버림받는 것을 두려워할 것도 없고 스스로 버리고 떠나는 것을 두려워할 필요가 없다. 말처럼 쉽지는 않겠으나 잘 버리는 사람이 잘 얻는 것은 분명한 사실이다.

의지적인 삶의 표상 자청비

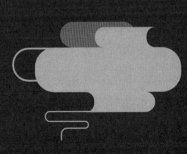

그리스의 헤르메스와
한국의 자청비

신화는 단순한 고대의 옛이야기가 아니다. 신화는 고대로부터 오늘날에 이르기까지 우리 개인의 삶과 사람들의 세계관에 직간접적으로 영향을 미치면서 삶에 대한 이해나 세계를 설명한다. 사람들은 각각의 시대나 사회의 상황에 따라 그에 어울리는 신화를 선택해서 그 세계관을 중심으로 생활해 왔다.

예를 들면 서양의 근대는 프로메테우스로 대표된다. 프로메테우스는 잘 아는 것처럼 인간에게 불을 훔쳐다 주었고, 그 대가로 매일 새로 돋아나는 간을 독수리에게 쪼아 먹히는 벌을 받았다. 이때 불은 어둠을 밝혀 주는, 나아가 우리의 무지를 밝혀 주는 밝음을 상징한다.

그리고 그가 받은 형벌은 삶의 고양을 위한 인내를 상징한다. 프로메테우스는 신이었기 때문에 죽지 않았고 매일 간이 새로 돋아났는데 독수리는 매일 그 간을 쪼아 먹었다. 프로메테우스는 미래를 위해 현재의 고통을 견뎠다. 프로메테우스가 근대를 상징한다는 것은 이런 의미이다.

따라서 근대는 이성과 과학이라는 인간의 힘을 고양하는 시대였고, 프로메테우스의 표정처럼 진지하고 엄숙한 태도로 인내하며 삶을 발전시키는 시대였다.

그와 달리 현대는 헤르메스의 시대이다. 태어나서 가장 먼저 한 일이 도둑질이었던 헤르메스는 도둑과 여행과 상업, 길의 신이다. 도둑이나 상업은 물건을 이쪽에서 저쪽으로 옮긴다는 면에서 소통을 의미하며 여행과 길 또한 변화를 상징하는 것들이다.

도둑은 훔치는 사람인데 오늘날의 도둑은 물건이 아니라 사람들의 마음을 훔친다. 감정을 흔들고 감성을 자극해서 물건을 사게 만든다. 광고나 드라마의 역할도 이렇게 마음을 훔치는 것이다.

따라서 현대는 근대와 달리 인내하며 공부해서 무지를 몰아내는 시대가 아니라 소통하고 감성에 따라 사는 시대가 된다.

이와 유사한 모습을 우리 신화에서도 찾을 수 있다. 한국 신화에서 현대적인 삶을 잘 드러내는 것이 자청비 신화가 아닐까 생각한다. 그것은 자청비 신화가 보여 주는 자청비의 삶이 그러하다.

자청비는 한곳에 머무르며 인내하는 삶이 아닌 길을 떠나 다양한 일을 체험하는 삶을 살았다. 다양한 경험을 통해 삶을 풍요롭게 만들었고, 결국 풍요를 상징하는 곡식의 신이 되었다. 이러한 자청비의 모습은 현대인의 삶을 닮았다. 참고 견디

는 것이 아니라 하고 싶은 일을 하고 자기의 삶을 만들어 가야
한다는 점에서 그렇다. 그래야 삶도 풍요로워진다. 이제부터
발랄한 현대인의 모습을 한 자청비의 이야기를 따라가 보자.

자청해서 낳은 딸

이야기는 김진국이라는 부자로부터 시작된다. 김진국은 재산
이 엄청나게 많은 부자였다. 김진국은 없는 것이 없는, 그래서
세상 부러울 것이 없었지만 딱 하나 없는 것이 있었다.

　그것은 바로 자식이었다. 김진국 부부가 결혼한 지 십 년이 지
나고 이십 년이 지나 세월이 계속 흘렀지만, 아이가 생기지 않았
다. 그 때문에 김진국 부부는 늘 한숨과 탄식을 내쉬며 살았다.

　어느 날 김진국이 허허로운 마음을 달래기 위해 외출을 했
다. 팽나무 아래에서 바둑을 두던 김진국은 어디선가 들려오
는 환한 웃음소리를 들었다. 그 웃음소리는 티끌 하나 묻어 있
지 않은 맑고 기쁜 소리였다.

　김진국은 호기심이 들어서 웃음소리가 나는 곳으로 향했다.
웃음소리는 의외의 장소에서 흘러나오고 있었다. 웃음소리가
나온 집은 집이라고 하기에도 민망한, 거적으로 문을 대신한

움막이었다. 그 움막에서 쉬지 않고 웃음소리가 터져 나왔다.

김진국은 궁금한 마음에 거적을 살짝 들치고 안을 들여다보았다. 움막에는 거지 부부가 살고 있었다. 거지 부부는 귀여운 아기를 앞에 두고 아이의 재롱을 보며 웃고 있었다. 그들은 아기의 작은 행동에도 참을 수 없다는 듯이 웃음을 터뜨렸다. 김진국은 거지 부부가 한껏 부러웠고 한편으로는 씁쓸한 마음이 들었다.

"거지에게도 있는 것이 나에게는 없구나. 재산이 많으면 무엇 하겠는가? 자식이 없는 게 이렇게 원통할 줄은 몰랐다."

김진국은 어깨를 축 늘어뜨리고 터덜터덜 집으로 돌아왔다. 그리고 방문을 걸어 잠그고 머리를 싸매고 누웠다. 김진국의 머릿속에는 까르르 웃음을 터뜨리는 아기의 모습밖에 없었다. 부인이 그런 남편을 달래려고 했지만 오히려 부인마저 울적해졌고 끝내 부부는 손을 맞잡고 눈물을 흘렸다.

이렇게 부부가 서럽게 울고 있을 때 바깥에서 낯선 소리가 들려왔다. 동개남절(동관음사)의 상좌가 시주를 받기 위해 김진국의 집을 찾은 것이다. 상좌는 대문 밖에서 목탁을 두드리며 사람이 나오기를 기다렸다. 곧이어 여자 하인이 나왔다.

고개 숙여 인사를 한 상좌는 법당이 낡고 문짝이 떨어져 시주를 받으러 왔다고 했다. 또 명이 짧은 사람에게는 수명을 늘려 주고 자손이 없는 사람에게는 아이를 준다고 말했다. 하녀가 상좌를 안으로 들이고 바랑을 쌀로 채워 주었다. 상좌가 막 집 밖으로 나가려고 할 때 김진국이 방문을 열고 나와 댓돌 아래로 내려섰다.

"남의 쌀을 공짜로 먹으려고 하느냐? 혹시 사주를 볼 줄 알면 사주나 봐 주고 가게나. 우리 부부가 오십이 되도록 자식이 없는데 자식 복이 없는지 봐 주게."

그 말을 들은 상좌는 책을 꺼내 뒤척이다가 덮고는 공손한 표정으로 김진국에게 말했다.

"저희 절이 영험하기로 소문이 난 곳입니다. 옷감 백 필과 쌀 백 석, 금은 백 냥을 시주하고 석 달 열흘 정성을 다하면 아이를 얻을 수 있을 것입니다."

김진국은 잠시 고민에 빠졌다. 그러나 자식을 얻을 수 있다면 재산은 문제가 아니라고 생각했다. 그래서 밑지는 셈 치고 상좌의 말에 따라 옷감 백 필과 쌀 백 석, 금은 백 냥을 서둘러 준비해서 동개남절로 향했다.

그러고는 상좌가 알려 준 대로 아침, 점심, 저녁에 불공을 드리기 시작했다. 김진국은 자식을 얻겠다는 간절한 마음으로 불공을 올렸다. 하루 이틀이 지나고 그렇게 백 일이 흘러갔다.

김진국이 정성을 다해 불공을 올린 지 백 일째 날이 되자 동개남절의 상좌는 김진국이 가져온 시주를 법당에 놓고 무게를 달아 보았다. 그런데 서둘러 준비한 탓인지 모두 합쳐서 아흔 아홉 근이었다. 그것을 보고 대사가 김진국에게 말했다.

"백 근을 모두 채웠으면 아들을 점지하겠지만 한 근이 모자라 여자아이를 점지하겠습니다. 이제 돌아가서 합궁하기 좋은 날을 골라서 원하는 자식을 얻으시기 바랍니다."

그 말을 들은 김진국은 딸이든 아들이든 자식만 얻을 수 있다면 된다고 생각하고 집으로 향했다. 돌아온 김진국은 점을 쳐서 합궁 날짜를 잡고 정성스럽게 목욕재계를 한 다음 아내와 잠자리에 들었다.

그리고 얼마 후 김진국의 공덕과 정성이 하늘을 감동시켰는지 부인에게서 태기가 보였다. 김진국은 세상을 모두 가진 것처럼 기뻐했다. 김진국은 다시 불공을 드리듯 정성을 다해 아내를 보살폈다.

열 달이 지나고 삼승할망의 도움을 받아 아기가 태어났다. 동개남절의 대사가 한 말처럼 딸이었다. 앞이마는 해님을 닮았고 뒷머리는 달님을 닮은 너무나도 귀여운 아이였다. 김진국 부부는 크게 기뻐하며 자청해서 낳은 딸이라는 뜻으로 딸의 이름을 자청비라고 지었다. 한편 김진국의 하녀도 같은 날 아들을 하나 낳았다. 그 아들의 이름은 정수남이었다. 김진국 부부는 아이가 태어나면 하고 싶던 것을 다 해 보았다. 김진국 부부는 아이가 얼마나 소중하고 생명이 얼마나 활기찬 것인지를 알았다.

자청비의 거짓말

세월은 빠르게 지나갔다. 자청비는 어느덧 열다섯 살이 되었다. 열다섯 살에는 대개 자기주장이 강해지며 그 때문에 반항이 심해진다. 이때부터 자기의 세계를 만들기 시작한다. 그래서 신화에서도 열다섯 살은 새로운 삶을 시작하는 나이인 경우가 많다.

어느 날 다락에 앉아서 옷감을 짜던 자청비는 하녀의 손이 새하얗게 고운 것을 보고 그 까닭을 물어보았다. 하녀가 빙그레 웃으며 대답했다.

"아씨, 저는 주천강 연못에서 매일 빨래를 하거든요. 그래서 손이 이렇게 곱답니다."

그 말을 들은 자청비는 빨랫감을 잔뜩 모아서 주천강 연못으로 빨래를 하러 갔다. 날은 맑고 바람은 부드러운 날이었다.

자청비가 손을 곱게 만들기 위해 빨래를 하고 있을 때 멀리서 청년 하나가 가까이 다가왔다. 그 청년은 하늘에 있는 문곡성의 아들 문도령으로 지상에 있는 거무선생이 뛰어나다는 말을 듣고 공부를 하기 위해 땅 위로 내려온 것이었다. 문곡성(文曲星)은 북두칠성 가운데 네 번째 별이다.

문도령은 자청비를 보고 눈이 환해지는 것을 느꼈다. 그는 자석에 끌리듯 자청비에게 다가갔다.

문도령은 헛기침을 한 번 한 다음 조심스럽게 자청비에게 말을 걸었다.

"아가씨, 지나가는 사람인데 물 좀 얻어 마실 수 있겠소?"

자청비 또한 문도령의 훤칠한 용모에 호감을 느꼈다. 그래서 말없이 바가지에 물을 뜬 다음 옆에 드리워져 있는 버드나무 잎을 훑어서 바가지 위에 띄워 문도령에게 내밀었다. 문도령은 당황한 표정을 지으며 볼멘소리로 말했다.

"아가씨, 아름다운 겉모습과 마음이 다른 듯합니다. 어찌 맑은 물에 티를 섞습니까?"

자청비가 당당한 표정으로 말했다.

"도령님은 하나만 알고 둘은 모르는 듯합니다. 급한 길을 가는 모양이라 일부러 물을 천천히 드시라 버들잎을 띄운 것이지요. 급히 물을 마시다 체하면 약도 없다고 하지 않습니까?"

문도령은 고개를 끄덕이며 짧은 감탄사를 내뱉었다. 문도령은 물을 천천히 마신 다음에 자리를 떠나지 않고 그 자리에서 머뭇거렸다. 그 모습을 본 자청비가 말을 걸었다.

"그런데 도령님은 어디를 가시는지요?"

문도령은 뭔가 안도를 했다는 듯이 한숨을 내쉬고 대답했다.

"예, 거무선생에게 글공부하러 갑니다."

그 말을 들은 자청비가 반색을 하면서 말했다.

"제 남동생도 거무선생에게 글공부하러 가려던 참인데 함께 벗 삼아 가시면 좋겠네요."

문도령도 반색을 했다. 자청비와 인연을 계속 이어갈 수 있었기 때문이다. 자청비는 문도령에게 남동생을 보낼 테니 기다리라고 말한 다음 서둘러 빨래를 주워 담아 한달음에 집까지 달려갔다.

자청비는 외동딸이었다. 남동생이 있을 리 없었다. 자청비는 곧바로 아버지 김진국을 찾아가서 글공부를 하러 가겠다고 말했다. 김진국은 뜬금없는 자청비의 말에 어이가 없다는 표정으로 말했다.

"글공부를 해서 무엇 하게?"

자청비가 간절한 표정으로 말했다.

"아버님, 늘그막에 딸 하나 얻었는데 훗날 아버님이 세상을 떠나면 제사 때 지방은 누가 쓰겠습니까? 제가 써야 하지 않겠습니까?"

김진국이 듣고 보니 그럴듯했다. 그래서 자청비의 글공부를 허락했다. 이어서 자청비는 어머니를 찾아가 글공부를 하러 가겠다고 말했다. 이유를 들은 어머니도 흔쾌히 자청비의 글공부를 허락했다.

자청비는 방으로 달려가서 남자 옷으로 갈아입었다. 그런 다음 부모님께 작별 인사를 하고 책과 붓 등을 챙겨서 문도령이 기다리고 있는 주천강 연못으로 달려갔다.

자청비가 남장한 것은 바리공주가 서천서역국으로 가면서 남장한 것과 의미가 다르지 않다. 남자와 여자라는 서로 다른 (대립적인), 그래서 마주 보는 상태가 아닌 새로운 변화를 위한 매개를 위해 남장한 것이다. 남녀의 만남을 주선하는 중매가 있고 만남을 통해 남녀가 새로운 관계를 맺게 되는 것처럼 남장이 중매의 역할이다.

문도령은 여전히 그곳에서 고개를 빼고 자청비의 남동생을 기다리고 있었다. 자청비는 문도령에게 다가가 자청비의 남동생인 것처럼 말했다.

"누님에게 말씀을 들었습니다. 처음 뵙겠습니다."

문도령도 인사를 했다.

"문곡성의 아들 문도령입니다."

인사를 하면서 문도령은 남매가 이렇게 닮을 수가 있을까 하고 감탄을 했다. 남장한 자청비와 문도령은 이런저런 이야기를 나누면서 거무선생을 찾아갔다.

그날부터 자청비와 문도령은 한솥밥을 먹으며 한방에서 같은 이불을 덮고 잠을 자며 글공부를 했다. 서먹하던 하루 이틀이 지나갔고 자청비와 문도령은 어릴 때부터의 짝꿍처럼 친해졌다.

한 해가 지나고 두 해가 지나면서 문도령은 자청비를 의심의 눈초리로 보기 시작했다. 하루 이틀도 아니고 한방을 쓰면서 남장한 모습을 숨기기란 쉽지 않았다. 문도령이 던지는 의심의 눈길을 느낀 자청비는 대책을 마련했다. 영리한 자청비는 한 가지 꾀를 생각해 냈다.

그날 저녁 자청비는 잘 보라는 듯이 은 대야에 물을 가득 뜬 다음 은수저 놋수저를 걸쳐 두고 잠을 잤다. 문도령은 영문을 알 수가 없었다.

"이게 뭐야? 왜 은 대야에 물을 떠 놓고 잠을 자는 거야?"

그러자 자청비가 배시시 웃으며 대답했다.

"이전에 아버지가 알려 준 방법이야. 잘 때 은 대야에 물을 떠 놓고 그 위에 은수저 놋수저를 걸쳐 두고, 밤사이 은수저 놋수저가 떨어지지 않으면 공부를 잘할 수 있게 된다고 하셨어."

그 말을 들은 문도령은 자기도 은 대야에 물을 담고 은수저 놋수저를 올려놓았다. 문도령은 그렇지 않아도 자청비에 비해 글공부 성적이 떨어졌기 때문에 성적을 올리고 싶었다.

그런데 효과는 반대였다. 문도령은 은 대야에 올려놓은 은수저 놋수저가 떨어질까 걱정이 되어 잠을 자기가 힘들었다. 자연스럽게 문도령은 잠자는 시간이 줄어들었고 서당에 나가서도 졸기 일쑤였다. 반대로 자청비는 문도령의 의심의 눈초리에서 벗어나 편안하게 잠을 잤기 때문에 성적이 계속 올라갔다.

문도령은 글공부에서 밀리자 오기가 생겼다. 게다가 자청비가 여자일지도 모른다는 의심도 점점 커졌다. 그래서 문도령도 한 가지 꾀를 생각해 냈다. 하루는 글을 읽고 있는 자청비를 바깥으로 불러냈다.

"네가 글재주는 뛰어나지만 딴 재주는 내게 안 될 거야."

자청비는 여유로운 미소를 지으며 물었다.

"그게 뭔데?"

문도령이 씩 웃으며 말했다.

"오줌 멀리 싸기!"

자청비는 가슴이 뜨끔했지만 물러날 수는 없었다. 문도령이 자신만만한 표정으로 먼저 나섰다. 문도령의 오줌발은 여섯 발 반이나 날아갔다. 문도령은 의기양양한 표정으로 자청비를 바라보았다.

자청비는 미리 준비해 둔 대나무를 바지에 넣고 힘을 주어

오줌을 누었다. 그러자 무려 열두 발이나 날아갔다. 문도령은 질렸다는 듯이 손사래를 쳤다. 그리고 자청비가 혹시 여자일지도 모른다는 의심도 마음에서 지웠다.

"뭘 해도 너를 당해 낼 수 없겠다."

이별과 새로운 약속

얼마 뒤 봉황 하나가 날아왔다. 하늘을 빙빙 돌던 봉황은 문도령을 발견하자 편지를 하나 떨어뜨리고 사라졌다. 문곡성이 보낸 편지였다. 편지의 내용은 이랬다.

"삼 년 동안 글공부를 했으니 이제 하늘로 돌아와 서수왕아기씨와 혼인을 하여라."

자청비도 문도령에게 온 편지를 읽어 보았다. 자청비는 마른하늘에서 친 날벼락을 맞은 기분이었다. 자청비는 삼 년을 함께하면서 문도령을 좋아하게 되었다. 문도령이 다른 여자와 결혼한다는 것은 상상도 할 수 없었다.

문도령은 아버지의 명령에 따라 글공부를 접고 하늘로 돌아가기로 했다. 자청비도 더는 공부할 이유가 없었기 때문에 역시 집으로 돌아가기로 마음을 먹었다.

자청비와 문도령은 처음 왔을 때처럼 어깨를 나란히 하고 서당 문을 나섰다. 자청비는 마음이 착잡했다. 자청비는 이대로 문도령과 헤어질 수는 없다고 생각했다. 자청비와 문도령은 강가에 이르렀다. 자청비가 그것을 보고 문도령에게 제안했다.

"우리 마지막으로 목욕이나 하고 가자."

자청비는 위로 가고 문도령은 아래로 가서 옷을 벗고 물속에 들어갔다. 자청비는 근처에 있는 버드나무 잎을 따서 글을 하나 썼다.

"눈치 없는 문도령아. 삼 년이나 한 이불을 덮고 자면서 남녀도 구별하지 못하느냐?"

문도령은 아래로 떠내려오는 버드나무 잎에 쓰여 있는 글을 읽고 가슴이 덜컥 내려앉았다. 그래서 허겁지겁 옷을 입고 위쪽으로 달려갔다. 하지만 자청비는 그곳에 없었다. 눈을 들어 보니 저만치에서 자청비가 걸어가고 있는 게 보였다. 문도령은 숨이 턱에 차도록 달려 자청비의 뒤를 쫓았다. 문도령이 자청비의 집에 헐떡이며 도착했을 때 자청비는 부끄러운 듯 고개를 돌리고 문 앞에 서 있었다.

"도령님, 지금까지 속인 것을 용서하세요. 제가 부모님께 인사를 하고 올 테니 제 방에서 아픈 다리를 쉬어 가시겠어요?"

문도령은 처음 자청비를 보았을 때처럼 마음이 부풀었다.

그런 문도령이 자청비의 제안을 마다할 이유가 없었다. 자청비는 집으로 들어갔고 문도령은 설레는 가슴을 안고 자청비를 기다렸다. 자청비는 안으로 들어가 부모님께 돌아왔다고 인사를 올렸다.

"그동안 평안하셨는지요? 제가 함께 공부하던 선비와 같이 왔습니다. 해가 저물어 갈 수 없으니 하룻밤 재워서 보내도 될까요?"

김진국은 상대가 남자인 것을 알고 열다섯 살 아래면 함께 자도 좋다고 대답했다.

"열다섯 아래입니다."

그렇게 대답한 자청비는 문도령을 안으로 들여 자기 방으로 안내했다. 그리고 열두 폭 붉은 비단 치마로 갈아입고 문도령 앞에 나타났다.

문도령은 자청비의 아름다운 모습에 눈을 다른 곳으로 돌리지 못했다. 자청비는 직접 저녁상을 차려서 문도령 앞에 내놓았다. 식사를 마치고 자청비와 문도령은 한 이불 한 요에 같은 베개를 베고 나란히 누워서 도란도란 이야기를 나누었다.

자청비는 자청비대로 그동안 감추었던 그리움을 풀어놓았고 문도령은 문도령대로 처음 보았을 때부터 느꼈던 감정을 솔직하게 털어놓았다.

하룻밤은 너무도 짧았다. 어느새 동쪽 창문이 훤하게 밝아오고 닭 우는 소리가 들려왔다. 자청비는 애써 서운함을 감추고 말했다.

"도령님 이제 가셔야 할 때입니다."

문도령은 발길이 떨어지지가 않았다. 눈에서는 이별을 슬퍼하는 눈물이 흘러내렸다. 그것을 본 자청비의 눈에서도 눈물이 뚝뚝 떨어졌다. 문도령은 박씨 한 알과 얼레빗을 반으로 쪼개서 자청비에게 정표로 주었다.

"이 박씨를 심어. 줄기가 뻗고 박이 열리고 그 박을 따기 전까지 너를 만나러 돌아올게. 만약 그때까지 내가 오지 않거든 내가 죽은 줄 알아."

문도령과 눈물로 이별한 자청비는 창문 아래에 문도령이 주고 간 박씨를 정성스럽게 심었다. 자청비가 심은 박은 곧 뿌리를 내렸고 싹이 나고 줄기가 자라 이내 박이 열리기 시작했다.

그러나 문도령으로부터 아무런 소식도 오지 않았다. 박을 딸 때가 되었지만 문도령은 돌아오지 않았다. 자청비는 하루를 일년처럼 문도령이 오기를 학수고대하며 기다렸다.

정수남의 거짓말

가을이 지나고 겨울이 지나 다시 꽃 피는 봄이 찾아왔다. 자청비의 일과는 하염없는 기다림이었다. 그날도 자청비는 문도령이 언제 올지 몰라 밖을 내다보고 있었다.

그런데 문도령은 보이지 않고 다른 집 하인들이 산에서 땔감을 해서 내려오는 우마차 행렬만 눈에 들어왔다. 그런데 우마차마다 울긋불긋한 진달래가 꽂혀 있었다. 산에서 나무를 하다가 꺾은 것이겠지만 자청비의 눈에는 그 진달래꽃이 너무 곱게 느껴졌다.

"진달래꽃이라도 한 다발 있으면 그 꽃을 보며 시름을 잊을 텐데."

자청비는 홀로 중얼거렸다. 자청비는 진달래꽃을 보러 바깥으로 나가다가 자기와 같은 날 태어난 하인 정수남을 만났다. 정수남은 양지바른 곳에 편안하게 앉아서 옷에 있는 이를 잡고 있었다. 그 모습을 본 자청비는 괜히 울화통이 터졌다.

"다른 집 하인들은 나무도 해 오고 진달래꽃도 꺾어 오는데 너는 한가하게 이 사냥이나 하고 있구나. 너도 나무도 해 오고 진달래꽃도 좀 꺾어 오거라. 얼마나 보기가 좋으냐?"

자청비는 기다림에 지친 울화를 정수남에게 풀겠다는 듯

이 잔소리를 늘어놓았다. 정수남은 게으른 표정으로 자청비에게 말했다.

"아씨, 소 아홉 마리와 말 아홉 마리를 주시면 나무도 해 오고 진달래꽃도 꺾어 오지요."

이튿날 자청비는 소 아홉 마리와 말 아홉 마리를 정수남에게 주었다. 정수남은 점심을 챙겨서 소와 말을 끌고 산으로 올라갔다. 정수남은 오랜만에 움직였더니 허리도 아프고 다리도 아팠다. 그래서 잠깐 쉬고 나서 일을 해야겠다고 생각했다. 정수남은 소와 말을 묶어 놓고 비스듬하게 누웠다.

정수남은 깊은 잠에 빠졌다. 동쪽으로 돌아누워 자고 서쪽으로 돌아누워 잤다. 얼마나 잤는지 소 아홉 마리와 말 아홉 마리가 모두 죽고 말았다. 정수남은 큰일났다고 생각했으나 마음은 평온했다.

정수남은 죽은 소와 말을 한 곳에 쌓아 놓고 한쪽에 청미래 덩굴을 모아서 불을 피웠다. 그리고 주걱을 닮은 손톱으로 가죽을 벗겨 가며 고기를 구웠다. 잘 익었는지 살펴보기 위해 한 점 한 점 먹다 보니 소 아홉 마리와 말 아홉 마리가 온데간데 없이 사라졌다. 남은 것은 소와 말의 가죽들뿐이었다.

정수남은 소와 말의 가죽을 짊어지고 도끼를 어깨에 얹은 채 어슬렁어슬렁 산에서 내려왔다. 집으로 가는 길에는 연못이 하나 있었는데 그 연못 위에 예쁜 오리 한 마리가 헤엄을 치고 있었다.

정수남은 오리라도 잡아 갈 생각으로 도끼를 던졌다. 그러나 맞히지 못했고 오리는 하늘로 날아갔다. 정수남은 도끼를 찾기 위해 옷을 벗고 연못 안으로 들어갔다. 정수남이 투덜거리며 온 연못을 뒤졌지만 어디에도 도끼는 없었다. 정수남은 머리를 긁적이며 연못 바깥으로 나왔다. 그런데 벗어 두었던 옷과 소가죽, 말가죽이 보이지 않았다. 누가 훔쳐 간 것이었다.

이렇게 해서 정수남은 소 아홉 마리와 말 아홉 마리, 도끼, 그리고 옷까지 모두 잃고 말았다. 주변을 두리번거리던 정수남은 넓은 잎들을 모아서 아랫도리를 가린 다음, 사람들의 눈을 피해서 집으로 돌아갔다.

정수남은 아씨에게 꾸지람을 받을 게 두려워 뒷문으로 몰래 들어갔고, 집에 도착해서도 장독대에 숨어 있었다. 마침 저녁을 짓던 하녀가 간장을 뜨기 위해 장독대에 갔다가 장독대에서 뭔가 움직이는 것을 보고 놀라서 자청비에게 알렸다. 자청비가 장독대를 보자 뭔가 움직이는 것이 보였다.

"귀신이냐 사람이냐. 귀신이든 썩 사라지고 사람이면 내 눈앞에 나타나라."

자청비가 큰 소리로 외쳤다. 그러자 장독대 뒤에서 그림자가 하나 나타났다.

"아씨, 저 귀신이 아니라 정수남입니다."

자청비 앞에 나타난 정수남의 모습은 가관이었다. 나뭇잎과 줄기로 겨우 아랫도리만 겨우 가린 모양새였다.

"아이고 이 더러운 놈아, 꼴이 그게 뭐냐? 소와 말은 어디로 가고 너까지 벌거벗고 있느냐?"

자청비는 짜증을 내며 꾸짖었다. 한동안 욕을 먹던 정수남은 한 가지 좋은 꾀를 생각해 냈다. 자청비가 오매불망 문도령을 기다리고 있다는 사실을 이용하기로 한 것이다. 정수남이 입을 열었다.

"아씨, 산에 갔다가 문도령을 만났습니다."

자청비는 문도령이 마법의 단어라도 되는 듯이 그 단어를 듣자마자 사람이 돌변했다.

"문도령이라고?"

정수남은 보지도 않은 것을 본 것처럼 말을 하기 시작했다.

"예, 제가 산에 갔는데 문도령이 시녀들을 거느리고 놀고 있기에 아씨 생각이 나서 계속 지켜보고 있었습니다. 그 사이 소와 말들이 어디론가 사라져 버렸고 내려오는 길에 연못에서 오리를 잡으려다가 옷까지 잃고 말았습니다."

자청비가 반색을 하며 물었다.

"문도령이 또 언제 오신다고 하더냐?"

정수남이 대답했다.

"예, 모레 열두 시쯤에 다시 오시겠다고 말했습니다."

자청비는 가슴이 부풀어 오르는 것을 느꼈다. 소 아홉 마리와 말 아홉 마리가 아깝지 않았다. 자청비는 곧바로 방으로 들어가 문도령을 다시 만날 준비를 서둘렀다. 거북처럼 더디게 가던 시간이 지나 당일이 되었다.

"정수남아 점심은 어떻게 준비를 할까?"

정수남이 잠시 생각하고 대답했다.

"아씨 점심은 메밀가루 닷 되에 소금 다섯 주먹을 넣고, 제 것은 메밀 찌꺼기 다섯 말에 소금을 조금만 넣어서 만들면 됩니다."

자청비는 정수남이 말한 대로 점심을 준비했다. 그 사이에 정수남은 타고 갈 말에게 꼴을 먹였다. 자청비는 한껏 예쁘게 치장을 하고 정수남에게 말을 준비하라고 일렀다. 정수남은 안장 아래에 소라 껍데기를 하나 몰래 넣었다.

"아씨, 말을 준비했습니다. 어서 나오시지요."

자청비가 말 위에 오르자 소라 껍데기에 눌린 말이 아파서 펄쩍 뛰었다. 자청비가 정수남을 보았다.

"아씨, 아씨야 문도령을 만나 기쁘겠지만 말은 무슨 즐거운 일이 있겠습니까? 그래서 말이 화가 난 모양인데요."

"그럼 어떻게 해야 할까?"

정수남이 씩 웃으며 대답했다.

"밥 아홉 동이, 국 아홉 동이, 술 아홉 동이를 차려 놓고 말머리 고사를 지내야 할 듯합니다."

자청비는 문도령을 만나겠다는 일념으로 정수남이 말한 대로 얼른 음식을 차려서 말머리 고사를 지냈다. 정수남은 제물을 조금씩 떠서 자청비 몰래 말의 귀에 부었다. 그러자 말이 귓속의 이물질을 털어 내려고 고개를 흔들었다.

"말이 배가 부르다고 고개를 젓는데요. 원래 이 음식은 마부만 먹는 법입니다."

자청비는 마음이 바빠서 건성으로 대답했다.

"그래, 네가 다 먹어라."

정수남은 혼자 앉아서 그 많은 밥과 국, 술을 모두 먹었다. 배가 부르자 기분이 좋아졌다. 이 고사에서 결혼에 앞서 말머리 고사를 지내고 그 음식을 마부 노릇하는 하인들이 먹는 관습이 생겼다. 정수남은 다시 자청비를 골탕 먹여야겠다고 생각했다.

"제가 말을 좀 길들여야겠습니다."

자청비는 하는 수 없이 고개를 끄덕였다. 정수남은 감춰 둔 소라 껍데기를 뺀 다음 말을 타고 순식간에 십 리를 달려갔다.

정수남이 말을 타고 가버린 탓에 자청비는 무거운 짐을 지고 걸어가야 했다. 자청비가 십 리를 걷는 동안 열두 폭 비단 치마가 더러워지고 찢겼다. 다리도 아팠다. 그런데 정수남은 나무에 말을 매어 놓고 그늘에서 잠을 자고 있었다.

자청비는 기가 막혔다. 길을 걸은 탓인지 배가 고팠다. 그래서 준비해 온 메밀 범벅을 꺼내 먹었다. 그런데 너무 짜서 먹을 수가 없었다. 자청비는 배를 채우기는커녕 짠 것을 먹어 갈증만 생겼다. 자청비가 주위에 있는 물을 마시려고 하자 정수남이 다시 수작을 부렸다.

"그 물은 문도령이 시녀들과 손 씻고 발 씻은 물이니 그 위에 물을 드셔야 해요."

그 말을 들은 자청비는 위로 가서 물을 마시려고 했다.

"그 물은 총각이 죽은 물입니다. 그 물을 마실 때는 옷을 아래위로 벗고 엉덩이를 물에 보이면서 마셔야 합니다."

정수남이 시범을 보이며 말했다. 자청비는 갈증이 심했기 때문에 옷을 벗고 물을 마시려고 했다. 그러자 정수남이 자청비의 치마를 치우고 말했다.

"물을 드시지 말고 물 아래를 보세요. 그게 문도령이 시녀들과 함께 놀던 모습입니다."

자청비는 그제야 자기가 속았다는 것을 알았다. 자칫 봉변을 당할 수도 있는 위기 상황이었다. 영리한 자청비는 마음을 진정시키고 물었다.

"너 왜 이러느냐? 네가 원하는 게 뭐냐?"

그러자 정수남이 헤벌쭉 웃으며 말했다.

"그 고운 손이나 한번 만져 봅시다."

"정수남아 내 손보다 집에 있는 토시가 더 곱단다."

"그럼 입이나 한번 맞춰 봅시다."

"내 입보다 내 방에 있는 꿀단지가 더 달콤하단다."

"그 가는 허리나 한번 안아 봅시다."

"내 허리보다 내 베개가 더 좋단다."

정수남은 말로 자청비를 당해 낼 수 없었다. 그는 화가 난다는 듯이 펄쩍펄쩍 뛰었다.

같은 날 태어난 둘의
엇갈린 행보

그 모습을 본 자청비는 다시 부드럽게 말했다.

"화내지 말고 내 무릎을 베고 이리 와 누워라. 머릿니를 잡아 줄 테니."

그 말에 정수남은 넙죽 자청비의 옥 같은 무릎을 베고 누웠다. 정수남의 머리는 이로 득시글거렸다. 자청비가 이를 잡자 정수남은 기분이 좋아져 깊은 잠에 빠졌다. 자청비는 정수남을 죽이지 않으면 능욕을 당할 것이라고 판단했다.

자청비는 옆에 있는 청미래덩굴을 꺾어서 정수남의 왼쪽 귀에서 넣고 오른쪽 귀로 빼냈다. 주인을 놀리던 정수남은 그렇게 죽었다.

자청비는 곧바로 말을 타고 집으로 달려가 아버지에게 갔다.

"아버님, 종이 아깝습니까, 딸자식이 아깝습니까?"

그 말을 들은 김진국이 웃으며 말했다.

"아무리 종이 귀해도 딸만 하겠느냐?"

그 말을 들은 자청비는 자기가 행실이 고약한 정수남을 죽였다고 고백했다. 그러자 김진국이 불호령을 내렸다.

"사람을 죽이다니. 너야 시집을 가면 남이지만 하인은 평생 우리를 위해 일할 텐데, 그런 하인을 죽이다니!"

자청비는 아버지가 자세한 사정도 듣지 않고 꾸지람을 내리자 서러움을 느꼈다. 자청비는 집을 떠나야겠다고 생각했다. 자청비는 방으로 들어가 남장을 하고 짐을 꾸려서 집을 나섰다.

정수남의 죽음은 자청비를 완전히 바꾸어 놓았다. 문도령을 기다리던 수동적인 모습의 자청비를 집 밖으로 내몰아 능동적인 자세로 만들었다는 점에서 정수남의 죽음은 새로운 시작을 위한 계기가 되었다.

이렇듯 죽음이 삶의 새로운 시작이 되는 경우는 많다. 북유럽 신화에서 최고신 오딘은 세상의 마법을 이해하기 위해 우주나무인 이그드라실에 거꾸로 매달리고 스스로 창에 찔려 죽음에 이른다. 그렇게 죽은 상태로 매달려 있다가 다시 살아난 오딘은 세상에 존재하는 수많은 마법을 이해하고 최고의 마법사가 된다.

집을 나온 자청비는 말을 타고 처음 도착한 마을에서 아이들이 싸우고 있는 모습을 발견했다. 아이들은 부엉이를 놓고 서로 자기 것이라고 옥신각신하고 있었다. 자청비는 돈 서 푼을 주고 그 부엉이를 샀다.

자청비는 그 부엉이를 들고 서천꽃밭을 향해 말을 달렸다. 이내 서천꽃밭에 도착한 자청비는 담 바깥에서 꽃밭 안으로 부엉이를 던져 넣었다. 그리고 문으로 가서 꽃감관을 찾았다. 자청비는 꽃감관에게 자기가 활을 쏘았는데 화살을 맞은 부엉이가 안으로 떨어졌다며 화살을 찾아가기 위해 불렀다고 말했다. 그 말을 들은 꽃감관이 반색을 하며 말했다.

"그렇지 않아도 부엉이가 날아와 꽃밭을 망치고 있는데 그 부엉이를 잡아 주시면 도령을 사위로 삼겠습니다."

요청을 받아들인 자청비는 서천꽃밭 안으로 들어갔다. 자청비는 귀빈 대접을 받았다. 그리고 밤이 되자 자청비는 꽃밭으로 나가 옷을 모두 벗고 꽃밭 위에 누웠다. 그리고 정수남의 혼령을 불렀다.

"정수남아 혼령이 되어 여기 있다면 부엉이 몸으로 환생해 내 가슴 위로 날아오너라."

얼마 후 하늘에서 부엉이 한 마리가 울면서 날아와 자청비의 가슴에 앉았다. 자청비는 화살로 부엉이를 찌른 다음 꽃밭 위에 아무렇게나 던져 두었다. 그리고 아무 일도 없다는 듯이 방에 들어와 누웠다. 날이 새자 꽃감관이 하인들에게 소리를 질렀다.

"얼른 손님을 내쫓아라."

자청비가 밖으로 나가 화를 내는 까닭을 물었다.

"어제 부엉이 소리가 들렸는데 어째 활을 쏘지 않으셨습니까?"

"어젯밤 부엉이 울음소리를 들었는데 몸이 고단해서 방에서 화살을 날렸습니다."

그 말을 듣고 꽃밭 위를 찾아 보니 과연 화살을 맞은 부엉이가 있었다. 꽃감관은 크게 기뻐하며 남장한 자청비를 막내 사위로 삼았다. 자청비는 과거를 위해 몸을 깨끗하게 해야 한다며 부부관계를 피했다.

서천꽃밭에는 여러 꽃이 있었다. 뿌리면 살이 되살아나는 꽃, 피가 도는 꽃, 숨이 되돌아오는 꽃, 모든 것을 죽이는 멸망꽃이 그것이다. 자청비는 그 꽃들을 얻어서 과거를 보러 간다고 말하고 서천꽃밭을 나왔다. 그리고 정수남이 죽은 곳으로 말을 몰아 달려갔다. 자청비가 죽은 정수남의 뼈를 모아 놓고 꽃을 뿌렸다. 그러자 살이 돋고 피가 돌고 숨이 돌아왔다.

"어휴, 봄잠을 오래도 잤다. 아씨, 말을 타세요. 이제 집으로 가셔야지요."

정수남은 기지개를 펴며 말했다. 자청비는 말을 타고 집으로 가서 아버지를 만났다.

"자식보다 아까운 종을 살려서 왔습니다."

김진국은 사정도 듣지 않고 다시 불호령을 내렸다.

"이년이 이제 사람을 죽였다가 살리는구나. 너를 집에 두었다가 또 무슨 일이 벌어질지 모르겠다. 썩 집을 나가거라."

아버지의 호통에 자청비는 눈물을 흘리며 다시 집을 떠나야 했다. 자청비는 어디로 가야 할지 몰라서 발길이 이끄는 대로 걸었다. 해가 저물고 땅거미가 깔리기 시작했다. 자청비는 문도령에게 버림받고 부모에게 버림받은 자기의 신세가 서글프고 처량해서 길가에 그대로 주저앉아 흐느끼며 울었다.

가련하다 자청비,
자청하다 자청비

한참을 울고 있는데 베를 짜는 소리가 들려왔다. 자청비가 그 소리를 따라가 보니 어느 집에서 할머니가 비단을 짜고 있었다. 자청비는 할머니에게 하룻밤 재워 달라고 부탁했다.

"이렇게 고운 아가씨가 위험한 밤길을 어떻게 가겠느냐. 이리 들어오너라."

할머니가 자청비를 위해 저녁을 준비하는 동안 자청비는 베틀에 앉아서 비단을 짜기 시작했다. 할머니가 짜던 비단보다 훨씬 뛰어났다.

그 모습을 본 할머니는 자청비를 칭찬하며 혹시 갈 곳이 없다면 수양딸로 삼고 싶다는 제안을 했다. 자청비는 이를 수락했고 한동안 할머니의 집에서 비단을 짜며 평온하게 지냈다.

"그런데 이 비단은 어디에 쓸 거예요?"

"이 비단은 하늘에 있는 문도령이 서수왕아기씨에게 장가를 갈 때 폐백으로 쓸 것이야."

자청비는 깜짝 놀랐다. 그리고 눈에서 굵은 눈물이 주르륵 흘러내렸다. 자청비는 눈물을 흘리면서 비단을 짰다. 그리고 비단 귀퉁이에 '가련하다 자청비, 자청하다 자청비'라는 글귀를 써넣었다.

"혹시 이 비단을 가지고 하늘에 올라가 바칠 때 누가 짰냐고 물어보면 주년국에 사는 자청비가 짰다고 말씀해 주세요."

할머니는 의아하다는 표정을 지었지만 그리 하겠다고 약속했다. 할머니가 비단을 가지고 하늘에 올라가자 문도령이 비단을 보고 누가 짰는지 물었다. 할머니는 아는 대로 자청비가 비단을 짰고 집에서 쫓겨나 자기의 수양딸 노릇을 하고 있다는 소식을 전해 주었다.

그 말을 들은 문도령이 할머니에게 부탁했다.

"내일 열두 시쯤에 자청비를 만나러 갈 테니 만나게 해 주십시오."

할머니는 기뻐하며 집으로 돌아와 자청비에게 그 소식을 알리고 함께 문도령을 맞이할 준비를 서둘렀다. 돼지까지 한 마리 잡았다. 그리고 약속한 시간이 되자 창밖에 그림자가 나타났다.

"거기 누구요?"

"나 문도령이야, 문 열어."

자청비는 반가운 마음에 뛰어나가고 싶었지만 한편으로 장난기도 생겼다. 그래서 한 가지 제안을 했다.

"문도령인지 아닌지 확인하게 손가락을 보여 주세요."

그 말을 들은 문도령이 창문 안으로 손가락을 밀어 넣었다.

자청비는 바늘을 들어서 손가락을 콕 찔렀다. 그러자 문도령이 화를 벌컥 냈다. 그리고 몸을 돌려 하늘로 돌아가고 말았다.

문도령을 사위로 맞을 생각에 들뜬 마음으로 밥상을 들여오던 할머니가 그 광경을 목격하고 크게 화를 냈다.

"네가 그렇게 철이 없고 제멋대로 하니까 집에서 쫓겨난 것이겠지. 나도 네가 보기 싫으니 집에서 나가거라."

자청비는 하릴없이 할머니의 집에서 쫓겨났다. 오랜만에 만난 것이 반가워서 예전 글공부할 때처럼 장난을 친 것인데 정색을 하며 화를 낸 문도령도 야속했고 사정도 들어 보지 않고 내쫓은 할머니도 야속했다. 그리고 자기 신세도 처량했다.

그러나 자청비는 희망과 용기를 잃지 않았다. 궁하면 통한다고 했다. 때는 마침 사월 초파일에 가까웠다. 자청비는 머리를 모두 깎고 승복을 입은 다음 이 집 저 집 쌀을 얻으러 다녔다.

자청비는 문도령에 대한 애정을 잃지 않았다. 언젠가 다시 만날 것이라는 희망을 갖고 당장의 호구지책을 마련하기 위해 승복을 입은 것이다.

그렇게 승려 차림으로 살던 어느 날 마을 입구에서 하늘의 선녀들이 울고 있는 것을 보았다. 자청비는 처량하게 울고 있는 선녀들에게 물었다.

"그대들은 무슨 연유로 그렇게 구슬프게 울고 있소?"

선녀들은 눈물을 흘리며 신세 한탄을 하듯 우는 까닭을 들려주었다.

"저희는 하늘의 옥황궁에 있는 선녀들입니다. 문도령이 예전에 글공부하러 갔다가 자청비라는 아가씨와 목욕을 한 적이 있었던 모양입니다. 문도령이 그 물을 떠 오라고 시켰는데 그 물이 어디에 있는지 몰라서 이렇게 울고 있습니다."

그 말을 들은 자청비는 가슴이 짠해졌다. 자청비가 애써 마음을 가라앉히고 말했다.

"내가 자청비요. 내가 그 물을 떠 줄 터이니 나를 데리고 함께 하늘로 올라가 줄 수 없겠는가?"

선녀들은 구원자를 만난 것처럼 뛸 듯이 기뻐하며 그렇게 하겠다고 약속했다. 자청비는 선녀들을 데리고 예전에 목욕했던 곳으로 가서 물을 떠 주었다. 그리고 선녀들과 함께 줄을 타고 하늘로 올라갔다.

자청비가 하늘로 올라가자 날이 저물고 있었다. 자청비가 문도령의 집에 이를 무렵에는 둥근 보름달이 환하게 걸려 있었다. 자청비는 문도령의 집을 살펴보기 위해 가까운 곳에 있는 팽나무로 올라갔다.

자청비는 그리운 문도령을 보기 위해 목을 빼고 이리저리 살폈다. 그러나 집 안은 조용했고 어디에서도 문도령의 모습을 찾을 수가 없었다.

외톨이가 된 자청비는 달을 바라보며 구슬픈 노래를 하나 불렀다.

"저 달이 곱다고 해도 계수나무 박혔구나. 저 달이 곱다 해도 문도령보다 고울까."

같은 시각 문도령도 마음이 심란해 잠들지 못하고 있었다. 자청비의 장난에 정색하고 화를 낸 것을 후회했다. 문도령은 환한 달을 보며 자청비와 함께 글공부하던 때를 떠올리며 상심에 젖었다. 그때 낯익은 목소리가 부르는 노래가 들려왔다. 처음에는 환청이라고 생각했는데 그 노래는 계속 이어졌고 환청도 아니었다.

문도령은 서둘러 문 밖으로 나왔다. 자청비와 문도령은 실로 오랜만에 팽나무 아래에서 꿈과 같은 상봉을 했다. 둘은 만약을 위해 헤어질 때 나눠 가졌던 얼레빗을 꺼내서 맞춰 보았다. 한 치도 어긋남이 없이 꼭 들어맞았다.

"네가 정녕 자청비구나. 네가 여기까지 오다니."

문도령은 자청비를 자기 방으로 데리고 갔다. 자청비는 그동안의 이야기를 한바탕 풀어놓으며 지난날의 그리움과 회포를 풀었다. 문도령은 자청비의 이야기를 가슴을 졸이며 들었다. 문도령은 자청비가 자기 때문에 겪은 고생을 생각하며 자청비의 고운 손을 굳게 잡았다.

문도령은 낮에는 자청비를 병풍 뒤에 숨겨 두고 밤이면 함께 이불을 덮고 잠을 잤다. 문도령의 방에 낯선 사람이 있다는 것을 처음 알아차린 것은 문도령의 하녀였다. 그때까지 밥상을 들이면 먹는 듯 마는 듯 남기기 일쑤였던 밥이 갑자기 바닥을 드러내기 시작했고 맑은 세숫물이 더러운 물이 되어 나왔다. 하녀는 문도령의 방을 향해 의심의 눈초리를 던지기 시작했다.

수수께끼와 시험

자청비는 하녀의 의심스러운 눈초리를 알아차렸다. 그대로 있다가는 곧 발각이 나고 말 일이었다.

"문도령아, 부모님께 나에 대해 알리고 결혼 허락을 얻으세요."

그러나 문도령은 이미 서수왕아기씨와 혼약이 되어 있었기 때문에 부모님에게 말을 하는 게 두려웠다. 자청비는 그것을 알고 좋은 방법을 알려 주었다. 그 말을 듣고 용기를 낸 문도령이 부모님을 찾아갔다.

"어머님 아버님, 수수께끼 놀이나 해 보십시다."

문곡성 부부는 문도령의 제안에 미소를 지으며 고개를 끄덕였다. 문도령은 자청비가 알려 준 대로 수수께끼를 냈다.

"어머님 아버님, 새 옷이 따스합니까? 헌 옷이 따스합니까?"

문곡성 부부가 대답했다.

"새 옷이야 남들 보기에 좋지만 따스하기는 헌 옷이지."

문도령은 자기 뜻대로 답변이 나오자 흐뭇한 미소를 지으며 다음 수수께끼를 냈다.

"새 간장이 달까요? 묵은 간장이 달까요?"

"묵은 간장이 달지."

그 대답을 들은 문도령은 회심의 일격을 날리듯 물었다.

"새 사람이 좋습니까? 묵은 사람이 좋습니까?"

"새 사람보다 오래 길들은 사람이 좋지."

그 말이 끝나자 문도령이 선언을 하듯 말했다.

"저는 서수왕아기씨와 결혼하지 않겠습니다."

호의적인 분위기는 그 한마디로 인해 팽팽한 긴장감으로 바뀌었다.

"뭐라고? 네 놈이 무슨 생각을 하는지 알겠다. 그러나 네 생각대로만 되지 않을 거다. 고얀 놈."

문곡성은 수수께끼의 의미를 알아차렸다. 문곡성은 선언하듯이 말했다.

"내 며느리가 될 사람은 쉰 자 깊이의 구덩이를 파고 그 위에 숯 쉰 섬을 넣어 불을 피워 놓고 그 불 위에 작두를 얹어 그 칼날 위를 걸어야 된다."

그리고 곧바로 하인들을 불러 깊이 쉰 자짜리 구덩이를 파라고 명령했다. 문도령은 눈앞이 캄캄해졌다. 그 고운 자청비가 어떻게 이글거리는 불길 위에 있는 작두 위를 걸어간단 말인가?

문곡성은 쉰 자 구덩이에 벌겋게 타오르는 숯 쉰 섬을 넣고 그 위로 작두를 놓은 다음 며느리감은 얼른 나와서 작두를 타라고 불호령을 내렸다.

자청비는 더 이상 숨어 있을 수가 없었다. 자청비는 이글거리는 숯구덩이를 가만히 바라보았다. 그 위로 시퍼렇게 날이 선 작두가 걸려 있었다. 자청비는 죽기를 각오하고 작두 앞으로 다가갔다.

그러자 문도령이 눈물을 흘리면서 자청비의 치마를 잡고 말렸다. 한동안 문도령과 자청비는 눈물을 흘리며 옥신각신했다. 자청비는 그래서는 안 된다고 생각했다. 그래서 문도령의 손을 잡고 말했다.

"내가 오늘 죽더라도 문 씨 집의 귀신이 되겠습니다."

자청비는 볼을 타고 흘러내리는 눈물을 닦고 버선을 벗고 박씨처럼 고운 발로 작두 위에 올라섰다. 그리고 한 걸음 한 걸음 걷기 시작했다. 그것을 지켜보는 사람들은 모두 몇 걸음 걷지 못하고 떨어져 죽을 것이라고 생각했다.

모두들 곱고 예쁜 처녀가 아까운 목숨을 잃는다고 안타까워했다. 문도령은 자청비가 한 걸음 한 걸음 걸을 때마다 가슴이 칼로 찔리는 듯한 고통을 맛보았다. 그러나 자청비는 떨어지지 않고 작두 위를 끝까지 걸었다.

자청비가 작두에서 무사히 내려오자 문곡성 부부는 자청비에게 달려가 두 손을 굳게 맞잡았다.

"이런 아가씨가 세상에 어디에 있을까? 넌 분명 우리의 며느리다."

그것은 죽음을 두려워하지 않는 자청비의 문도령을 향한 사랑을 문곡성 부부가 인정하고 감탄한 것이다. 이로써 자청비는 문곡성의 며느리로 당당히 인정을 받았다.

자청비와 문도령은 꿈만 같았다. 비가 온 뒤에 땅이 굳어진다고, 시련에 굴복하지 않는 진정한 용기가 사랑을 이루게 해준 것이다.

한편 문도령과 약혼을 하고 결혼을 기다리던 서수왕아기씨에게 자청비의 출현은 마른하늘에서 떨어진 날벼락이었다. 서수왕아기씨는 화를 참을 수가 없었다.

서수왕아기씨는 문곡성의 집에서 온 청첩장에 불을 붙여서 재로 만든 다음 물에 타서 마시고 방 안에 틀어박혔다. 사람들이 그녀를 달래려고 했지만 서수왕아기씨는 잠긴 문을 열지 않았다. 그렇게 방 안에 틀어박힌 지 백 일이 지났다.

그녀를 걱정한 사람들이 문을 부수고 안으로 들어가 보니 서수왕아기씨의 몸이 새로 변하고 있었다. 그렇게 서수왕아기씨는 부부 사이를 이간하고 정을 깨뜨리는 새가 되었다.

이후 결혼 잔치를 할 때 신부가 상을 받으면 먼저 음식을 조금씩 떼어 상 아래에 놓는 관습이 생겼다. 그 음식은 서수왕아기씨를 대접해서 결혼 생활을 방해받지 않으려는 의도이다.

얼마 후 자청비와 문도령은 많은 사람의 축복을 받으면서 아름다운 결혼식을 올렸다. 하늘에는 자청비가 착하고 현명하다는 소문이 퍼졌다. 자청비는 이전에 남장하고 결혼했던 서천꽃밭의 막내가 생각났다.

자청비는 자기가 결혼을 하고 보니 결혼을 하고 남편이 없다는 것이 얼마나 서러운 것인지 알았다. 그래서 문도령에게 그 사실을 털어놓고 자기 대신에 남편 역할을 해 달라고 부탁했다. 문도령은 선선히 받아들였다.

비바람을 견딘
곡식의 신

자청비와 문도령이 금슬 좋게 살림을 하자 이를 시기하는 무리가 나타났다. 한번은 하늘의 궁전에서 문도령을 죽이고 자청비를 보쌈하려고 했다. 우선 궁녀들이 문도령에게 계속 술을 주어 취하게 만들려고 했다.

현명한 자청비는 그런 상황을 간파했다. 그래서 문도령에게 한 뭉치의 솜을 주고는 술을 마시는 척하면서 솜에 붓도록 하여 위기를 넘겼다. 그러나 애꾸 할머니가 준 독은 피하지 못했고, 결국 문도령은 죽고 말았다. 자청비는 문도령이 죽은 것을 보고 바깥으로 나가 매미와 등에를 잔뜩 잡아 왔다.

다음 날, 한 떼의 무리들이 자청비를 보쌈하기 위해 집을 찾아왔다. 그런데 죽은 줄 알았던 문도령이 방에서 자고 있는 소리가 들려왔다. 그것은 자청비가 준비한 매미와 등에 떼가 우는 소리였지만 바깥에서 들으면 영락없는 코 고는 소리였다.

기세등등하게 찾아왔던 무리는 슬금슬금 꽁무니를 빼기 시작했다. 자청비는 서천꽃밭에서 꽃들을 구해 와서 죽은 문도령의 몸 위에 뿌렸고 문도령은 다시 살아났다.

그러던 어느 날, 하늘에서 불온한 마음을 가진 자들이 모반을 일으켰다. 옥황상제는 난을 평정하는 자에게 땅 한 조각과 물 한 조각을 갈라 주겠다고 선언했다. 자청비는 서천꽃밭에서 얻어 온 멸망꽃을 가지고 전쟁터로 달려갔다.

삼만에 이르는 병사들이 치고받고 싸우고 있었다. 자청비는 반란의 무리를 향해서 멸망꽃을 뿌려 그들을 제압했다. 옥황상제가 약속한 상을 내리려고 하자 자청비는 다른 것을 원했다.

"주시고 싶다면 오곡의 씨앗이나 주십시오."

자청비는 옥황상제에게 오곡의 씨앗을 받아서 칠월 칠석날 문도령과 함께 인간 세상으로 내려왔다. 자청비는 배가 고파서 힘없이 걸어가고 있는 정수남을 만났다.

"상전님이 돌아가시고 갈 데가 없어서 이렇게 구걸을 하며 살고 있습니다. 밥 좀 주십시오."

자청비는 정수남에게 근처에 있는 밭에 가서 점심을 얻어 오라고 일렀다. 점심을 나누어 주는 이도 있었지만 욕만 퍼붓는 사람도 있었다.

자청비는 점심을 나눠 준 곳에는 풍년이 들게 해 주었고 욕을 퍼부은 곳에는 흉년이 들게 만들었다. 옥황상제로부터 받은 곡식의 씨앗을 가지고 있던 자청비는 인간 세상에서 곡식의 신이 되었다. 자청비는 정수남을 축산의 신이 되게 해서 가축을 키우는 사람들이 바치는 제물을 받아먹고 살도록 해 주었다.

그런데 자청비는 왜 곡식의 신이 되었을까? 곡식은 봄에 씨를 뿌리고 여름에 김을 매고 땀을 흘리면 가을에 풍성한 낟알을 맺는다. 자청비 신화는 우리의 삶도 이와 같아야 함을 잘 보여 준다.

자청비가 사랑을 이루어 가는 과정을 보자. 집에서 쫓겨난 뒤 이런저런 경험을 통해서 삶에 대한 안목을 얻는다. 다양한 시련의 경험을 통해 삶이 가을의 곡식처럼 풍요로워진다는 것을 이 신화에서 읽어 낼 수 있다. 풍요로운 삶의 결실을 얻기 위해서는 많은 좌절과 고통을 겪어 내야 한다는 것, 그것이 자청비가 곡식의 신이 된 의미가 아닐까?

우리 신화 속으로 들어온 타자들

신화와 타자의 상상력

우리가 사는 한반도는 삼면이 바다로 둘러싸여 있다. 한반도에서 형성된 한국 문화는 이런 지리적인 요소와 깊은 관련이 있다. 한반도는 대륙과 섬 사이에 위치한 덕분에 문화가 통과해 가는 중간 지점으로 기능했다. 그렇게 한국 문화는 이 땅에서 살아온 사람들이 일구어 낸 문화에 외부에서 들어온 문화가 더해져 형성되었다.

이렇게 외부에서 들어온 사람을 타자라고 부른다. '타자의 상상력'은 신화 특유의 화법이다. 신화가 진실한 무엇인가를 전하려고 할 때 사람들의 이목을 끌고 강한 설득력을 발휘하기 위해 과장을 하게 되는데 그 대표적인 표현 가운데 하나가 바로 타계와 타자를 끌어와 상상하는 것이다.

하늘이나 용궁, 지하세계, 또는 바다 건너에서 사람이 찾아오고 그를 중심으로 이야기가 전개되는 과정이 그것이다.

한편 서양 신화에서 '타자의 상상력'이 빛을 발휘하는 것은 낯선 곳에서 나타난 괴물이다. 대개 괴물들은 신들의 세계와 연관을 맺고 있다. 그래서 신들처럼 강한 힘을 갖고 있다. 그들의 역할은 역시 신들과 관계를 맺고 있는 영웅과 대립하는 것이다. 괴물들은 영웅과 대립적인 성격을 갖고 있어 서로 양립

할 수 없는 관계에 놓이고, 결국 영웅에 의해 퇴치된다.

괴물과 유사한 존재 중 하나로 동서양에 널리 퍼져 있는 거인에 대한 신화를 들 수 있다. 거인 역시 인간과 다르다는 점에서 타자에 속한다. 인간의 힘으로는 불가능한 것이 눈앞에 있을 때 인간이 상상한 존재가 바로 거인이다.

경이로운 자연의 풍경이나 고대 건축물을 보면서 인류는 거인을 상상했다. 그래서 이집트의 피라미드는 오랫동안 거인 또는 외계인의 창작물이라는 생각이 강했다.

또 타자는 인간에게만 국한되지 않는다. 세상에 많이 존재하는 동물 이야기도 여기에 포함된다. 동물들이 문화를 전해주는 역할도 하고 갈등을 유발해 이야기를 전개하는 역할을 하기도 한다.

우리의 신화에도 외부에서 찾아온 타자들이 아주 많다. 주로 바다를 건너 찾아오는데 그 외에 지하나 하늘에서 찾아오기도 한다. 먼저 바다를 건너온 타자와 그들과 어떻게 관계를 맺는지, 그에 따라 어떤 삶의 변화가 생기는지 살펴보자.

용왕의 아들, 처용

바다를 건너온 타자 가운데 가장 유명한 것은 단연 처용과 석탈해일 것이다. 처용과 석탈해의 이야기는 일연이 편찬한《삼국유사》에 전한다.

석탈해의 출생은 이렇다. 다파나국의 왕비가 임신한 지 일곱 해 만에 큰 알을 낳았다. 왕이 그 알을 버리게 했고 사람들은 알을 보물과 함께 비단에 싼 다음 함에 넣어 바다에 띄워 보냈다. 궤짝은 가야를 거쳐 신라의 아진포에 닿았고 한 노파가 그것을 발견했다. 석탈해의 고향이라고 전해지는 다파나국 또는 용성국이 어디인지는 모르지만, 이야기에서 전하는 것처럼 바다 너머인 것은 확실하다. 처용의 이야기는 보다 자세히 전해진다.

언젠가 왕이 오늘날의 울주 지역인 바닷가에 나가서 신하들과 놀던 때였다. 왕과 일행이 점심을 먹고 쉬고 있는데 갑자기 구름과 안개가 몰려와 자욱하게 내려앉았다.

왕과 일행은 앞이 보이지 않을 정도로 자욱한 구름과 안개 속에서 길을 잃고 말았다. 이를 괴이쩍게 여긴 왕이 천문을 맡은 관리에게 까닭을 물어보았다. 그러자 천문을 맡은 관리가 동해 용의 장난이니 좋은 일을 해서 푸는 것이 좋겠다고 대답했다.

그 말을 들은 왕은 동해의 용을 위해 근처에 절을 하나 세우라고 명령했다. 왕이 명령을 내리자 곧바로 구름과 안개가 어디론가 사라졌다. 그래서 그곳을 개운포(開雲浦)라 부르게 되었다.

왕이 신기한 듯 주위를 바라보고 있을 때 동해의 용이 일곱 아들을 거느리고 나타나 왕의 덕을 찬양하며 춤을 추고 노래를 연주했다. 왕과 일행은 처음에 놀랐지만 곧 함께 어울려 놀았다. 동해의 용이 바다로 물러날 무렵 일곱 아들 가운데 하나가 바다로 돌아가지 않고 남겠다고 했다.

왕은 기뻐하며 그를 데리고 왕궁으로 돌아와 급간 벼슬을 내리고 처용이라는 이름을 주었다. 또 왕은 처용에게 아리따운 아내도 얻어 주었다. 가족이 생기면 마음도 정착하게 되는 법이다.

처용의 아내는 매우 아름다웠다. 그러던 어느 날, 밤중에 역병이 사람의 모습인 역신으로 변해서 처용의 집에 찾아왔다. 처용이 외출한 틈이었다. 역신은 처용의 아내와 남몰래 동침했다. 밖에 나갔다가 집에 돌아온 처용은 아내와 낯선 사내가 누워 있는 것을 보고 노래를 부르고 춤을 추면서 물러났다. 그 노래는 이러했다.

"동경 밝은 달에/ 밤 이슥히 놀고 다니다가/ 들어와 자리를 보니 다리가 넷이고나/ 둘은 내해었고/ 둘은 뉘해인고/ 본디

내해다마는/ 빼앗는 걸 어쩌리"

그러자 역병이 처용의 처사에 감탄하며 그의 앞에 나타나 머리를 조아렸다. 그러고는 처용의 얼굴이 그려져 있는 집에는 들어가지 않겠다고 맹세했다. 그 이후 사람들은 처용의 얼굴을 문에 붙이면 역병을 비롯한 나쁜 귀신을 쫓을 수 있다고 믿었다.

처용에 대해서는 여러 주장이 있다. 가장 그럴듯한 것은 처용의 용모와 행태에서 볼 때 무슬림이라는 것이다. 무슬림들이 신라를 찾아와 교역했다는 증거가 여러 문헌에 남아 있고 생긴 모양이 영락없이 무슬림이라는 점에서 그렇다.

"중국의 맞은편에 있으며 산이 많고 금이 풍부하며 기후 환경이 좋아서 무슬림이 많이 정착하고 인삼, 옷감, 안장, 토기, 검 등이 많이 나온다."(9세기)

"그곳은…전염병이나 질병은 드물며 파리나 갈증도 적다. 다른 곳에서 질병에 걸린 사람이 이곳에 오면 곧 완치된다."(1250년)

위의 문장은 아라비아의 문헌에 남아 있는 신라에 대한 기록이다. 위의 내용에서 보듯 당시 무슬림이 신라를 많이 찾아왔음을 알 수 있다. 아마 그 가운데 하나가 처용이 아니었을까? 오늘날 처용은 위의 이야기에 더해 세계유산으로 등재된 처용무와 처용탈이 전해진다.

강 건너 찾아온 세 손님과
철현도령

처용의 아내와 잠자리를 한 역신은 마마 또는 손님이라고 불리는 천연두를 의인화한 것이다. 천연두는 오늘날 박멸된 바이러스지만 과거에는 공포의 대명사였다. 그래서인지 천연두를 외부에서 온 타자로 인식하였다. 이는 내부의 문제를 외부로 돌리려는 인류의 보편적인 방식이다. 한국 신화에도 그런 이야기가 있다.

먼 옛날 강남 천자국에 쉰세 명의 손님이 있었다. 이들 가운데 셋이 해동 땅에 가면 먹을 것이 많고 입을 것이 많다는 소문을 듣고 길을 나섰다. 해동은 발해의 동쪽이라는 뜻으로 우리나라를 일컫는 말이다. 글을 잘 쓰는 문관손님과 칼을 잘 쓰는 호반손님, 예쁜 각시손님이 그들이었다. 각시손님은 쉰세 명의 손님 가운데에서 가장 아름다웠지만 가장 성격이 사납고 잔혹한 손님이기도 했다.

세 손님이 해동 땅으로 가던 중 큰 강과 마주하게 되었다. 강을 건너려고 했지만 배가 보이지 않았다. 그들이 어찌어찌 배를 만들어 띄웠지만 도중에 풍랑을 만나 제자리로 돌아오고 말았다.

세 손님은 배 만들기를 포기하고 사방으로 뛰어다녀 겨우 뱃사공을 하나 찾아냈다. 이들은 뱃사공에게 강을 건네 달라고 부탁했으나 뱃사공은 이런저런 핑계를 대면서 배를 띄울 생각을 하지 않았다. 세 손님이 하도 간절하게 애원을 하자 뱃사공이 엉뚱하게도 각시손님이 자기와 하룻밤을 보내면 강을 건너게 해 주겠다고 대답했다.

이 말을 들은 각시손님의 예쁜 얼굴이 벌겋게 달아올랐다. 분개한 각시손님은 뱃사공에게 사는 곳이 어디인지를 묻고는 칼을 꺼내 뱃사공의 머리를 잘라서 강에 던져 버렸다. 그러고도 분이 풀리지 않는다는 듯이 뱃사공의 집으로 득달같이 달려갔다.

각시손님은 뱃사공의 일곱 아들 모두가 천연두에 걸리게 했다. 뱃사공의 아이들은 시름시름 앓다가 하나씩 죽어 나갔다. 까닭 없이 아이들이 죽자 뱃사공의 아내는 맑은 물을 떠 놓고 간절한 마음으로 빌고 또 빌었다.

"손님네, 제발 우리 아들을 살려 주세요. 하나만이라도 살려 주세요."

각시손님은 그제야 노여움을 풀고 막내아들은 살려 두었다. 그러나 그 아들의 등은 굽게, 입은 비뚤어지게 하고 다리는 앉은뱅이로 만들었다. 이렇게 각시손님은 잔혹했다.

뱃사공의 집을 나온 세 손님은 대나무를 베어서 겨우 배를 만들었다. 그 배를 타고 천신만고 끝에 강을 건넜다. 타지에 나오면 고생이라고 세 손님은 강을 건넌 후에도 길을 찾지 못해 여기저기 헤매고 다녔다.

그렇게 며칠을 헤매던 어느 날 밤, 환한 불빛을 발견한 세 손님은 한달음에 달려갔다. 불빛의 끝에는 고래등처럼 큰 집이 하나 있었다. 그 집의 주인은 김장자였다. 손님들은 대문을 두들겼다. 소리를 듣고 나온 하인에게 하룻밤 재워 달라고 부탁했다. 그러나 욕심 많고 매정한 김장자는 매몰차게 거절했다. 손님들은 화가 났지만 어쩔 도리가 없었다.

손님들은 다시 어둠 속을 헤매게 되었다. 그러던 중 작은 불빛을 발견했고, 이를 따라가 보니 다 쓰러져 가는 집이 나왔다. 김장자의 집에서 품을 팔아서 먹고사는 노구할미의 집이었다. 노구할미는 손님들을 안으로 들였지만 집에는 쌀이 한 톨도 없었다.

노구할미는 급히 김장자의 집으로 가서 쌀을 빌렸다. 쌀을 담은 됫박에는 쥐똥이 절반이었다. 노구할미는 그것으로 죽을 쑤어 손님들을 대접했다. 손님들은 따뜻한 죽이 들어가자 그동안의 피로가 풀어지는 것을 느꼈다. 또 마음도 편안해졌다. 각시손님이 말했다.

"할머니 감사합니다. 혹시 친손자나 외손자가 있으신지요? 마마를 가볍게 앓게 하고 복을 주겠습니다."

노구할미에게는 딸이 하나 있었으나 그 딸마저 손녀를 하나 낳고 죽고 말았다. 노구할미는 입을 줄이기 위해 그 손녀딸을 누군가에게 맡겼는데 생사조차 알 수 없었다.

"손님들, 그 아이보다 예전에 내가 유모를 하면서 키웠던 김장자의 철현도령을 돌봐 주세요."

각시손님을 비롯한 손님들은 떨떠름한 표정을 지었다. 김장자에게 매몰차게 쫓겨난 기억 탓이었다. 그러나 노구할미는 애원하듯 매달렸고 하는 수 없이 그렇게 하겠다고 약속했다.

그러자 노구할미는 기뻐하며 김장자의 집으로 가서 그 소식을 알렸지만 김장자에게 욕만 잔뜩 들었다. 손님들은 노구할미에게 외손녀를 찾아오라 시키고 그 아이를 예쁘게 만들어 주고 긴 수명과 복을 안겨 주었다.

김장자도 세 손님에 대한 소식을 들었다. 불안해진 김장자는 아들을 산속 깊은 곳에 있는 절에 숨기고 골목마다 고추 불을 놓아서 손님들이 접근하지 못하도록 막았다.

그 처사에 분노한 각시손님이 철현도령의 어머니로 변해서 철현도령을 절에서 불러냈다. 철현도령이 절 밖으로 나오자 호반손님이 회초리로 머리와 배, 다리를 때렸고 철현도령은 엄청난 고통을 느끼며 쓰러졌다. 그 소식을 듣고 달려온 김장자 부부는 아들을 부축해서 집 안으로 들어갔다.

손님들은 혼란을 틈타 김장자의 집으로 들어갔고 철현도령의 머리맡에 앉아서 마마를 불어 넣었다. 그러자 철현도령의 얼굴에 종기가 잔뜩 생겼다. 그러나 김장자는 태연하게 말했다.

"그까짓 종기야 침으로 피를 내고 고름을 짜내면 돼."

그러나 침으로 종기를 찔렀지만 피도 고름도 나오지 않았고 철현도령은 당장이라도 죽겠다는 듯이 비명을 질러 댔다. 김장자의 아내가 남편을 붙들고 손님들에게 잘못을 빌라고 애원했다. 김장자도 사태가 심각한 것을 알고 맑은 물을 떠 놓고 손님들에게 삼대독자 아들을 살려 달라고 빌었다. 아이만 살려 주면 소를 잡아 후하게 대접하겠다고 약속했다.

그 모습을 본 손님들은 분노를 가라앉히고 물러나 앉았다. 곧 철현도령의 종기가 가라앉았고 건강을 되찾았다.

아이가 살아나자 김장자는 마음이 바뀌었다. 식은 밥에 물을 말아 손님들에게 내놓았다. 일이 그 지경이 되자 손님들은 더 이상 김장자를 봐줄 수 없다고 생각했다. 손님들은 다시 철현도령에게 달려들어 괴롭히기 시작했다. 각시손님이 철현도령의 목을 조르며 말했다.

"이제 넌 죽은 목숨이니 마지막 유언이나 해라."

그 말을 들은 철현도령은 고통에 신음하면서 부모님께 작별 인사를 했다.

"그깟 재물이 뭐라고 자식을 죽입니까? 죽고 나면 그 재물이 다 무슨 소용입니까? 나는 이제 손님을 따라 떠납니다."

그 말을 남긴 철현도령은 숨을 놓았다. 철현도령의 어머니는 목을 놓아 울었고 김장자도 아들을 잃고 난 뒤에야 후회했지만 이미 늦었다. 일이 이쯤 되자 손님들은 철현도령의 처지가 불쌍했다.

"어떤 집에서 다시 태어나고 싶으냐?"

철현도령은 아버지의 악랄한 처사에 회의를 느꼈는지 다시 태어나기보다는 손님들을 따라다니겠다고 대답했다.

"아무 죄도 없이 일찍 죽었으니 그럴 만도 하지. 네 뜻이 그렇다면 우리를 따라다녀라."

이렇게 해서 손님의 일행은 넷으로 늘었다. 손님들이 가는 곳마다 사람들은 극진하게 대접했다. 손님들도 마마를 가볍게 내리고 오히려 수명과 복을 주며 화답했다.

더러는 김장자처럼 사악한 사람들도 있었지만 그때마다 철현도령이 나서서 사정하여 아이가 마마로 죽음에 이르는 일은 없었다. 이렇게 전국을 돌고 강남 천자국으로 돌아가는 길에 김장자의 집 부근을 지나게 되었다.

그 사이 많은 변화가 있었다. 김장자는 많은 재물을 모두 잃고 거지가 되었고 노구할미가 김장자의 집을 차지하고 외손녀와 사위와 함께 잘 살고 있었다. 김장자는 엎친 데 덮친 격으로 중풍에 걸려 거동도 하지 못했다. 철현도령의 어머니가 동냥해서 겨우 먹고살았다. 그것을 본 철현도령의 마음이 아팠다.

철현도령을 딱히 여긴 손님들은 김장자의 병을 고쳐 주고 생계를 유지할 수 있을 정도의 재물을 마련해 주었다. 그리고 삼승할망에게 부탁해서 대를 이을 수 있는 아이를 점지해 주었다. 철현도령은 한결 가벼운 마음으로 손님들을 따라 강남천자국으로 떠났다.

이번 이야기에서 손님(마마)은 삶에서 생길 수 있는 큰 재앙을 상징한다. 그 재앙을 극복하기 위해서는 이기적인 마음을 버리고 노구할미처럼 타자에 대한 배려를 통해 해결해야 한다는 생각이 담겨 있다. 손님들 또한 타자이다. 타자에게 잘 대해 주면 내가 어려울 때 타자들의 도움을 받을 수 있다. 결국 복은 하늘에서 쏟아지는 게 아니라 내게서 나온다.

집, 한국 신화 속 신들의 거처

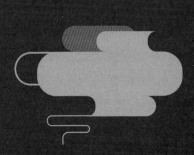

집을 지키는 신들

인류의 공동체 가운데 가장 최소 단위는 가족이다. 그것을 동물의 범위로 넓혀서 생각하면 가족 가운데에서도 특히 어머니와 아들이 가장 기본적인 단위가 된다. 그것이 모자(母子)든 가족이든 거기서 시작해서 집단이 만들어지고 사회가 형성된다. 그리고 그 가족이라는 집단이 삶을 누리며 거주하는 곳이 집이다. 이렇게 집은 사회의 최소 단위를 담고 있는 그릇이고 인간 삶의 토대가 된다.

집이 인간들이 살아가는 토대인 것은 집이 삶의 공간적인 중심이 된다는 것에서 확인할 수 있다. 우리는 공간적인 면에서 늘 집을 중심에 두고 움직인다. 누군가 여행은 집으로 돌아오기 위해 떠나는 것이라고 말한 것도 이런 맥락이다.

또한 이전에는 대부분의 인간이 집에서 태어나고 집에서 죽음을 맞이했다. 그런 점에서 집은 시간적 차원에서도 인간 삶의 중심축이라고 볼 수 있다. 밖에서 죽은 것을 '객사'라고 부르며 불행한 죽음으로 여겼던 것도 이런 이유에서였다.

그런데 요즘에는 대부분의 사람이 병원에서 태어나고 병원에서 죽는다. 위의 의미를 생각해 보면 자기가 오랫동안 살던 곳에서 삶을 마감하는 것을 사회적으로 깊이 고려해 보아야 할 일이다.

이렇듯 집은 소중한 공간이다. 따라서 집에 대한 신화가 없을 리가 없다. 특히 한국 신화에는 집의 신들, 즉 부엌을 지키는 조왕신이나 문을 지키는 문신의 도움을 받는 이야기가 많다.

그것은 한반도에서 살아온 사람들이 집에 대해 가졌던 의미를 잘 보여 주는 것이기도 하다. 한국 신화에서 집의 신은 성주신이고, 집 안 장소별로 각각의 신이 있다. 부엌이나 문, 심지어 화장실까지 집 안 곳곳에 여러 신이 산다. 먼저 성주신부터 만나 보자.

성주신의 이름은 황우양이다. 하늘의 천대목신과 지하의 지탈부인이 결혼해서 낳은 아들이 황우양이었는데 어릴 때부터 기골이 장대하고 총명했다. 그가 집의 신, 성주신이 된 내력은 이렇다.

황우양은 일곱 살 때 흙과 돌과 나무를 이용해서 집을 지었는데 어지간한 목수보다 뛰어난 실력을 뽐냈다. 어릴 때부터 목수의 소질을 드러냈던 그는 스무 살이 되었을 때 그 누구도 따라올 수 없는 뛰어난 실력을 갖추었다. 그해 황우양은 인근에 있는 아름다운 처녀를 맞이해서 결혼했다.

그 무렵 하늘에서 엄청난 일이 벌어졌다. 어디서 몰려왔는지 모를 회오리바람이 불어닥쳐 하늘의 궁전이 모두 무너지고 만 것이다. 하늘은 삽시간에 폐허가 되었다. 천지왕은 신하들과 논의한 끝에 궁전을 새로 짓기로 했다. 천지왕이 누구에게 궁전 짓는 일을 맡겨야 할지 신하들에게 물어보자 신하들은 이구동성으로 황산들에 사는 황우양이 천하에서 첫손에 꼽히는 목수라고 말했다.

천지왕은 차사를 불러 황우양을 데려오라고 명령했다. 차사는 명령에 따라 곧바로 하늘을 떠나 황산들로 향했다. 차사가 황우양의 집으로 들어서려는 순간 문을 지키는 문신이 눈을 부릅뜨고 차사의 앞을 가로막았다.

"이놈, 어디로 들어가려느냐?"

그 말을 듣고 곳간을 지키는 신과 외양간을 지키는 신이 달려와 팔을 걷어붙이고 험상궂은 표정으로 차사를 노려보았다. 차사는 집을 지키는 신들의 위세에 눌려 밖으로 쫓겨나고 말았다.

차사는 이러지도 못하고 저러지도 못하고 하릴없이 밖에서 서성거렸다. 그때 집 안에서 부엌을 지키는 신인 조왕신이 눈치를 살피며 조심스럽게 밖으로 나왔다. 할머니의 모습을 한 조왕신이 부드러운 말투로 차사에게 물었다.

"차사는 어디서 왔소?"

"예, 하늘에서 천지왕의 명령에 따라 황우양을 데리러 왔습니다."

"왜 황우양을 데리러 온 거요?"

차사는 하늘에 회오리바람이 불어 궁전이 무너진 것을 설명하고, 황우양에게 궁전의 재건을 맡기기 위해 데리러 왔다고 대답했다.

"그럼 냉큼 안으로 들어가 황우양을 데리고 가면 되겠네. 안들어가고 왜 여기서 서성대는 거요?"

차사는 머리를 긁적이며 집을 지키는 문신과 외양간을 지키는 신이 무서워 들어가지 못하고 있다고 대답했다. 조왕신은 잠깐 무엇인가를 생각하더니 차사를 향해 나지막이 말했다.

"내일 아침 황우양이 냇가로 어머니 마중을 나갈 거요. 그때 잡아가면 될 거요."

차사는 조왕신에게 고맙다는 듯이 고개를 조아렸다.

"그런데 조왕신께서는 왜 황우양을 보호하지 않고 잡아가도록 도와주는 것입니까?"

그러자 조왕신이 이마를 찌푸리며 짜증이 난다는 듯이 대답했다.

"그놈이 바깥에 나갔다 오면 흙이 잔뜩 묻은 신발을 부뚜막에 던져 놓을 뿐만 아니라 흙발로 부뚜막을 마구 밟고 다녀서 내가 견딜 수 없어서 그러오."

차사에게 황우양을 잡아갈 방법을 알려 준 조왕신은 바깥으로 나올 때와 마찬가지로 슬그머니 집으로 들어갔다.

무너진 하늘을
고치는 목수

하늘에서 온 차사는 굳이 황우양의 집으로 들어갈 필요가 없어졌다. 차사는 돌담 아래에서 밤을 새우며 황우양이 밖으로 나오기를 기다렸다. 동이 트자 조왕신 할머니의 말처럼 황우양이 어머니를 마중하기 위해 바깥으로 나왔다.

차사는 그 틈을 놓치지 않고 육모방망이를 들고 황우양에게 달려가 제압했다. 그리고 가슴에서 천지왕으로부터 받은 옥으로 만든 패를 꺼내 보여 주며 말했다.

"꼼짝 말고 내 말에 따라라."

황우양은 옥패를 보고 저항하지 않았다.

"시키는 대로 하겠소. 그런데 무슨 일로 나를 잡아가려고 하는 거요?"

차사는 하늘의 궁전을 지어야 한다고 대답했다.

"서둘러 채비를 하고 갑시다."

황우양은 어이가 없다는 표정으로 말했다.

"그 정도의 공사를 하려면 적어도 석 달 열흘은 준비해야 합니다."

차사는 어림도 없다는 표정으로 고개를 저었다.

"그럼 한 달이라도 말미를 주시오."

이번에도 차사는 고개를 가로저었다.

"한시가 급하니 사흘 말미를 주겠소. 그때까지 연장 준비를 마치시오."

황우양은 기가 막혔다. 차사는 황우양에게 사흘 후에 하늘로 오라는 말을 남기고 떠났다. 황우양은 막막했다.

"개집을 짓는 것도 아니고 어떻게 사흘 만에 연장을 준비한단 말인가?"

황우양은 방으로 들어가 자리에 벌러덩 누웠다. 아무리 궁리를 해도 좋은 방도가 떠오르지 않았다. 황우양은 평소와 달리 밥도 먹지 않고 잠도 자지 않고 몸을 뒤척이며 누워만 있었다. 바깥에서 그 모습을 보고 있던 부인이 걱정스러운 표정으로 들어왔다.

방으로 들어온 아내가 황우양에게 무슨 일이 있는지 물었다. 그러자 황우양이 반대쪽으로 돌아누우며 말했다.

"부인이 알아도 아무 소용이 없어요."

황우양의 아내는 차분하게 말했다.

"말씀이나 해 보세요. 혹시 다른 방도가 있을지도 모르니."

그 말에 황우양은 일어나 앉으며 부인에게 하늘에서 자기를 잡으러 차사가 왔다는 것부터 사흘 이내에 연장을 준비해서 하늘로 가야 하는데 어떻게 해야 할지 막막하다는 이야기까지 신세타령하듯 풀어놓았다. 황우양의 아내는 고개를 끄덕이며 이야기를 들었다.

"그만한 일로 걱정을 하십니까? 제가 알아서 연장을 준비할 테니 걱정하지 말고 밥을 드시고 잠을 주무세요."

황우양의 아내는 곧바로 편지를 한 장 써서 하루에 천 리를 간다는 솔개를 시켜 하늘로 보냈다. 천지왕은 황우양의 아내가 보낸 편지를 보고 연장을 만드는 데 필요한 재료들을 하늘을 나는 천마의 등에 실어서 황우양의 집으로 보냈다.

황우양의 부인은 하늘에서 보내온 재료로 연장을 만들기 시작했다. 솜씨 좋은 황우양의 부인은 하루 밤낮만에 필요한 모든 연장을 만들어 냈다. 이어 황우양의 아내는 좋은 말 세 마리를 준비하여 그중 두 마리의 등에 황우양이 궁전을 세울 때 쓸 연장과 철마다 갈아입을 옷들을 실었다. 그리고 황우양에게 하늘로 떠날 준비가 되었다고 알렸다.

황우양은 아내의 능력에 감탄했다. 황우양이 부인이 준비한 말을 타고 막 떠나려고 하던 때였다. 그 순간 부인이 말고삐를 붙잡더니 눈물을 주르륵 흘렸다. 황우양은 의아한 표정으로 아내를 바라보았다. 황우양의 아내가 간절한 표정으로 황우양을 바라보며 말했다.

"서방님, 제 말을 잘 들으셔야 합니다. 하늘로 가는 도중에 누군가 말을 걸어도 절대로 대답을 하지 마십시오. 혹시라도 말을 섞게 되면 우리는 다시 만날 수가 없게 됩니다."

황우양은 영문을 모르겠다는 표정을 지었지만, 아내의 당부에 고개를 끄덕였다. 이렇게 황우양은 아내와 작별하고 하늘로 향해 길을 떠났다.

금기를 어긴 황우양

황우양은 얼마쯤 지나 소진들이라는 곳을 지나게 되었다. 황우양은 거기서 비루먹은 말을 타고 오는 소진랑이라는 사람과 마주치게 되었다. 소진랑은 지하에서 돌성 쌓는 일을 하고 돌아오는 길이었다. 소진랑은 황우양을 발견하고 말을 걸었다.

"당신은 누구요? 어디서 오는 길이오?"

황우양은 아내의 당부가 떠올라 아무 대꾸도 하지 않고 가던 길을 계속 갔다. 소진랑은 황우양이 아무 대꾸도 하지 않자 계속

해서 말을 걸었다. 이번에도 황우양은 아무 대꾸도 하지 않았다.

소진랑은 세 번이나 계속 물었다. 그러나 황우양은 아내의 당부대로 아무 대꾸도 하지 않았다. 그러자 소진랑은 화가 난다는 듯이 소리쳤다.

"사람이 묻는데 어찌 아무 대답도 하지 않는 거요? 예의라고는 눈곱만큼도 없는 놈이군."

황우양은 아내의 말에 따라 꾹 참았지만, 모욕을 당하자 견딜 수가 없었다. 그리고 말을 세우고 소진랑을 향해 외쳤다.

"시비를 거는 것도 아니고 대꾸를 하지 않았다고 해서 예의 없는 놈이라는 말은 심하지 않소?"

일단 말하기 시작하자 멈추기 힘들었다.

"나는 황산들에 사는 황우양이요. 당신은 누구시오?"

소진랑이 웃으며 대답했다.

"나는 소진랑이라 하오. 그런데 어디를 그리 바삐 가시오?"

황우양은 하늘에 궁전을 짓기 위해서 간다고 대답했다. 그러자 소진랑이 알 듯 모를 듯한 미소를 지으며 물었다.

"그럼 돌과 흙과 나무를 가려 쓸 줄 아시오?"

황우양은 고개를 저으며 모른다고 대답했다. 소진랑은 흠칫 놀라는 표정을 짓고는 이렇게 말했다.

"오늘 나를 만나지 않았다면 당신은 아마 죽었을 것이오."

황우양이 죽는다는 말에 깜짝 놀라서 무슨 말이냐고 되물었다.

"나는 지금 지하에서 오는 길인데 지하에서 쓰던 흙이나 돌, 나무를 쓰면 살에 맞아 죽게 되거든. 아마 하늘의 궁전을 지을 때 그 흙과 돌, 나무를 쓰게 될 거요."

소진랑의 말을 듣고 황우양은 마음이 불안해졌다.

"그럼 어떻게 해야 합니까?"

그러자 소진랑이 웃으며 대답했다.

"나와 옷을 바꾸고 말도 바꾸면 알려 주겠소."

황우양은 잠깐 고민이 되었지만 불안한 마음을 떨치지 못하고 소진랑의 제안에 따라 옷과 말을 바꾸었다.

"지하에서 쓰던 돌에는 붉은 이끼가 끼어 있고 흙에는 붉은 물이 들어 있으며 나무에는 붉은 버섯이 피어 있을 거요. 그것을 피하면 될 것이요."

소진랑은 황우양에게 이렇게 일러 주었다. 황우양과 소진랑은 작별 인사를 하고 각자 가던 길로 말을 몰았다. 황우양은 하늘로 갔지만 소진랑은 엉뚱하게도 황산들을 향해서 말을 몰았다.

황우양의 아내는 뒷동산에 올라가 떠난 남편을 생각하고 있었다. 그때 까마귀가 긴 울음소리를 내며 날아갔다. 그 모습을 본 황우양의 아내는 불길한 생각에 사로잡혀 곧바로 집으로 달려가 문을 단단히 걸었다.

얼마 후 누군가 문을 두드리며 큰 소리로 호통치는 소리가 들려왔다.

"집주인이 돌아왔으니 얼른 문을 열어라."

황우양의 아내는 잔뜩 의심을 품고 대답했다.

"우리 낭군은 엊그제 하늘에 궁전을 지으러 갔으니 거짓말하지 말고 돌아가시오."

소진랑이 옷을 벗어서 문 너머로 던지며 말했다.

"이걸 보고 확인해 보시오."

황우양의 아내가 옷을 보니 자기가 만들어 준 옷이 틀림없었다. 그런데 옷에서 풍기는 냄새가 남편의 것이 아니었다. 그래서 옷을 밖으로 다시 던지며 말했다.

"땀 냄새가 남편의 것이 아니오. 아마 훔쳤거나 빼앗아 입은 것이겠지요."

소진랑은 황우양의 아내를 속일 수 없다는 것을 알아차렸다. 그래서 힘으로 들어갈 수밖에 없다고 생각했다. 소진랑은 문을 부수고 안으로 들어가려고 했다. 그러자 하늘에서 차사가 왔을 때 그랬던 것처럼 문을 지키는 문신부터 온갖 집의 신들이 나타나 소진랑의 앞을 가로막았다.

소진랑은 혼자서는 집의 신들을 이길 수 없다는 것을 알았다. 그래서 소진랑은 품속에서 부적을 한 장 꺼냈다. 소진랑은 부적으로 다섯 방위를 지키는 오방신장을 불러냈다. 힘이 월등한 오방신장은 소진랑의 주문대로 집을 지키는 문신을 비롯한 여러 신들을 바깥으로 쫓아냈다.

소진랑은 가로막는 것이 사라지자 거리낌 없이 황우양의 집으로 들어갔다. 그리고 눈을 부릅뜨고 칼을 휘두르며 황우양의 아내에게 말했다.

"너의 남편은 이미 저세상 사람이 되었으니 나와 함께 살자."

황우양의 아내는 벗어나기 힘든 곤경에 빠졌음을 깨달았다. 그래서 부드러운 표정을 지으며 소진랑에게 말했다.

"어쩔 수 없겠군요. 당신에게 평생을 의지하며 살겠어요. 다만 오늘이 친정아버지 제삿날이니 오늘 제사를 지내고 내일 떠나게 해 주세요."

소진랑은 흐뭇한 미소를 지으며 고개를 끄덕였다.

황우양의 아내는 속적삼을 한 조각 잘라 내고 손가락을 입으로 깨물어 붉은 피로 글을 썼다.

"서방님 죽어서 오시면 저승에서 만나고 살아서 오시면 소진들에서 만납시다."

황우양의 아내는 그 피로 쓴 글을 주춧돌 아래에 숨겼다. 그리고 다음 날 통한의 마음을 안고 소진랑을 따라서 소진들로 향했다. 소진랑은 황우양의 집에 있던 온갖 세간과 재물을 탈탈 털어서 챙겨 갔다.

소진들에 도착한 소진랑은 곧바로 황우양의 아내를 자기의 사람으로 만들려고 했다. 그러자 황우양의 아내는 다시 기지를 발휘했다.

"내가 여기 와서 점을 쳐 보니 내 몸에 일곱 귀신이 붙어 있다 합니다. 지금 혼인을 하면 귀신들이 우리를 시샘해서 나와 당신 모두 몸을 일곱 토막 내서 죽일 것입니다."

죽음을 이용해 협박하는 이 방법은 소진랑이 황우양을 속일 때 썼던 방법이었다.

"어찌 하면 될까?"

소진랑의 물음에 황우양의 아내가 대답했다.

"액땜을 해야겠지요."

가죽만 남은 갓, 깃만 남은 옷, 굽만 남은 신발

소진랑은 어떻게 액땜을 해야 하는지 물었다. 그러자 황우양의 아내가 결연한 표정으로 대답했다.

"개똥밭에 땅굴을 파고 그곳에서 삼 년 동안 살면서 구메밥을 먹으면 귀신도 자연스럽게 물러날 것입니다. 그러면 그때 우리 정답게 백년해로를 합시다."

소진랑은 부적으로 오방신장을 불러낼 능력이 있었기 때문에 귀신이 지닌 힘에 대한 믿음이 있었다. 소진랑은 하는 수 없이 황우양의 아내가 제안한 방법에 따를 수밖에 없었다.

황우양의 아내는 삼 년 이내에 남편이 돌아오기만을 간절하게 빌었다. 다음 날 개똥밭에 구덩이가 만들어지고 황우양의 아내가 그곳으로 들어갔다. 그리고 작은 구멍 사이로 넣어 주는 밥을 먹으며 황우양이 돌아오기만을 기다렸다.

한편 하늘로 간 황우양은 훌륭한 하늘의 궁전을 짓기 위해 열심히 일했다. 하루는 고단해서 잠깐 쉰다는 것이 잠이 들고 말았는데 이상한 꿈을 꾸었다.

갓이 가죽만 남고 옷도 깃만 남고 신발은 굽만 남아 있는 꿈이었다. 불안한 마음이 든 황우양은 근처에 있는 점쟁이를 찾아갔다. 점쟁이는 산가지를 흔들며 점을 치다가 갑자기 화가 난다는 듯이 산통을 내려놓았다.

"혹시 꿈에서 가죽만 남은 갓과 깃만 남은 옷, 굽만 남은 신발을 보지 않았소?"

황우양은 신기하다는 표정을 지으며 그렇다고 대답했다. 점쟁이는 혀를 끌끌 차며 황우양에게 말했다.

"살던 집의 세간과 재산은 몽땅 도둑맞아 털리고 부인은 남의 집에서 살고 있다는 괘가 나왔소."

황우양은 기가 막히고 분노가 치밀었으나 공사를 중단할 수는 없었다. 그날부터 황우양은 불안한 마음을 떨치기 위해 밤낮을 가리지 않고 더욱 열심히 일했다. 그래서 일 년 동안 할 일을 한 달 만에 마치고 한 달 걸릴 일을 하루 만에 마쳤다. 그렇게 황우양은 석 달 만에 궁전을 모두 완성했다. 일을 마친 황우양은 서둘러 집이 있는 황산들로 향했다.

그의 마음속은 이전에 꾸었던 꿈과 점쟁이가 알려 준 점괘로 인한 불안으로 가득했다. 한편으로는 아내를 만날 수 있다는 기대감도 들었다. 그러나 황우양을 맞이한 것은 기대가 아니라 불안이었다.

황산들에 있던 황우양의 집은 완전히 폐허로 변해 있었다. 뜰에는 잡초만 무성했고 집은 폭삭 내려앉아 기둥만 남아 있었다. 또 우물가는 오래전 사용한 흔적이 있을 뿐, 이끼가 무성하게 끼어 있었다. 황우양은 힘이 빠져 그 자리에 털썩 주저앉았다. 기가 막혔다. 심지어 붙잡고 하소연할 상대도 없었다.

절망에 시달리던 황우양은 주춧돌을 베고 잠들었다. 한참 뒤,

그는 까마귀들이 울어 대는 소리에 잠에서 깼다. 잠에서 깬 황우양은 까마귀들이 주춧돌 아래를 부리로 쪼고 있는 것을 보았다.

황우양은 까마귀들을 쫓아내고 주춧돌 아래를 파 보았다. 그러자 속적삼 한 조각이 나왔고, 그곳에는 붉은 피로 쓴 아내의 글이 적혀 있었다.

"서방님 죽어서 오시면 저승에서 만나고 살아서 오시면 소진들에서 만납시다."

그 글을 본 황우양은 자기가 집을 비운 사이에 일어난 사건의 대강을 짐작할 수 있었다. 분노한 황우양은 곧바로 소진들을 향해서 달려갔다. 소진들에는 전에 보지 못한 멋진 집이 하나 세워져 있었다. 모두 황우양의 물건들이었다.

황우양은 이를 바득바득 갈았다. 그렇다고 무조건 쳐들어갈 수도 없었다. 먼저 아내의 행방을 찾는 것이 중요했다.

황우양은 여기저기 둘러보다가 우물가에 오래된 소나무가 있는 것을 발견하고는 그 위로 올라갔다. 얼마 후 개똥밭의 구덩이에서 한 여자가 나오더니 물동이를 들고 우물가로 다가왔다. 여자는 우물에서 물을 뜨려다가 물가에 비친 그림자를 발견하고 말했다.

"서방님 죽어서 오셨다면 울면서 내려오시고 살아서 오셨다면 웃으면서 내려오십시오."

그 말을 들은 황우양은 웃으면서 소나무에서 내려왔다. 오랜만에 재회한 부부는 두 손을 맞잡고 반가워했다.

"서방님이 오신 것을 알면 문을 굳게 닫고 오방신장을 불러낼 것이니 몰래 들어가야 해요."

황우양은 둔갑술을 부려서 새로 변신했다. 그리고 아내의 치마 속에 숨어서 집으로 들어갔다. 마침 소진랑은 대청에 누워서 잠을 자고 있었다. 황우양은 그 틈을 놓치지 않고 가지고 온 연장으로 소진랑을 꼼짝 못하게 묶었다.

"네 이놈, 네가 나를 속여 옷과 말을 바꾼 것은 용서할 수 있지만 남의 세간을 훔치고 아내를 협박한 것은 도저히 용서할 수가 없는 일이다."

소진랑은 마른하늘에서 떨어진 날벼락에 맞은 표정으로 멍하게 황우양을 바라보았다. 소진랑은 얼마 후에 정신을 차리고 사태를 짐작했다. 그리고 황우양에게 손이 발이 되도록 빌고 또 빌었다.

"재산은 모두 돌려 드리겠소. 당신의 아내는 개똥밭에서 구메밥을 먹고 살았으니 아무 탈이 없소. 제발 목숨만은 살려 주시오."

황우양은 잠시 생각한 다음에 소진랑에게 판결을 내렸다.

"좋다. 내가 잃은 것이 없으니 목숨을 살려 주겠다. 그러나 네가 저지른 죄가 있으니 삼 년 동안 서낭당 돌 항아리 안에 가두어 두겠다. 지나가는 사람들이 던져 주는 밥을 얻어먹고 살아야 할 거야."

황우양과 황우양의 아내는 소진랑에게 벌을 내린 다음 원래 집이 있던 황산들로 돌아왔다. 그러나 막상 몸을 쉴 집이 없었다. 그래서 산에서 억새를 베어 바닥에 깔고 아내의 치마로 담을 만들어 그 안에서 밤을 새웠다.

"난 구덩이에서 살면서 누에를 키워 명주실을 뽑아내 한나절이면 명주 마흔 자를 짤 수 있게 되었습니다. 당신은 무엇을 배우셨나요?"

황우양이 고개를 끄덕이며 말했다.

"난 석 달이면 궁전도 지을 수 있는 능력을 얻었소."

이렇게 황우양과 그의 아내는 금실 좋게 오랫동안 살았다. 훗날 황우양은 집 안의 여러 신을 다스리는 성주신이 되었고 황우양의 아내는 집터를 지키는 지신이 되었다. 이들은 집에 위기가 닥치면 서로 도와서 탈이 나지 않게 해 주었다고 한다.

가족은 사회의 최소 단위이며 그 가족이 사는 곳이 집이다. 이렇게 보면 집은 우리들의 삶과 사회를 지탱해 주는 토대가 된다. 황우양과 그의 아내가 집의 신인 성주신과 집터의 신인 지신이 되었다는 것은 신화 속 황우양 부부가 서로를 믿고 의지한 것처럼 가족이 서로 믿고 의지할 때 집안이 화평하고 삶의 기초가 단단해진다는 것을 보여 준다. 이제 그 집 안의 신들을 살펴볼 때이다.

돌아오기 위해
떠나는 사람

돌아오기 위해서는 떠나야 한다. 그러나 집 나가면 개고생이라고 집의 안락함을 두고 떠나기는 쉽지 않다. 하지만 떠나야만 얻을 수 있는 것들이 있다.

먼 옛날 집으로 돌아가기 위해 먼 길을 떠난 남선비가 있었다. 남선고을의 남선비는 여산고을 여산부인과 결혼해 살았는데 재주가 없어서 가난했다. 살림은 빠듯한데 자식은 늘어 슬하에 칠 형제를 두었다.

부부는 앞날을 궁리하다가 곡식 장사를 해 보기로 했다. 성격이 무르고 귀가 얇은 남선비는 아내의 제안대로 장삿길에 나섰다. 남선비는 곧바로 배 한 척을 마련하고 쌀을 구매할 밑천을 준비했다. 모든 준비가 끝나자 남선비는 배를 타고 쌀을 사기 위해 가족들과 작별하고 남선고을을 떠났다.

남선비는 바람이 부는 대로 파도가 이끄는 대로 바다 위를 떠다녔다. 바다 위를 헤매던 남선비가 닿은 곳은 오동마을이었다. 오동마을에는 간사하고 사악하기로 유명한 노일제대귀일의 딸이 살고 있었다.

노일제대귀일의 딸은 남선비가 배를 끌고 쌀을 사기 위해 오동마을을 찾아왔다는 말을 듣고 곧바로 선창으로 달려갔다. 노일제대귀일의 딸은 온갖 감언이설과 아양을 떨면서 남선비에게 접근했다. 낯선 장소에서 어리둥절하고 있던 남선비는 자기에게 친절을 베푸는 이가 나타나자 고마움을 느꼈다. 그래서 노일제대귀일의 딸이 이끄는 대로 따라갔다.

노일제대귀일의 딸은 오랜 여행에 지쳤을 테니 그늘에서 쉬며 장기를 두자고 졸랐다. 사람 좋은 남선비는 심심풀이를 할 요량으로 선선히 응했다. 노일제대귀일의 딸은 아양을 떨어 남선비의 심기를 흔들었다.

남선비는 내기 장기에서 연이어 패했고, 그 결과 쌀을 사기 위해 가져온 돈은 물론이고 타고 온 배까지 털리고 말았다. 무일푼이 된 남선비는 오지도 가지도 못하는 비참한 신세가 되고 말았다. 순식간에 일어난 일이었다.

남선비는 하는 수 없이 노일제대귀일의 딸과 결혼하여 그에게 의지해서 살게 되었다. 남선비는 비참함을 느꼈으나 어쩔

도리가 없었다. 물론 노일제대귀일의 딸이 무일푼인 남선비를
잘 대해 줄 까닭이 없었다.

그렇지 않아도 간교하고 사악한 노일제대귀일의 딸이었다.
남선비는 나무 돌쩌귀에 거적으로 문을 달고 수수깡으로 만든,
집이라고도 부르기 힘든 움막에서 살았다. 그는 노일제대귀일
의 딸이 가끔 끓여다 주는 죽으로 끼니를 연명했다. 아들을 일
곱이나 거느린 한 집안의 가장이라고는 도저히 생각할 수 없
는 무기력하고 비참한 모습이었다.

남선비의 생활은 단조로웠다. 움막 안에서 죽 단지를 껴안고
혹시라도 개가 훔쳐 먹을지도 모른다고 걱정하며 개를 쫓는 시
늉을 하며 조는 것이 전부였다. 그 때문에 영양 부족과 운동 부
족으로 눈이 약해졌고 몇 년 후 앞이 잘 보이지 않게 되었다.

한편 몇 년을 기다려도 남편이 돌아오지 않자 여산부인은
마음을 굳게 먹고 아들들을 한자리에 불러 모았다. 여산부인
은 아버지를 찾기 위해 떠날 테니 배를 만들어 달라고 부탁했
다. 칠 형제는 어머니를 위해 산으로 올라가 나무를 베어 배를
한 척 만들었다. 배가 만들어지자 여산부인은 그 배를 타고 남
선고을을 떠났다. 바람이 부는 대로 파도가 이끄는 대로 배를
몰자 얼마 후 오동마을에 도착했다.

돌아오지 못하는 사람

오동고을에 도착한 여산부인은 남선비를 찾기 위해 이곳저곳을 헤맸지만 어디서도 남선비를 발견할 수가 없었다. 이리저리 찾아다니던 여산부인은 기장밭에서 새를 쫓고 있는 아이를 하나 만났다. 그런데 그 아이가 부르는 노래가 귀에 쏙 들어왔다. 그 노래는 이랬다.

"새들아 약은 척하지 마라. 남선비 약은 척해도 노일제대귀일의 딸에게 홀려서 수수깡 움막에 앉아 겨로 끓인 죽 단지 끌어안고 졸고 있다네."

여산부인은 정신이 번쩍 들었다. 그래서 그 노래를 부른 아이를 붙잡고 남선비가 어디에 있는지 물었다. 아이는 오동마을 사람이라면 모두 알고 있는 사실이라며 남선비가 어디 있는지 알려 주었다.

"재를 두 개 넘어가면 거적으로 만든 문이 달린 수수깡 움막이 보일 거예요. 남선비는 거기에 살아요."

여산부인은 눈물이 왈칵 쏟아지려는 것을 억지로 참았다. 아이에게 고맙다는 말을 한 여산부인은 아이가 일러 준 곳으로 한달음에 달려갔다.

아이가 알려 준 곳에는 정말로 수수깡으로 만든 움막이 하나 있었다. 여산부인은 당장이라도 거적을 들치고 안으로 들어가고 싶었지만, 사정을 알아보기 위해 지나가는 나그네처럼 말했다.

"저는 나그네인데 날이 저물어서 그러니 하루 저녁 재워 주시면 감사하겠습니다."

그러자 안에서 힘이 하나도 없는 말소리가 들려왔다.

"우리 집은 너무 좁아서 손님을 들일 형편이 안 됩니다."

여산부인은 거적을 들치고 안을 살펴보았다. 남선비가 겨를 끓인 죽 단지를 껴안고 앉아 있었다. 틀림없이 남편 남선비였다. 그런데 남선비는 눈이 어두워진 탓인지 안으로 들어온 여산부인을 알아보지 못했다.

"무슨 인심이 그렇습니까? 부엌이라도 좋으니 하룻밤만 머물게 해 주십시오."

남선비는 난처한 표정을 지었다. 부인이 재차 말했다.

"나그네가 집을 메고 다니는 것도 아니니 머물게 해 주세요."

성격이 무른 남선비는 하는 수 없다는 듯이 하룻밤 머무는 것을 허락했다. 여산부인은 곧바로 부엌으로 들어가 솥을 열어 보고는 절망스럽다는 듯이 고개를 내저었다. 솥의 바닥에는 겨로 만든 죽이 바짝 말라서 붙어 있었다. 여산부인은 기가 막혔다.

여산부인은 침착하게 솥을 여러 차례 씻고 쌀을 불려서 밥을 지었다. 그리고 간소하나 정성이 가득한 밥상을 차려서 남선비 앞에 내놓았다. 밥을 본 남선비는 허겁지겁 한 숟갈을 입에 넣고는 채 씹지도 않고 눈물을 주르륵 흘렸다. 여산부인이 의아하다는 듯이 물었다.

"어찌 눈물을 흘리십니까?"

남선비는 꿀꺽 밥을 삼키고 말 반 울음 반 섞인 채로 하소연했다.

"나도 예전에는 이런 밥을 먹고 살았습니다. 나는 남선고을의 남선비인데 쌀을 사러 여기에 왔다가 노일제대귀일의 딸에게 홀려서 이런 처지가 되고 말았습니다. 이제는 죽지도 살지도 못하는 불쌍한 신세가 된 것이지요."

남선비는 말을 마치고 다시 눈물을 흘렸다. 그 말을 듣고 있던 여산부인의 눈에서도 눈물이 흘러내렸다. 여산부인이 눈물을 닦고 자기의 정체를 밝혔다. 그러자 남선비는 깜짝 놀라며 여산부인의 손을 잡고 그동안 당한 설움을 이기지 못하고 통곡했다.

한차례 폭풍과도 같은 시간이 지나가고 오랜만에 만난 부부가 이런저런 이야기를 나누고 있을 때였다. 겨 한 뒷박을 들고 들어오던 노일제대귀일의 딸이 움막 안에서 여자 목소리가 흘러나오는 것을 듣고 벌컥 화를 내며 안으로 들어와 큰소리로 외쳤다.

"이놈이 불쌍해서 걷어 먹여 주었더니 이제는 팔자가 늘어져서 외간 여자를 끌어들여 희희낙락하고 있네."

남선비가 손사래를 치면서 여산부인이 자기를 찾아왔다고 말했다. 그러자 노대제대귀일의 딸은 냉큼 표정을 바꾸고 간드러진 말투로 여산부인의 손을 잡고 말했다.

"오뉴월 더위가 이렇게 심한데 여기까지 오시느라 얼마나 고생을 많이 하셨습니까? 우리 시원하게 목욕이나 하고 저녁을 드십시다."

노일제대귀일의 딸이 아양을 떨며 손을 잡고 이끌자 여산부인은 거절하지 못하고 따라나설 수밖에 없었다. 노일제대귀일의 딸은 공손한 몸짓으로 여산부인을 데리고 주천강 연못으로 목욕을 하러 갔다.

연못에 이르자 노일제대귀일의 딸이 여산부인에게 먼저 등을 밀어 주겠다고 옷을 벗으라고 말했다. 여산부인은 적삼을 벗고 몸을 구부렸다. 그 순간 등을 밀어 주는 척하던 노일제대귀일의 딸이 여산부인의 몸을 물속으로 힘껏 밀었다.

여산부인은 한동안 허우적거리다가 물에 빠져 죽고 말았다. 노일제대귀일의 딸은 여산부인이 벗어 놓은 옷을 입고 남선비가 기다리고 있는 움막으로 돌아갔다.

"노일제대귀일의 딸 행실이 하도 나빠서 주천강 연못에 빠뜨려 죽이고 말았습니다."

노일제대귀일의 딸이 여산부인 행세를 하며 남선비에게 말했다. 아무것도 모르는 남선비는 잘했다고 박수를 치며 기뻐했다. 노일제대귀일의 딸은 기분이 나빴지만 화를 내지는 못하고 남선비가 보지 못하는 곳에서 두고 보자며 이를 갈았다. 여산부인 행세를 한 노일제대귀일의 딸은 남선비와 함께 배를 타고 남선마을로 향했다.

사라지지 않는 탐욕과 사악함

아버지가 몇 년 만에 집에 돌아온다는 소식이 남선비의 칠 형제에게 알려졌다. 칠 형제는 부모님을 마중하기 위해 선창으로 나갔다. 배가 선창에 들어서자 칠 형제는 각각 다리를 만들었다. 첫째는 망건을 벗어 다리를 만들었고 둘째는 두루마리로, 셋째는 적삼을 벗어 다리를 만들었다. 넷째는 고의를, 다섯째는 행전을, 여섯째는 버선을 벗어 다리를 놓았는데, 영리한 막내는 녹이 슨 칼날을 위로 세워 다리를 놓았다.

그 모습을 보고 첫째가 의아하다는 듯이 막내에게 물었다. 막내는 아버지는 틀림없는데 어머니가 이상하다고 대답했다. 막내가 영특한 것을 알고 있는 형들은 조심하기로 했다.

"우리 어머니가 맞는지 확인하려면 배에서 내려 집을 찾아가는지 어떤지를 확인해 보죠. 그리고 집에 가서 우리를 위한 밥상을 어떻게 차리는지 보면 알 수 있겠지요."

형들은 막내의 말이 그럴듯하다고 생각했다. 그래서 막내의 말대로 어머니를 시험해 보기로 했다. 얼마 후 칠 형제의 부모를 태운 배가 선창에 닿았다. 칠 형제는 부모님께 인사를 드리고 그동안의 안부를 여쭈었다.

이렇게 한동안 하지 못했던 말을 주고받은 다음에 첫째가 부모에게 말했다.

"아버님, 어머님 이제 집으로 가셔야죠."

칠 형제는 막내의 제안대로 부모를 앞세우고 뒤를 따라갔다.

남선비는 이미 눈이 어두워져서 앞이 잘 보이지 않아 길을 찾기 힘들었다. 남선비를 부축하고 있는 노일제대귀일의 딸은 길을 몰랐기 때문에 집을 찾을 수가 없었다. 그렇다고 길을 모른다고 실토할 수는 없었기에 이리저리 헤맸다.

그 모습을 보고 칠 형제가 의심하는 표정을 짓자 노일제대귀일의 딸이 억울하다는 표정을 지으며 대답했다.

"말도 마라. 너희 아버지를 찾느라 너무 고생했더니 아직도 정신이 멍해서 길을 못 찾겠구나."

형제들은 눈길을 주고받으며 고개를 끄덕였다. 칠 형제의 마음속에 의심의 씨앗이 뿌려졌다. 그 이후에도 노일제대귀일의 딸은 이곳저곳 헤매다가 남선비의 도움을 받아 겨우 집을 찾아냈다.

집에 도착한 노일제대귀일의 딸은 저녁을 해서 남선비와 칠 형제 앞에 내놓았다. 그런데 아버지에게 갈 상을 형제들에게 내놓고 형제들에게 내놓을 상을 아버지에게 내놓았다.

"어머니, 밥상을 잊으신 것은 아니겠지요?"

그러자 노일제대귀일의 딸은 다시 변명을 늘어놓았다.

"말도 마라. 너희 아버지를 찾느라 너무 고생해서 아직도 정신이 멍하구나."

칠 형제는 상황이 확실해졌다고 생각했다. 아버지와 함께 돌아온 사람이 어머니가 아니라는 것을 확인했다. 칠 형제는 그날 저녁 한자리에 모여 어머니를 그리워하며 눈물을 흘렸다.

"어머니는 어디에 계신 걸까? 살아 계실까?"

그날부터 칠 형제는 가짜 어머니를 피하기 시작했고 노일제대귀일의 딸도 그 사실을 알아차렸다.

노일제대귀일의 딸은 칠 형제의 행동을 보고 대책을 마련했다. 칠 형제가 사실을 알고 덤벼들면 무슨 변을 당할지 알 수 없는 노릇이었다. 노일제대귀일의 딸은 생각 끝에 칠 형제를 없애는 것이 상책이라는 결론을 내렸다.

칠 형제를 제거할 마음을 품은 사악한 노일제대귀일의 딸은 성격대로 무섭고 끔찍한 계략을 준비했다. 그리고 어느 날 갑자기 배가 아프다고 뒹굴기 시작했다. 노일제대귀일의 딸은 방을 데굴데굴 굴러다녔다.

아내를 끔찍하게 생각하는 남선비는 큰일이 났다고 생각했다. 남선비의 당황한 모습을 확인한 노일제대귀일의 딸은 남선비에게 죽는 시늉을 하며 말했다.

"나를 조금이라도 살릴 마음이 있으면 점이라도 봐 주세요. 큰길로 나가면 얼굴을 가리고 있는 점쟁이가 있을 테니 제가 왜 아픈지 물어봐 주세요."

남선비는 허둥지둥 옷을 입고 점을 보기 위해 밖으로 나갔다. 그사이 노일제대귀일의 딸이 재빨리 일어나 울타리를 넘어 지름길을 통해 큰길로 달려갔다. 그리고 얼굴을 가리고 점쟁이로 변장해서 앉아 있었다.

가짜에는 가짜로

얼마 지나지 않아 남선비가 더듬더듬하며 나타났다. 남선비는 점쟁이로 변신한 노일제대귀일의 딸에게 점을 봐 달라고 부탁했다. 얼굴을 가린 점쟁이는 고개를 끄덕이고는 손가락을 들어서 점을 치는 것처럼 오므렸다가 펴기를 반복했다.

잠시 뒤 점쟁이로 변신한 노일제대귀일의 딸이 남선비에게 물었다.

"집에 일곱 형제가 있지요?"

남선비는 놀랍다는 듯이 손뼉을 치며 그렇다고 대답했다. 점쟁이는 낮고 우울한 목소리로 말했다.

"방법이 하나 있기는 한데."

남선비는 자기 부인을 살릴 방법이 무엇인지 재촉하듯 물었다.

"지금 사람이 죽게 생겼소. 빨리 알려 주시오."

점쟁이는 기다렸다는 듯이 말했다.

"그렇다면 말씀드리지요. 부인의 병은 일곱 형제의 간을 내어 먹으면 나을 겁니다."

남선비의 얼굴이 파랗게 변했다. 남선비는 어깨를 축 늘어뜨리고 집으로 향했다. 그 모습을 본 노일제대귀일의 딸은 아까처럼 재빠른 걸음으로 지름길을 지나 울타리를 넘어서 방으로 들어갔다. 그리고 남선비가 집에 들어온 것을 보고는 소리를 지르며 아픈 척을 하기 시작했다. 남선비가 방으로 들어오자 바닥을 데굴데굴 구르며 죽는 시늉을 했다.

노일제대귀일의 딸은 눈치를 살피며 점쟁이가 뭐라고 했는지 물었다.

남선비는 고개를 푹 떨구고 대답했다.

"칠 형제의 간을 내어서 먹어야 한다고 하던데."

그러자 노일제대귀일의 딸은 그럴 수 없다는 듯이 손을 내흔들었다.

"그런 말이 어디 있습니까? 나 살자고 아이들을 죽일 수는 없는 노릇입니다."

남선비는 어찌해야 좋을지 모르겠다는 표정을 지었다. 노일제대귀일의 딸이 눈치를 살피며 말했다.

"아까 가신 곳과 반대쪽으로 가면 큰길에 바구니를 쓰고 있는 점쟁이가 있을 겁니다. 그 점쟁이에게 다시 물어보세요. 아이고 배야, 나 죽는다 죽어."

남선비는 고개를 끄덕이며 다시 자리에서 일어났다. 남선비가 더듬더듬 문고리를 찾아서 밖으로 나가자 노일제대귀일의 딸 역시 재빨리 자리에서 일어났다. 그리고 아까처럼 울타리를 넘어서 지름길을 통해 자기가 알려 준 곳으로 가서 바구니를 쓰고 점쟁이처럼 앉아 있었다. 그리고 얼마 후 앞이 잘 보이지 않는 남선비가 더듬거리며 나타났다.

바구니를 쓴 점쟁이도 먼젓번의 점쟁이와 동일한 말을 했다. 두 번이나 같은 말을 들은 남선비는 칠 형제의 간을 먹일 수밖에 없겠다고 생각하며 집으로 돌아왔다.

이번에도 역시 노일제대귀일의 딸은 재빠른 걸음으로 집에 돌아와 누워 있었다. 남선비가 들어오자 죽어 가는 목소리로 물었다.

"그래, 뭐라고 하던가요?"

남선비는 풀이 죽은 말투로 대답했다.

"같은 말이지 뭐. 칠 형제의 간을 먹어야 한다던데. 아이들이야 다시 낳으면 되니까 당신부터 살아야지."

"그렇게 생각한다면 어쩔 수 없지요. 칠 형제를 죽여서 간을 가져다주세요. 내가 살아나면 한꺼번에 세쌍둥이를 세 번 낳으면 아홉 형제가 생길 거예요."

남선비는 그럴듯한 말이라고 생각했다. 그래서 남선비는 칼을 꺼내 갈기 시작했다. 칠 형제를 죽여 배를 갈라 간을 꺼낼 생각이었다. 그때 뒷집에 사는 할머니가 불을 빌리기 위해 남선비의 집을 찾았다가 남선비가 칼을 갈고 있는 것을 보았다.

"무슨 일 때문에 그렇게 칼을 갈고 있는가?"

남선비는 부인의 병을 위해 칠 형제의 간을 빼내기 위해서라고 대답했다. 그 말을 들은 뒷집 할머니는 놀라서 밖으로 뛰쳐나갔다.

큰길에서 남선비의 칠 형제를 만난 할머니는 호들갑을 떨면서 말했다.

"애들아, 너희 집에 가 보니 너희 아버지가 너희들 간을 빼내려고 칼을 갈고 있더라."

그 말을 들은 칠 형제는 망연자실했다. 눈에서는 굵은 눈물이 뚝뚝 떨어졌다.

"어머니도 잃고, 우리도 이렇게 죽게 되었구나."

칠 형제는 낙담한 표정으로 체념했다. 그때 영리한 막내가 형들을 달래 놓고 집으로 향했다. 뒷집 할머니의 말처럼 남선비가 칼을 갈고 있었다. 막내는 모르는 척 아버지께 까닭을 물었다.

"점을 쳤더니 너희 형제들 간을 먹어야 어머니가 산다고 하더라."

막내가 대답했다.

"마땅히 그래야지요. 그런데 아버지가 저희를 죽이면 일곱 구의 송장을 치워야 하는데 힘들지 않겠어요? 제가 형님들을 죽여서 간을 가져오겠습니다. 그 간으로 효과가 있으면 그때

저를 죽이세요."

막내는 아버지로부터 칼을 받아 들고 형들에게 갔다. 칠 형제는 산속으로 몸을 피하던 중에 힘들어 잠깐 쉰다는 것이 잠이 들고 말았다. 그때 꿈에 어머니가 나타나 말했다.

"지금 노루 한 마리가 내려오니 그 노루를 잡으면 도리가 생길 것이다."

잠에서 깨어난 형제들이 보니 노루 한 마리가 달려오고 있었다. 그래서 사방에서 달려들어 노루를 붙잡았다. 그러자 노루가 말했다.

"내 뒤에 일곱 마리의 멧돼지가 내려오고 있으니 그 멧돼지를 잡으세요. 어미는 새끼를 낳아야 하니 살려 두고 새끼 여섯 마리를 잡아서 간을 빼내세요."

노루의 말을 들은 칠 형제는 그럴듯하다고 생각했다. 그래서 노루의 말대로 뒤따라오는 멧돼지를 잡아 여섯 개의 간을 얻었다. 칠 형제는 여섯 개의 간을 가지고 마을로 돌아왔다. 막내가 말했다.

"형님들, 사방에서 지키고 있다가 제가 신호를 하면 한꺼번에 달려오세요."

말은 마친 막내가 여섯 개의 간을 가지고 집으로 들어갔다. 방에서는 노일제대귀일의 딸이 계속 비명을 지르고 있었다. 막내가 방으로 들어가 간을 내밀었다.

"여섯 형님들의 간을 가지고 왔으니 드세요."

노일제대귀일의 딸을 알 듯 모를 듯한 미소를 짓고 간을 받았다.

"네가 효자구나. 약 먹을 때는 보는 게 아니다. 나가 있거라."

막내는 밖으로 나온 뒤 몰래 창에 구멍을 내고 안을 들여다보았다. 노일제대귀일의 딸은 입술에 피를 묻힌 다음 간을 자리 밑에 숨겼다. 얼마 후 막내가 다시 방으로 들어갔다.

"간을 다 드셨습니까?"

노일제대귀일의 딸이 막내에게 말했다.

"그래 여섯 개의 간을 먹으니 조금 나아진 듯하다. 아마 하나만 더 먹으면 완전히 나을 듯한데."

그 말을 들은 막내는 쓴웃음을 지으며 말했다.

"마지막으로 어머니 머릿니나 잡아드리겠습니다."

그러자 노일제대귀일의 딸은 손을 내저으며 말했다.

"너의 효성은 고맙지만 아플 때는 머릿니를 잡는 게 아니다."

그러자 막내가 말했다.

"그럼 마지막으로 방 청소나 하고 가겠습니다."

그러자 노일제대귀일의 딸은 황급하게 말렸다.

"아플 때는 청소를 하는 게 아니다."

그러자 막내가 화를 내며 득달같이 달려들었다. 막내는 노일제대귀일 딸의 머리채를 잡아채서 한쪽 바닥에 밀치고는 자리 밑에 숨겨 놓은 간 여섯 개를 집어 들었다. 그리고 바깥으로 나가 큰 소리로 외쳤다.

"사람들아, 의붓어머니 있는 사람들은 이것을 보아라. 형님들, 지금 들어오세요."

그 말을 들은 여섯 형제가 소리를 지르면서 집 안으로 들어왔다. 함성에 놀란 남선비는 밖으로 달아나려고 하다가 짐승의 출입을 막기 위해 세워 둔 막대기에 목이 걸려 죽었다. 이후 남선비는 기둥의 신이 되었다.

부엌의 신 조왕신과
화장실의 신 측신

한편 노일제대귀일의 딸은 바깥에서 칠 형제가 달려들자 놀라서 달아나려고 했다. 그러나 문 앞을 형제들이 지키고 있어서 나갈 수가 없었다. 그래서 벽의 한쪽을 허물어 바깥으로 나갔다. 노일제대귀일의 딸은 화장실로 달려가 그곳에서 목을 매고 죽었다.

그래서 노일제대귀일의 딸은 화장실을 지키는 측신이 되었다. 측신은 다른 말로 측도부인이라고도 불린다.

칠 형제는 어머니를 죽인 원한을 갚기 위해 죽은 노일제대귀일의 딸의 시체를 가져다가 두 다리를 찢고 용변을 볼 때 디디고 앉는 납작한 돌 대신으로 사용하기로 했다. 그리고 온몸을 조각내었다. 먼저 머리를 잘라서 돼지에게 먹이를 주는 통으로 만들었다.

이어서 시체의 머리카락을 잘라서 바다에 던지자 해초가 되었다. 입과 손발톱을 잘라 바다에 버리니 조개가 되었고 배꼽을 잘라서 버리자 굼벵이로 변했고 항문을 끊어 던지자 그것은 전복이 되었다. 끝으로 몸을 절구에 넣고 빻아서 가루로 만들었다. 그 가루는 각다귀와 모기로 변해 날아갔다.

이렇게 복수를 끝낸 칠 형제는 서천꽃밭으로 갔다. 그곳에서 꽃밭을 지키는 꽃감관에게 사정하여 뼈를 환생시키는 뼈살이꽃, 살을 환생시키는 살살이꽃, 숨을 환생시키는 숨살이꽃을 얻어 냈다.

칠 형제는 꽃들을 들고 어머니가 죽은 오동마을의 주천강 연못으로 달려갔다. 연못은 세상일과 관계없다는 듯이 잔잔하고 평온했다. 칠 형제는 한마음으로 하늘에 기도했다.

"주천강 연못이 마르게 해 주세요."

그러자 순식간에 연못의 물이 빠져나갔고 칠 형제는 뼈만 남은 어머니를 발견했다. 칠 형제는 뼈를 한곳에 모아 놓고 뼈살이꽃과 살살이꽃으로 뼈와 살을 되살린 다음 숨살이꽃으로 어머니를 환생시켰다.

"아이고 봄이라 낮잠을 길게 잤구나."

여산부인은 막 잠에서 깨어난 사람처럼 머리를 긁적이며 자리에서 일어났다. 그리고 영문을 알 수 없다는 표정으로 칠 형제의 얼굴을 바라보았다. 칠 형제의 눈에서는 감격의 눈물이 흘러내렸다.

칠 형제는 어머니의 뼈가 있던 곳의 흙을 뭉쳐서 시루를 만들었다. 형제들이 구멍을 하나씩 냈고 그 이후 시루는 구멍이 일곱 개가 되었다. 어머니를 살려낸 칠 형제는 집이 있는 남선 고을로 돌아왔다. 집을 정돈한 칠 형제가 어머니에게 말했다.

"물속에서 오래 계셨으니 몸이 추우실 거예요. 앞으로 어머니는 하루 세 번 따뜻한 불을 쬐면서 밥을 얻어먹는 조왕신이 되세요."

이렇게 해서 여산부인은 부엌의 신인 조왕신이 되었다. 칠 형제 또한 각각 집의 한자리씩 차지했다. 첫째는 동쪽을 지키는 동방청대장군, 둘째는 서쪽을 지키는 서방백대장군, 셋째는 남쪽을 지키는 남방적대장군, 넷째는 북쪽을 지키는 북방흑대장군, 다섯째는 중앙을 지키는 중앙황대장군, 여섯째는 뒷문을 지키는 뒷문전신이 되었다. 그리고 가장 영리한 막내는 앞문을 지키는 문신이 되었다.

그 이후 명절이나 제사 때면 문신에게 제사를 지내는 문전제를 지내게 되었고 제상의 제물을 조금씩 떼어 지붕 위에 올리고, 다시 조금씩 떼어 부엌의 조왕신에게 올리게 되었다.

흥미로운 것이 하나 있는데, 바로 이 이야기에서 비롯된 생활의 지혜다. 예부터 우리 조상들은 부엌과 화장실은 서로 마주 보지 않도록 하고 멀리 떨어지게 지었는데, 부엌의 신인 여산부인과 화장실의 신인 노일제대귀일의 딸이 서로 앙숙지간이었기 때문이라고 한다. 또 화장실의 것은 돌 하나, 나무 하나라도 부엌에 들이지 않았는데, 그것도 이 때문이었다. 실제로 화장실과 부엌은 위생상 가까이하지 않는 것이 맞겠지만 신화에서는 이를 처첩의 질투 관계로 설명하고 있다.

지금까지 집과 집 안 곳곳에 신들이 좌정한 이야기를 살펴보았다. 흥미로운 것은 다른 나라의 신화에서는 집의 신들이 이렇게까지 구체적인 장소를 대상으로 하지 않는다는 점이다. 그리스와 로마의 신화에 화로와 불의 신인 헤스티아나 베스타가 있으나 여러 문의 신이나 화장실의 신은 보이지 않는다.

이는 한국 신화가 생활과 매우 밀접하다는 것을 알려 준다.

우주나 죽음과 같은 주제에 대한 고찰도 있어야겠지만, 우리가 늘 함께 하는 공간인 집에 대한 고민이 담겨 있다는 점에서 집의 신들은 매우 흥미로운 존재들이다.

그렇다. 우리의 집에는 신들이 살고 있다.

머리카락으로 산 조총

부와 장수는 인간이라면 모두가 꿈꾸는 것이다. 그래서 부와 관련된 신화는 세계 곳곳에서 발견된다. 그리스 신화에는 만지면 모든 것이 금으로 바뀌는 능력을 얻은 미다스와 바닷가의 모래알처럼 많은 수명을 얻은 시빌레가 등장한다. 한국 신화에서 부와 장수 이야기는 소사만을 통해 전해진다.

먼 옛날 주년국에 소사만이라는 아이가 살았다. 소사만의 팔자는 매우 각박했다. 사만이 세 살이 되던 해 어머니가 세상을 떠났고 다섯 살 때는 아버지를 잃었다. 게다가 집안에는 모아놓은 돈도 없었다. 그렇게 부모를 잃은 소사만은 어릴 때부터 거지가 되어 동냥을 하며 살게 되었다.

소사만은 매일 사람들의 집을 찾아다니며 동냥을 했다. 그렇다고 해서 소사만의 인간성까지 거지는 아니었다. 소사만은 비록 거지 신세였지만 사람들에게 예절 바르게 행동했고 사람들의 어려운 일을 그냥 보아 넘기지 않았다.

그런 소사만에게 사람들은 호의를 갖고 있었고 늘 후하게 동냥 그릇을 채워 주었다. 어린 소사만 또한 희망을 잃지 않고 늘 밝게 살았다.

소사만이 열다섯 살이 되자 마을 사람들이 모여 그의 장래를 의논했다. 사람들은 사만의 행실이 얌전하니 장가를 보내 사람 구실을 하게 하자고 했다. 사람들은 돈을 조금씩 추렴해서 결혼도 시켜 주고 집도 장만해 주었다.

사만의 아내는 바느질 솜씨가 뛰어났다. 그래서 소사만 부부는 구걸 대신 이 집 저 집 다니면서 품을 팔아 살림을 꾸려갔다. 사만의 아내는 마을 사람들에게 보답이라도 하듯 열심히 일했다. 그리고 결혼의 결실로 아이가 태어났다.

사만의 아내는 더욱 열심히 일했다. 이윽고 둘째 아이가 태어났다. 이렇게 아이가 하나둘씩 늘기 시작하자 살림이 궁핍해졌다. 뭔가 좋은 수를 내지 않으면 계속 그렇게 궁핍하게 살수밖에 없을 터였다.

사만이 부부는 머리를 맞대고 궁리를 해 보았지만 별 뾰족한 수단이 없었다. 그러던 어느 날 사만의 부인이 가위를 들고 남편을 불렀다. 그리고 남편이 보는 앞에서 치렁치렁한 머리카락을 싹둑 잘랐다.

사만의 아내는 그것을 남편에게 건네주며 시장에 가서 쌀을 사 오라고 했다. 사만은 아내의 비단결처럼 고운 머리카락을 들고 바깥으로 나왔다. 그것을 들고 장으로 가니 석 냥을 내주었다. 사만은 석 냥을 손에 쥐자 마음이 부풀었다. 처음 만져 보는 큰돈이었다.

사만이 시장 여기저기를 다니며 구경하던 중 많은 사람들이 한곳에 모여 있는 것을 보았다. 흥미가 생긴 사만은 사람들이 모여 있는 곳으로 가 보았다. 그곳에서는 어떤 사람이 부지깽이처럼 길쭉한 것을 내놓고 팔고 있었다. 길쭉한 그 물건은 조총으로, 사만은 처음 보는 물건이었다. 조총을 파는 사람은 그것만 있으면 먹고 입는 것을 걱정할 필요가 없다고 했다.

사만은 조총으로 먹고살 수 있다는 장사치의 말에 귀가 솔깃했다. 사만이 가격을 묻자 그는 사만의 주머니 속을 알고 있다는 듯이 석 냥을 달라고 했다. 사만은 잠깐 망설였지만 먹고살 수 있다는 생각에 덜컥 석 냥을 내주고 조총을 받아 들었다. 그리고 의기양양하게 조총을 손에 들고 집으로 향했다. 사만의 머릿속은 장밋빛 상상으로 가득했다.

한편 사만의 아내는 배고파 칭얼거리는 아이들을 달래며 이제나저제나 남편이 쌀을 가지고 오기를 기다리고 있었다. 그런데 사만은 쌀 대신에 부지깽이를 닮은 이상한 것을 들고 왔다. 사만이 그것을 가리키며 말했다.

"이것만 있으면 앞으로 먹고사는 건 걱정 없을 테니까."

사만의 아내는 기가 막혔지만 사만이 워낙 자신만만하게 말했기 때문에 일단 믿기로 했다. 사만은 다음 날부터 총을 메고 노루를 잡겠다며 사냥을 하러 다녔다. 그러나 사만이 산속을 모두 헤매고 다녔지만, 노루의 꼬리도 보이지 않았다. 하다못해 토끼 한 마리도 눈에 띄지 않았다. 사만은 저녁이 되자 피곤한 다리를 이끌고 집으로 돌아왔다.

다음 날에도 사만은 조총을 메고 집을 나섰다. 그러나 온종일 돌아다녀도 사냥감은 보이지 않았다. 사만의 아내는 사냥 말고 다른 일을 해 보라고 애원했으나 사만은 듣지 않았다. 사만은 온통 노루 생각만 하며 매일 산으로 들로 뛰어다녔다.

그러던 어느 날이었다. 사만은 그날도 허탕을 치고 집으로 돌아오던 중이었다. 그때 발길에 무언가가 툭 소리를 내며 치였다. 사만은 고개를 갸웃하고 다시 걷기 시작했다. 그런데 또 무언가 발에 걸렸다. 이렇게 연달아 발에 채는 게 있자 사만은 이상하다고 생각하고 길 주위를 살펴보았다. 풀숲을 살펴보던 사만은 놀라서 뒤로 물러났다. 풀숲에는 오래된 해골이 하나 놓여 있었다.

"아이고 깜짝이야. 더러운 해골이네."

놀란 사만이 집으로 발걸음을 옮겼다. 그런데 해골이 다시 발부리에 걸렸다. 사만은 이상하다고 여기고 해골을 가만히 들여다보았다. 족히 백 년은 넘게 지난 듯했다.

"어쩌면 우리 조상님의 해골일지도 모르겠는데. 그렇지 않으면 연거푸 발에 걸릴 리가 없지."

그렇게 생각한 사만은 해골을 곱게 모시고 집으로 돌아왔다. 사만은 해골을 다른 사람 몰래 창고의 큰 항아리 안에 넣고 조상을 대하듯이 모셨다.

해골이 가져온 행복

사만은 그때부터 명절이나 제삿날이 되면 제일 먼저 음식을 차려서 해골에게 흠향하게 했다. 사만이 해골을 집으로 가지고 돌아온 다음부터 사만에게 행복이 밀려왔기 때문이다. 그날 이후 사냥을 나가기만 하면 노루며 사슴이 족족 잡혔다. 집 안 사방이 노루와 사슴 가죽으로 넘쳐났다. 아이들에게는 고기를 배불리 먹였다. 그리고 장이 서면 동네의 말과 소를 빌려서 가죽을 싣고 장으로 나가 팔았다. 사만은 금세 부자가 되었다.

그렇게 행복한 시간이 몇 년 동안 계속되었다. 어느 날 사만이 부부는 깊은 잠에 빠져 들었다. 그런데 꿈인지 생시인지 모르는 상태에서 백발을 휘날리는 노인 하나가 해골을 넣어 둔 창고에서 나오는 것을 보았다. 백발노인은 사만이 부부를 큰 소리로 불렀다.

"얘들아. 사만이 부부야 빨리 일어나거라. 지금 잠을 잘 때가 아니다."

영문도 모른 채 사만이 부부는 백발노인 앞에 무릎을 꿇고 앉았다.

"사만의 수명이 서른다섯 살이다. 이제 때가 되어 저승의 염라대왕이 사만이를 잡을 차사를 보낼 것 같다."

사만이 부부의 얼굴이 새파랗게 질렸다. 백발노인이 계속 말을 이었다.

"사만은 얼른 머리를 잘 다듬고 위쪽 삼거리에 가서 정성을 들이고 있어라. 내일 밤이면 너를 잡으러 차사 셋이 내려올 것이다. 삼거리에 족자 병풍을 두르고 상에다 맑은 음식을 단정하게 차려라. 상 위에 촛대를 놓고 초를 밝혀라. 그리고 네 이름을 써서 상 밑에 붙여 두어라. 그리고 너는 백 걸음 뒤로 물러나 엎드려서 기다리고 있어라."

사만은 백발노인이 하는 말을 새겨들었다.

"누가 와서 불러도 아무 대답도 하지 마라. 세 번째 부르거든 그때 머리를 들고 대답을 하면 된다."

백발노인은 사만에게 필요한 것을 모두 일러 준 다음에 사만의 아내를 향해 돌아섰다.

"너는 내일 날이 밝거든 무당을 불러다 바깥에 신장대를 세우고 저승의 염라대왕을 청해서 맞이하는 시왕맞이굿을 하여라. 그때 함께 올 차사들을 위해 관복 세 벌, 띠 세 개, 신발 세 켤레를 준비하고 주석으로 만든 큰 그릇에 좋은 쌀을 가득 담아서 올려라. 그렇게 하고 기다리면 좋은 일이 있을 것이다."

백발노인의 말이 끝나자 사만은 잠에서 벌떡 깨어났다. 옆에 누워 있던 부인도 함께 일어났다. 너무나도 생생한 꿈이었다. 부부가 말을 맞춰 보니 둘이 같은 꿈을 꾸었다. 그래서 그들은 꿈을 의심하지 않고 얼른 일어나 백발노인이 시킨 것을 준비하기 시작했다.

먼저 무당을 불러서 마당에 신장대를 세우고 시왕맞이굿을 했다. 사만 부부는 정성을 다해 굿판을 벌였다.

날이 저물자 사만은 삼거리로 갔다. 그리고 조용한 곳에 족자 병풍을 치고 비자나무로 만든 상에 흰 시루떡과 계란 안주, 좋은 술 등을 가득 차려 놓았다. 그리고 백발노인이 일러 준 것처럼 상 아래에 '소사만'이라는 이름을 써 붙인 다음에 백 걸음쯤 떨어진 곳으로 가서 조용히 엎드려 있었다.

세상은 적막강산처럼 조용했다. 그때 어디선가 두런거리는 말소리가 들려왔다. 사만은 귀를 쫑긋 세우고 말소리에 귀를 기울였다.

삼십(三十)이 삼천(三千)으로

말소리는 점점 커졌다. 그들이 삼거리와 가까워지고 있다는 증거였다. 그러나 사만은 백발노인의 경고에 따라 고개를 들지 않았다.

"배가 출출하네."

한 사람이 말하자 다른 사람이 받았다.

"그러게 이상하게 배가 고픈데."

그때 또 다른 목소리가 들렸다.

"어디서 맛있는 냄새가 나는데."

그러자 처음 말을 내뱉은 목소리가 말했다.

"저기 불이 켜져 있어. 어쩌면 먹을 것이 있을지도 모르겠어."

세 사람의 발길이 사만이 차려 놓은 상이 있는 곳으로 향하는 것이 들렸다. 이내 말소리는 잦아들었고 음식을 먹는 소리가 들려왔다.

세 사람은 다름 아닌 염라대왕의 명령을 받고 사만을 저승으로 데리고 가기 위해 온 차사들이었다. 차사들은 불현듯 찾아든 허기를 채우기 위해 사만이 준비해 둔 상으로 가서 이것 저것 닥치는 대로 입에 넣었다.

그날따라 이상하게 시장했기 때문에 앞뒤 가릴 틈이 없었다. 한참을 먹고 난 차사들은 그제야 배가 불렀다.

"이제 산도 오를 수 있겠다. 어휴 잘 먹었다."

그때 한 차사가 상 아래에서 이상한 것을 발견했다.

"이게 뭐야?"

그 말에 다른 차사들의 눈도 그곳으로 향했다. 그곳에는 '소사만'이라는 글자가 적힌 종이가 한 장 있었다. 세 차사는 자기들이 먹은 음식이 뇌물이라는 것을 깨달았다.

"난처하게 되었는데. 남의 음식을 공짜로 먹으면 목에 걸리는 법인데."

차사들은 머리를 맞대고 궁리를 해 보았지만 좋은 생각이 나지 않았다. 그때 한 차사가 말했다.

"우리 사만이 이름이나 한번 불러 보자고."

다른 차사들이 고개를 끄덕였다. 먼저 한 차사가 사만의 이름을 불렀다. 사만은 백발노인이 알려 준 대로 아무 대답도 하지 않고 가만히 엎드려 있었다. 그러자 이번에는 다른 목소리의 차사가 사만의 이름을 불렀다.

이번에도 대답하지 않았다. 그러자 또 다른 목소리의 차사가 사만의 이름을 불렀다. 그러자 백 걸음쯤 떨어진 곳에서 한 사내가 고개를 들고 "예" 하고 대답을 했다. 얼굴을 보니 사만이 틀림없었다. 차사들은 당혹스러운 표정을 지었다.

"저놈이 준 음식을 먹었으니 잡아갈 수도 없고. 이를 어쩐다."

그때 한 차사가 말했다.

"그럼 사만의 집에 가 봅시다. 달리 방법이 있을지도 모르니."

그 말에 따라 차사들은 우르르 사만의 집으로 향했다. 그때 사만의 집에서는 시왕맞이굿을 하고 있었다. 그런데 굿이 여간 정성스럽지 않았다. 그도 그럴 것이 사만의 아내는 남편의 목숨을 걸고 굿을 하고 있었다.

차사들은 자기들을 위해 준비한 선물을 발견했다. 관복이 세 벌, 띠가 세 개, 신발이 세 켤레였다. 차사들은 서로를 마주 보았다. 눈빛만으로 서로의 생각이 통했다. 그렇지 않아도 관복은 낡았고 신발도 다 해져 너덜너덜했다.

차사들은 될 대로 되라는 생각으로 관복을 입고 띠를 매고 신발을 신었다. 새 옷을 입고 새 신발을 신자 기분이 상쾌해졌다. 그리고 주는 대로 음식도 받아먹고 술도 받아 마셨다. 받을 것 모두 받고 먹을 것 모두 먹은 차사들은 대책을 논의했다.

"이제 사만이를 데리고 갈 수 없게 되었는데, 어떻게 하지?"

셋이 머리를 맞대고 궁리하자 묘책이 떠올랐다. 저승으로 돌아가서 동자판관실의 장부에 있는 사만의 정명을 고치려는 생각이었다. 차사들은 사만을 그대로 두고 염라대왕이 시왕맞이 굿을 받으러 인간 세상으로 내려간 틈을 이용해 저승으로 돌아갔다. 그리고 차사들은 몰래 동자판관실로 들어가 장부를 펼쳤다. 그곳에 사만의 정명은 삼십(三十)이라고 적혀 있었다.

차사들은 얼른 만 개의 벼루에 천 개의 먹을 갈아서 붓에 적셨다. 그리고 장부에 있는 열 십(十) 자 위에 획을 하나 그었다. 열 십(十) 자는 일천 천(千) 자로 바뀌었다. 이렇게 해서 사만의 정명은 삼천(三千)으로 바뀌었다.

차사들은 장부를 위조한 다음에 시치미를 떼고 자기들의 자리로 돌아갔다. 얼마 후 염라대왕과 동자판관실의 판관이 차사들을 불렀다.

"왜 사만이를 잡아 오지 않았느냐?"

차사들이 뻔뻔하게 거짓말을 했다.

"판관에게 물어보십시오. 사만의 정명이 아닌데 잡아 오라고 해서 헛걸음만 했습니다."

판관은 재빨리 장부를 꺼내서 사만을 찾았다. 확인을 마친 판관은 염라대왕에게 깊이 머리를 숙여 사과했다.

"삼십인 줄 알았더니 삼천입니다. 내가 획을 하나 보지 못했습니다."

이렇게 해서 사만의 수명은 삼천 살이 되고 말았다. 상대가 해골이든 저승의 차사든 정성을 다하면 이루지 못할 것이 없는 법이다.

미다스와 시빌레,
동방삭의 최후

소사만이 삼천 년의 삶을 누리게 된 것처럼 오래 산 사람의 이야기는 세계 각지에서 발견된다. 중국에서는 동방삭이라는 인물이 삼천갑자를 살았다는 이야기가 전해진다. 그는 서왕모의 불로장생 복숭아인 반도를 세 개나 훔쳐 먹은 덕에 수명이 삼천갑자로 늘었다. 삼천 년이 아니라 삼천갑자다. 한 갑자에 육십 년이니 삼천에 육십을 곱하면 십팔만 년이 된다.

그런데 흥미롭게도 한국 신화에서 그 동방삭이 저승사자에게 잡히고 만다. 그 이야기는 이렇다. 언젠가 염라대왕은 잡히지 않는 동방삭 때문에 골치가 아팠다. 그래서 뛰어난 저승사자인 강림에게 그 일을 맡겼다.

강림은 염라대왕의 명을 받고 지상으로 내려오면서 어떻게 동방삭을 잡아야 할지 고민했다. 이윽고 인간 세상에 이른 강림은 엉뚱하게도 숯을 몇 말 마련했다. 그리고 사람들의 왕래가 잦은 개울가에 앉아서 숯을 씻기 시작했다.

그 모습을 본 사람들은 모두 손가락질을 하며 미쳤다고 말하며 지나갔다. 그런데 어느 날 건장한 남자 하나가 그곳을 지나다가 강림에게 말을 걸었다.

"당신은 왜 숯을 씻는 거요?"

그러자 강림이 대답했다.

"숯을 백 일 동안 씻으면 하얗게 되고 좋은 약이 된다는 말을 들었거든요."

그러자 남자가 너털웃음을 지으며 말했다.

"내가 삼천갑자나 살았는데 그런 황당한 이야기는 처음 들어 보네."

그러자 강림이 그 자리에서 벌떡 일어나 그 사내를 밧줄로 묶었다.

"이제야 잡았네."

동방삭은 자기가 속은 것을 깨달았지만 이미 늦었다. 그렇게 동방삭은 하릴없이 붙잡혀서 저승으로 끌려갔고 염라대왕은 크게 기뻐했다고 전한다.

이처럼 세상에는 공짜가 없다. 앞에서 언급했던 그리스 신화의 미다스와 시빌레의 최후도 마찬가지다. 미다스는 술의 신

디오니소스의 스승인 실레노스를 구해 준 대가로 무엇이든 만지면 황금이 되는 손을 얻었다. 결과는 잘 알려진 것처럼 만지는 족족 황금으로 변해 버려 아무것도 먹지도, 만지지도 못하게 된다. 이렇게 지독한 불행을 경험한 미다스는 디오니소스를 찾아가 능력을 없애 달라고 기원한다. 미다스의 간절한 반성을 본 디오니소스는 그의 기원을 들어주었고, 원래의 상태로 돌아가는 것으로 이야기는 마무리된다.

미다스는 그나마 원래의 상태로 돌아갔다는 점에서 다행이다. 시빌레는 아폴론으로부터 한 주먹의 모래알만큼 긴 수명을 얻었다. 그러나 그가 얻은 것은 젊음이 없는, 단순히 살 수 있는 날만 늘어나는 장수였다. 날이 갈수록 시빌레는 미라처럼 바싹 말라갔고, 결국 그의 가장 간절한 소망은 죽는 것이었다고 한다.

동방삭이나 미다스, 시빌레와 달리 소사만에 대한 비극적 이야기는 전해지는 바가 없다. 소사만은 상대가 굴러들어 온 해골일지라도 진심을 다해 정성껏 상대했기 때문이 아닐까?

10

강림은 어떻게 저승의 차사가 되었나

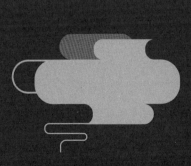

삶을 지배하는 죽음

인류의 과학 기술이 아무리 발달하고 지식이 암만 풍부해져도 인간이 뛰어넘을 수 없는 것이 하나 있다. 그것은 독일의 철학자 칼 야스퍼스가 한계상황이라고 부른 죽음이다.

오늘날 의학의 발달과 영양 상태 개선으로 수명이 늘어나고 있다. 21세기에 태어난 아이들은 기대수명이 무려 백 살에 이른다. 그러나 인류가 아무리 오래 산다고 해도 죽음 자체를 회피할 수는 없다.

만약 인류가 죽음을 극복한다면 우리가 알고 있는 모든 지식과 가치는 송두리째 바뀔 것이다. 그것은 현생 인류와 다른 인류가 출현한다는 의미이다. 그러니까 죽음의 극복은 현재 지구에서 사는 인간이라고 부르는 종과 다른 부류의 종이 출현해야 가능하다는 뜻이다. 뒤집어 말하면 현생 인류(호모 사피엔스)는 죽음에서 벗어날 수 없다.

그 까닭은 인류가 이룩한 문화와 사회의 가장 밑바닥에 자리하고 있는 것이 죽음이기 때문이다. 인류는 지금까지 죽음의 극복이 불가능하다는 것을 인정하고, 그렇다면 죽음을 어떻게 이해하고 받아들일 것인지를 고민해 왔다.

사람들은 최근까지 죽은 뒤 천국이나 낙원과 같은 곳에서 영원히 살기 위해 현재의 삶을 통제해 왔다. 나쁜 짓을 하지 않고 선행을 베푸는 것도 그를 위해서였다. 그러니까 우리를 지배해 온 도덕과 가치, 미덕은 죽음에서 유래한 것이다.

단적으로 말해 인류의 삶은 죽음에서 시작되었다고 할 수 있다. 신화와 종교는 인간이 죽음을 설명하고 이해하는데 상당 부분 할애한 대표적인 분야이다.

인류가 세상을 이해하기 위해 사용한 분석 방법 중 하나인 이분법은 삶과 죽음에서 비롯된 것이다. 이분법은 낮과 밤, 남자와 여자, 동양과 서양 등 세계, 혹은 세계를 구성하는 무언가를 두 갈래로 구분하는 것이다.

그 이분법의 근원에 있는 것이 삶과 죽음이다. 물론 신화와 종교는 그 이분법을 그대로 두지 않고 하나로 통합하려고 하는데 이를테면 윤회 같은 것이 그런 것이다.

윤회는 삶이 되풀이되고 이전 삶에 따라 다음 삶의 형태가 결정된다는 내용이다. 이번 삶에서 선행을 베풀어야 다음 삶에서도 좋은 삶을 살 수 있다. 그렇기 때문에 이번 삶에서 종교나 사회가 제안하는 도덕적 가치를 따라야 한다.

그 믿음 덕분에 인류는 나만 잘 살기 위해 힘쓰는 것이 아니라 다른 사람과 함께 잘 살기 위해 애썼다. 이렇게 보면 윤회라는 것이 미래를 위한 것이 아니라 현재를 위한 것임을 알 수 있다. 즉 현재를 살아가는 우리가 더 행복하게 살 수 있도록 고안해 낸 것이 윤회라는 것이다.

한국 신화에도 삶과 죽음에 대한 고민을 다룬 것이 있다.

풍요가 낳은 결핍

먼 옛날의 일이다. 동경국이라는 나라에 버무왕이라는 사람이 살았다. 버무왕은 모든 것을 가진 사람이었다. 집안 살림도 풍족해서 큰 집에 많은 하인을 거느리고 살았다.

이처럼 버무왕은 무엇 하나 모자라거나 부족한 것이 없었다. 자식이 없어 고민하는 것으로 시작하는 다른 한국 신화와 달리 자식도 많아 무려 일곱 명의 아들을 두었다. 칠 형제 가운데 위의 사 형제는 아버지처럼 좋은 아내를 얻어 유복하게 살고 있었다.

이렇게 풍요의 상징이라고 할 수 있는 버무왕을 통해 죽음의 이야기가 시작되는 것은 역설적으로 보인다. 그런데 모든 것이 사라지고 아무것도 남지 않는, 다시 말해 무(無)를 의미하는 죽음을 이야기하기 위해서는 가장 풍요로운 것에서 이야기가 시작되어야 하지 않을까?

아들이 일곱이라는 것은 매우 많다는 것을 뜻한다. 많음을 의미하는 숫자는 문화마다 다르다. 가까운 일본이나 중국은 8을 쓰고 문화권에 따라 아라비아 숫자의 마지막인 9를 쓰기도 한다. 한국 신화에서는 7이 많음을 의미하는 숫자다.

이야기는 버무왕을 소개한 다음 그의 집에서 멀지 않은 동개남절에서 이어진다. 그곳에는 대사라고 불리는 나이가 여든에 가까운 늙은 승려가 있었다.

어느 날 대사는 자기의 운명을 점쳐 보았다. 대사는 점괘를 통해 자기에게 주어진 수명이 여든임을 알았다. 그가 세상을 떠날 날은 모레 정오 무렵이었다. 죽음을 앞둔 대사는 신변을 정리하고 오랫동안 자기를 시봉한 상좌를 불렀다.

"이제 내가 가야 할 때가 되었다."

상좌는 깜짝 놀란 표정으로 대사를 바라보았고 대사는 상좌의 풀죽은 표정을 보며 위로하듯 말했다.

"나는 모레 열두 시쯤에 이 세상을 떠날 것이다. 사람은 태어나면 죽어야 하는 게 당연하니 슬퍼하지 마라."

상좌는 애써 눈물을 감추고 물었다.

"대사께서 가시면 어찌해야 합니까?"

"내가 죽거든 나무를 천 바리쯤 모아서 화장해라. 그리고 금당에 모신 다음 왕생극락을 빌면 된다."

"대사께서 세상을 떠나면 지는 어떻게 해야 합니까?"

대사는 죽음을 앞둔, 그래서 편안한 표정으로 상좌에게 말했다.

"내가 일러 준 대로 한 다음에 동경국으로 가 보거라. 동경국에는 버무왕이 사는데 그에게 아들이 일곱 명 있거든. 위의 넷은 팔자가 좋아서 잘 살겠지만, 아래의 삼 형제는 팔자가 기구해서 열다섯 살을 넘기기 힘들 것이다."

대사는 잠시 말을 끊고 상좌에게 다짐을 받듯이 또박또박 말했다.

"네가 동경국에 가서 버무왕의 삼 형제를 우리 절로 데리고 와서 불공을 드리게 하면 그들의 수명이 늘어나고 복을 얻게 될 것이다."

상좌는 대사의 능력에 혀를 내둘렀다. 대사는 상좌의 생각을 알고 있다는 듯이 말을 이었다.

"너도 충분히 능력이 있으니 네가 대사가 되어라. 버무왕의 삼 형제를 상좌로 삼아라."

동개남절의 대사는 과연 자기가 예언한 날 그 시간에 세상을 떠났다. 상좌는 새삼 대사의 능력에 감탄하며 대사가 일러 준 대로 천 바리의 장작을 준비해서 대사를 정중하게 화장한 다음, 법당에 모시고 대사가 극락왕생하기를 빌고 또 빌었다.

장례를 마친 상좌는 피곤함을 느꼈다. 그래서 잠깐 쉰다는 것이 그대로 깊이 잠들어 버렸고, 다음 날이 밝아 올 때까지 깨어나지 못했다. 대사도 세상 사람이 아니어서 그를 깨워 줄 사람도 없었다. 상좌는 세상모르게 잠을 잤다.

그런데 상좌의 꿈에 대사가 나타났다.

"일어나라. 새벽닭이 운 지 오래되었다. 내가 걱정스러워 저승으로 가다가 돌아왔다. 빨리 일어나서 동경국으로 가거라."

상좌는 대사의 목소리에 놀라 퍼뜩 잠에서 깼다. 상좌가 눈을 비비고 주위를 돌아보니 이미 동이 튼 지 오래였다. 상좌는 재빨리 행장을 꾸렸다. 그리고 대사가 알려 준 대로 동경국을 향해 길을 떠났다.

얼마 후 상좌는 동경국에 도착했다. 상좌는 버무왕의 집으로 가다가 동경국 네거리에서 버무왕의 아들 삼 형제를 보았다. 그들은 팽나무 그늘에서 장기를 두며 즐겁게 놀고 있었다. 상좌가 삼 형제에게 다가가 말을 걸었다.

"너희들 지금은 장기를 두며 즐겁게 놀고 있지만 관상을 보니 너희 모두 열다섯을 넘기지 못하겠구나. 참 안타깝구나."

난데없이 무서운 말을 들은 삼 형제는 깜짝 놀라서 상좌를 보았다. 뜻 모를 말을 남긴 상좌는 이미 동북쪽으로 천천히 걸어가고 있었다.

살기 위해 떠나는
삼 형제

상좌의 말이 심상치 않다고 생각한 삼 형제는 장기판을 버려
두고 그대로 집으로 달려갔다. 그리고 버무왕에게 상좌로부터
들은 말을 옮겼다. 그 말을 들은 버무왕 또한 예삿일이 아니라
고 생각하고 서둘러 하인들을 불러 상좌를 모셔 오게 했다. 그
러나 하인들이 멀리 나갈 것도 없었다. 상좌는 자기를 찾을 줄
알았다는 듯이 이미 집 근처에 와 있었다.

버무왕이 하인들을 따라 집으로 들어온 상좌에게 물었다.

"어느 절에 계신 대사이신지요?"

상좌가 짧게 대답했다.

"대사랄 것은 없고 동개남절에 있는 중이올시다. 대사께서
는 입적하시고 홀로 지키고 있지요."

버무왕이 탐색을 하듯 조심스럽게 물었다.

"아니 대사도 계시지 않은데 절을 지켜야지 어찌 여기까지
오신 게요?"

상좌가 빙긋이 웃으면서 대답했다.

"법당이 낡아 기울어지고 문짝도 떨어져 조금씩 시주를 받
아 헌 절을 고치고 문짝을 수리하기 위해서 이렇게 왔습니다."

"우리가 시주를 하면 무슨 이익이 있단 말이오?"

"수명이 짧은 자손의 명을 늘려 주고 복 없는 자손이 있거든 복을 주고 자식이 없다면 자식을 내려 드리지요."

"그럼 이리 가까이 와서 우리의 시주도 받아 가시오."

상좌는 고맙다는 듯이 합장을 하고 고개를 숙인 다음 바랑을 열며 말했다.

"쌀이 떨어지지 않게 조심하세요. 수명과 복이 달아납니다."

바랑 가득 쌀을 받은 상좌는 다시 감사하다는 듯이 합장을 한 다음, 몸을 돌려 나가려고 했다. 그때 버무왕이 상좌를 불러 세웠다.

"스님, 쌀을 받고 그냥 가시렵니까? 우리 집에 아들이 일곱이니 사주팔자나 봐 주시지요."

상좌는 기다렸다는 듯이 돌아와 앉아 주역을 펼쳤다. 그리고 이것저것 보는 시늉을 하다가 잠시 눈을 감고 뭔가를 생각하는 표정을 지은 다음 버무왕에게 이렇게 말했다.

"오행과 팔괘를 살펴보니 위의 네 형제는 사주팔자가 좋아서 장가들어 잘 살 것이고, 아래 삼 형제는 수명과 복이 박해서 열다섯 살을 넘기기가 힘들 것입니다."

상좌는 대사가 일러 준 것을 주역을 보고 알았다는 듯이 말했다. 버무왕의 안색이 창백해졌다. 위의 네 형제가 잘 사는 것을 맞춘 것을 보면 아래 삼 형제의 짐괘도 맞을 것이었다. 버무왕은 안달이 났다.

"스님, 남의 자식 수명이 짧은 것을 알면 그 수명을 잇는 방법도 알겠구려? 우리 삼 형제의 수명을 늘려 주시오."

상좌는 잠시 생각하는 듯이 뜸을 들이더니 시원하게 대답했다.

"물론 수명을 늘릴 수 있습니다."

"그래, 어찌하면 좋겠습니까?"

상좌가 조심스럽게 대답했다.

"예, 삼 형제를 중으로 만들어 우리 법당에 보내 삼 년 동안 불공을 드리게 하면 수명이 늘어나고 복을 얻게 될 것입니다."

그 말을 들은 버무왕이 얼굴을 찌푸리며 물었다.

"아이들을 중으로 만들어야 한다고요?"

상좌는 말없이 고개를 끄덕였다.

버무왕은 삼 형제를 중으로 만든다는 것이 마음에 들지 않았다. 까까머리를 한 삼 형제를 떠올리니 불쌍한 마음이 들었다. 그러나 열다섯 살에 죽는 것보다는 나을 것이다.

개똥밭에 굴러도 이승이 낫다고 했다. 버무왕은 삼 형제의 목숨을 구하는 쪽을 선택했다. 버무왕은 삼 형제를 불러서 머리부터 박박 밀었다. 그래야 미련이 생기지 않을 듯했다. 이어서 장삼을 입히고 가사를 걸친 다음 염주와 목탁을 쥐어 주자 삼 형제는 영락없는 중의 모습이었다.

무엇 하나 부러울 것이 없는 버무왕이건만 중이 된 세 아들을 보자 먹먹한 마음이 들었다. 그래서 동개남절로 떠나려는 삼 형제를 붙잡아 놓고 안으로 들어가서 명주와 비단 아홉 필을 꺼내 와 아들들의 손에 쥐어 주었다. 삼 형제가 작별 인사를 하자 버무왕은 목이 메어 말도 내뱉지 못했다. 그저 어서 떠나라고 손짓만 했을 뿐이다.

태어나 처음 부모의 곁을 떠나는 삼 형제 역시 염주 알처럼 굵은 눈물을 뚝뚝 흘렸다. 그 모습을 본 버무왕도 눈물이 날 듯해서 아이들의 등을 떠밀었다.

"아버님, 어머님 건강하게 안녕히 계십시오."

삼 형제는 마지막으로 작별 인사를 하고 상좌를 따라 동개남절로 향했다. 절에 도착한 삼 형제는 속세의 먼지를 떨어내듯 깨끗하게 목욕재계를 한 다음에 상좌가 시키는 대로 불공을 드리기 시작했다.

삼 형제는 하루도 빠짐없이 정성을 다해 불공을 드렸다. 그 불공은 삼 형제의 수명이 달린 중요한 과제였다. 날이 가고 달이 가고 해가 지나갔다. 그렇게 그들은 삼 년 동안의 불공을 마쳤다.

과양 땅에서 마주한
생사의 고비

삼 년 동안 법당 안에서 꼼짝도 하지 않고 불공을 드린 삼 형제는 해방의 자유를 느끼면서 바깥으로 나왔다. 때는 가을이라 하늘은 파랗게 맑았고 들판과 산에는 울긋불긋한 단풍이 가득했다.

한껏 긴장된 상태로 불공에 매진했던 삼 형제는 단풍 구경으로 마음이 풀어졌고 문득 고향 땅에 계신 부모님이 보고 싶어졌다. 한번 자라기 시작한 그리움은 금세 붙잡을 수 없을 정도로 크게 자라났다. 삼 형제는 그리움에 젖어서 쉴 새 없이 눈물을 흘렸다. 집에 가고 싶다는 생각이 너무나도 간절했다.

그길로 삼 형제는 대사가 된 상좌를 찾아가 부모님을 뵙고 싶다고 말했다. 그러자 대사는 선뜻 허락했다.

"한 가지 주의해야 할 것이 있다. 너희가 집으로 가는 길에 과양 땅에 들릴 터인데 조심해야 한다. 자칫 삼 년 불공이 물거품이 될 수도 있으니까."

대사는 삼 형제가 떠나올 때 버무왕이 맡긴 명주와 비단 아홉 필을 삼 형제에게 내주었다.

"이것으로 노잣돈이나 하여라. 과양에서 조심하고."

길고 긴 불공을 마치고 마침내 집으로 돌아가는 삼 형제의 발걸음은 가벼웠다. 하늘을 둥둥 떠서 걸어가는 느낌이었다. 고향과 부모님 이야기를 즐겁게 주고받으면서 걷다 보니 대사가 조심하라고 알려 준 과양 땅이 나왔다.

"대사님이 조심하라고 했으니 얼른 지나가자."

삼 형제는 작심을 하고 재빨리 과양을 지나가려 했다. 그런데 이상하게도 과양 땅에 도착한 순간부터 참을 수 없는 허기가 삼 형제를 덮쳤다. 삼 형제는 배가 고파 한 발자국도 걸을 수가 없었다.

결국 삼 형제는 그 자리에 털썩 주저앉았다. 뭔가 먹지 않고서는 한 걸음도 뗄 수 없을 듯했다. 삼 형제는 의논 끝에 가까운 집에 가서 명주와 비단을 주고 밥을 얻어먹기로 결정했다.

대사가 과양을 조심하라고 했지만 물밀듯이 밀려드는 허기 앞에서는 아무 소용이 없었다. 삼 형제는 가장 가까운 곳에 있는 기와집으로 향했다. 그 집은 마음씨가 나쁜 과양생의 집이었다.

먼저 큰형이 찾아가 문을 두드렸다. 과양생의 아내는 중이 찾아왔다는 소리를 듣고 하인들을 보내며 흠씬 두들겨 패라고 일렀다. 큰형이 내쫓김을 당하자 하는 수 없이 작은형이 나섰다. 과양생의 아내는 다른 중이 찾아왔다는 말을 듣고는 하인들에게 멍석말이를 해서 보내라고 일렀다.

작은형도 큰형처럼 치도곤을 당하고 하릴없이 쫓겨나왔다. 끝으로 막내가 과양생의 집을 찾아가 동냥을 청했다. 과양생의 아내는 중이 연거푸 셋이나 찾아오자 예삿일이 아니라고 생각하고 불러오게 했다.

"무슨 일로 우리 집에 왔느냐?"

"마님, 우리는 원래 중이 아닙니다. 수명이 짧다 해서 동개남절에서 불공을 드리고 집으로 가는 길인데 너무 허기가 져서 그러니 식은 밥이라도 나누어 주십시오."

과양생의 아내는 그 말을 듣고 무슨 생각이 들었는지 부엌으로 가서 개밥그릇에 물을 붓고 식은 밥을 말아서 내주었다. 막내는 그것을 들고 밖으로 나가서 형들과 함께 나누어 먹었다. 밥을 조금 먹고 나자 금세 기운이 생겨 한달음에 집까지 뛰어갈 수 있을 듯했다.

기운이 돌아오자 큰형이 말했다.

"남의 음식을 공짜로 먹으면 목에 걸리는 법이니 비단을 조금 끊어서 밥값으로 주고 가자."

동생들은 형의 의견에 찬성했고 큰형이 비단을 조금 잘라서 과양생의 아내에게 가져다주었다. 그것을 본 과양생의 아내는 눈이 휘둥그레졌다. 그리고 얼른 안으로 들어가 옷을 깔끔하게 차려입고 밖으로 나왔다. 그리고 삼 형제를 붙잡고 자기 집에서 쉬어 가라고 말했다.

"마음씨 착한 도령님들, 먼 길 오셨다니 사랑방에서 좀 쉬었다가 가시구려."

과양생의 아내는 애교를 부리면서 삼 형제를 집으로 끌어들였다. 삼 형제는 과양생의 아내가 나쁜 마음을 품고 있다는 것을 꿈에도 생각하지 못하고 후한 대접에 감사하며 사랑방으로 들어갔다.

삼 형제가 사랑방에 들어가 앉자 얼마 후에 과양생의 아내가 주안상을 들고 안으로 들어왔다. 상에는 귀한 술과 고기 안주가 먹음직스럽게 차려져 있었다.

"도령들, 내가 한잔씩 따라 드리지요. 한 잔을 마시면 천 년을 살고 두 잔을 마시면 만 년을 살고 세 잔을 마시면 구만 년을 산다는 귀한 술이랍니다."

수명이 늘어난다는 말에 삼 형제는 연거푸 세 잔씩 받아 마셨다. 빈속에 독한 술이 들어가자 금세 취기가 돌았다. 삼 형제는 어지러움을 이기지 못하고 그 자리에 쓰러졌다. 술에 취한 삼 형제는 깊은 잠에 빠져들었다. 누가 업어 가도 모를 정도였다. 그것을 본 과양생의 아내는 미소를 지었다.

과양생의 아내는 얼른 광으로 달려가 삼 년 묵은 참기름을 꺼냈다. 그것을 화로 위에 올려놓고 팔팔 끓기를 기다렸다. 참기름이 보글보글 소리를 내며 끓어오르자 그것을 삼 형제의 귀에 부었다.

그렇게 삼 형제는 비명도 지르지 못하고 죽고 말았다. 그리운 고향을 앞에 두고 아버지 어머니를 만나지도 못하고 죽어 버린 것이다. 삼 형제의 숨이 멎은 것을 확인한 과양생의 아내는 삼 형제의 봇짐을 뒤져 명주와 비단을 찾아내 궤짝 안에 숨겼다.

모두가 잠든 깊은 밤이 되자 과양생과 과양생의 아내는 사람들 몰래 삼 형제를 둘러메고 주천강 연못에 던져 넣었다. 과양생 부부는 거칠 것이 없었다. 늘 그렇게 과양 땅을 지나가는 나그네를 죽이고 봇짐을 빼앗았다.

일주일쯤 지난 뒤, 과양생의 아내는 동정을 살피기 위해 빨래하러 가는 척 빨랫감을 들고 주천강 연못에 가 보았다. 연못은 여느 때와 마찬가지로 맑고 잔잔했다.

과양생의 아내가 아무 문제가 없는 것을 확인하고 돌아서려는 순간, 연못 위에 예쁜 꽃 세 송이가 피어 있는 것이 그의 눈에 들어왔다. 과양생의 아내는 낯선 꽃을 물끄러미 바라보았다.

한 송이는 방실방실 웃는 표정이었고 다른 한 송이는 슬프게 우는 듯한 표정이었으며 마지막 한 송이는 화가 난 듯한 표정으로 새빨갛게 피어 있었다.

욕심이 많은 과양생의 아내는 묘하게 생긴 그 꽃들을 가지고 싶었다. 그래서 막대기로 꽃들을 끌어당겨 세 송이 모두 꺾었다. 과양생의 아내는 세 송이의 꽃을 빨래 바구니에 넣어서 집으로 돌아왔다.

꽃 세 송이와
구슬 세 개

집으로 돌아온 과양생의 아내는 뜻밖의 횡재에 기뻐하며 세 송이의 꽃을 하나는 앞문에 꽂아 두고 다른 하나는 뒷문에, 나머지 하나는 대청 기둥에 꽂았다. 어디로 가든 꽃들이 잘 보이도록 한 것이다.

그런데 꽃들이 이상했다. 예쁘게 생긴 것과 달리 난폭했다. 앞문에 달아 놓은 꽃은 과양생의 아내가 마당으로 나갈 때마다 머리를 툭툭 쳤다. 뒷문에 달아 놓은 꽃도 뒷마당에 있는 장독대로 나갈 때마다 머리를 툭툭 쳤다. 대청마루의 꽃도 과양생의 아내가 밥을 먹을 때마다 머리를 툭툭 쳤다.

과양생의 아내는 화를 냈다.

"예쁘게 생긴 것들이 행실이 좋지 못해. 고얀 것들."

과양생의 아내는 꽃을 뽑아다가 청동으로 만든 화로에 던져 넣었다. 이내 꽃들은 하늘의 구름이 흩어지듯 재가 되어 사라졌다.

얼마 후 뒷집의 할머니가 불을 빌리러 찾아왔다.

"화로를 뒤져보면 불씨가 있을 테니 가져가요."

과양생의 아내가 손짓하며 말했다. 뒷집 할머니는 불씨를 찾기 위해 화로를 뒤지다가 서로 빛깔이 다른 구슬 세 개를 발견했다.

"아니 이게 뭐야? 불씨는 없고 구슬만 있네."

뒷집 할머니의 말에 욕심 많은 과양생의 아내는 다급하게 소리쳤다.

"그 구슬은 내 거예요. 손대지 말아요."

과양생의 아내는 예상치 못한 행운에 기뻐하며 구슬을 할머니의 손에서 빼앗았다. 구슬은 곱고 아름다운 빛깔을 하고 있었다. 과양생의 아내는 구슬을 손바닥 위에 올려놓고 한참이나 넋을 잃고 바라보았다. 영롱한 빛 속으로 빨려 들어갈 것만 같았다.

과양생의 아내는 한동안 구슬을 가지고 노는 재미에 푹 빠졌다. 과양생의 아내는 구슬을 무척 소중하게 다루었다. 그러던 어느 날, 과양생의 아내는 사탕처럼 입 안에 구슬을 넣어

보았다. 부드러운 감촉이 입 안에서 느껴졌다. 그래서 사탕을 빨듯 세 구슬을 입 안 왼쪽 오른쪽으로 옮기며 가지고 놀았다. 그러다가 그만 구슬을 모두 삼키고 말았다.

과양생의 아내는 처음에 당황했지만, 배 속에서는 아무 일도 일어나지 않았다. 사탕처럼 녹아서 사라진 것처럼 느껴졌다. 며칠 걱정했으나 별다른 일이 발생하지 않자 과양생의 아내는 구슬에 대해 잊었다.

그런데 석 달쯤 지났을 때 과양생의 아내의 몸에 이상한 점이 나타났다. 음식 냄새만 맡아도 헛구역질이 났다. 처음에는 체한 줄 알았으나 곧 그것이 태기라는 것이 밝혀졌다.

시간이 흐르자 과양생 아내의 배는 점점 부풀어 올랐다. 만삭이 되자 과양생 아내의 배는 남산처럼 커졌다. 과양생 아내는 배가 아프다고 데굴데굴 굴렀다. 뒷집 할머니가 과양생의 아내를 돕기 위해 불려 왔다.

뒷집 할머니는 과양생 아내의 허리를 쓸면서 힘을 주라고 했다. 그 말에 과양생의 아내가 힘을 주자 아들이 태어났다.

"다시 힘을 줘."

그렇게 한 번 더 힘을 주자 두 번째 아들이 태어났다. 그리고 세 번째 힘을 주자 세 번째 아들이 태어났다. 한꺼번에 아들이 세 명이나 태어났다. 큰 경사가 아닐 수 없었다. 과양생은 기뻐서 덩실덩실 춤을 추었고 과양생의 아내는 그 모습을 보면서 희미하게 미소를 지었다.

기쁨이 절망이 되기까지

과양생은 관가에 하루에 세 아들이 태어났다는 것을 알렸다. 관가에서는 하루에 자식을 세 명 낳으면 축하의 의미로 벼 석 섬을 주었다.

과양생의 세 아들은 어릴 때부터 똑똑했다. 큰 기대를 품은 과양생 부부는 세 아들을 삼천 선비들이 모여 있는 서당에 보냈고, 아들들은 그곳에서도 곧바로 두각을 나타냈다. 얼마 지나지 않아 삼천 선비 가운데 과양생 부부의 세 아들을 능가하는 사람이 없게 되었다.

세 아들이 열다섯 살이 되던 해에 삼천 선비와 함께 서울로 과거를 보러 갔다. 이 과거에서 함께 공부한 삼천 선비들은 모두 낙방을 했지만 과양생 부부의 세 아들은 공동으로 장원 급제를 했다.

과양생 부부의 세 아들은 어사화를 머리에 쓰고 관속과 하인 들을 거느리고 고향 땅으로 향했다. 세 아들은 고을 사또에게 장원 급제했음을 알리고 과양생 부부가 기다리고 있는 집으로 향했다.

한편 세 아들을 과거에 보내 놓고 노심초사하며 기다리고 있던 과양생 부부는 멀리 동헌 마당에 과거 합격을 알리는 깃발이 걸린 것을 보았다. 그것을 본 과양생 아내의 배알이 배배 꼬였다.

그래서 입에서 나오는 대로 저주와 악담을 퍼부었다.

"누구네 자식이 과거에 합격한 모양이네. 우리 집 아이들은 어디서 뭘 하는 거야? 과거에 떨어졌으면 냉큼 집으로 올 것이지. 에이, 과거에 합격한 놈들은 내 앞에서 모가지가 부러져 뒈져라! 퉤퉤!"

막 저주를 퍼붓고 나자 관가에서 보낸 관헌이 집 앞에 나타났다. 그리고 세 아들이 함께 장원으로 급제했다는 소식을 전했다.

그 소식을 들은 과양생 부부는 누가 먼저랄 것이 없이 서로를 껴안고 덩실덩실 춤을 추었다.

"이렇게 기쁠 수가! 문신(門神)에게 제사를 지내고 큰 잔치를 열어야겠다."

과거에는 먼 길을 가기 전이나 다녀왔을 때 이처럼 문신에게 제사를 지냈다. 여행길에서의 안전을 기원하거나 무사히 돌아오게 해 준 것에 대한 감사의 의미가 담겨 있다. 실제로 제사 행위를 통해 조심성이 생긴다는 의미에서 심리적인 효과도 있다.

과양생 부부가 이렇게 기뻐하는 도중에 세 아들이 집에 도착했다. 과양생 부부는 서둘러 상을 차리게 하고 세 아들더러 문신에게 감사의 절을 올리게 했다.

과양생 부부는 그 모습을 마루에 앉아서 흐뭇한 표정으로 바라보았다. 세 아들은 문신을 위해 차린 제사상 앞에 세 번 절을 했다.

이제 과양생 부부가 절을 받을 차례였다. 그런데 세 번째 절을 마친 아들들이 고개를 들지 않았다. 세 아들은 제사상 앞에 고개를 숙이고 절을 한 자세 그대로 꼼짝도 하지 않았다.

한참을 기다리던 과양생 부부는 불길한 생각이 들어 제사상 앞으로 달려갔다. 과양생의 아내가 첫째 아들을 건드리자 그대로 바닥에 쓰러졌다. 눈동자가 이미 돌아간 상태였다. 둘째 아들은 입에 거품을 물고 쓰러졌고 셋째 아들은 손톱 발톱에 검은 핏발이 서 있었다. 과양생 아내의 저주가 통했는지 세 아들은 과양생 부부 앞에서 죽었다.

과양생 부부의 세 아들은 한날한시에 태어나 한날한시에 장원 급제를 한 다음에 한날한시에 세상을 떠났다. 세상에 이런 우연이 없었다. 운명도 이런 운명이 없었다.

과양생 부부는 너무나도 억울하고 절망스러웠다. 큰 기쁨을 주었던 세 아들이 큰 절망을 안겨 주었다. 과양생 부부는 관헌들을 돌려보내고 간소한 장례를 치른 다음 집 앞에 있는 밭에 세 아들을 묻었다.

과양생의 아내는 세 아들을 장사지내고 난 뒤 머리를 싸매고 누웠다. 그러다가 갑자기 자리에서 벌떡 일어났다. 억울해서 심장이 터질 것만 같았다. 그래서 곧바로 관가로 달려갔다. 과양생의 아내는 그 고을의 김치원님에게 억울함을 하소연하는 소지를 올렸다.

그러나 살인사건도 아니고 자연사한 것을 관가에서 조사할 까닭이 없었다. 그러나 과양생의 아내는 굴하지 않고 매일 아침 점심 저녁 하루 세 번씩 소지를 올렸다. 김치원님 앞에는 과양생의 아내가 올린 소지가 수북이 쌓였다.

원님은 난처했다. 과양생 아내의 억울함은 충분히 이해한다지만 그것을 어떻게 해결할 수 있단 말인가? 김치원님은 과양생 아내의 소지를 철저하게 무시했다. 제풀에 지칠 것이라 생각한 것이다.

그러나 그것은 원님의 착각이었다. 과양생의 아내는 포기를 모르는 여자였다. 원님이 자기가 낸 소지를 무시하자 언젠가부터 동헌 앞에 나타나 바락바락 악을 쓰며 욕을 해 대기 시작했다.

"개 같은 원님아. 네가 무슨 원님이냐? 넌 그만두고 다른 원님을 모셔 내 소지를 받게 하겠다."

원님은 이러지도 저러지도 못하고 한숨만 내쉬었다. 그것을 지켜보던 원님의 아내는 남편의 딱한 처지를 구하기 위해 방도를 마련해야겠다고 생각했다. 그래서 육방 관속 가운데 가장 똑똑하고 실력 있는 사람을 수소문했다. 그러자 이구동성으로 강림을 추천했다.

"강림이는 열다섯에 관가에 들어와 열여덟 살에 관장이 되었고 열여덟 명의 아내를 거느리고 삽니다. 가장 영리하고 똑똑한 관장은 강림입니다."

저승으로 보내진 강림

원님의 아내는 강림이 아내를 열여덟이나 거느리고 살 정도이니 호걸이 틀림없다고 생각했다. 그리고 자기가 생각한 일의 적임자라고 생각했다. 그래서 원님에게 말했다.

"내일부터 일주일만 새벽에 관장들을 소집해 보세요. 아마 빠지는 관장이 하나 나올 것입니다. 그러면 그 관장에게 저승에 가서 염라대왕을 잡아 오거나 목숨을 바치라고 호통을 치세요. 그러면 과양생 아내의 소란을 해결할 방법이 생길 거예요."

원님 아내의 생각은 과양생 부부의 세 아들이 죽었으니 염라대왕을 불러서 그 사건을 맡기려는 것이었다. 죽은 사람의 일은 살아 있는 사람이 판결을 내릴 것이 아니라 죽은 자를 다스리는 염라대왕이 할 일이라고 생각한 것이다.

그리고 염라대왕을 잡아 오는 일을 강림에게 맡기려는 것이었다. 만약 강림이 실패하면 그 책임을 강림에게 떠넘기면 될 터였다. 원님은 아내의 말을 듣고 그럴듯하다고 생각했다.

다음날 김치원님은 새벽에 관장들을 불러 모았다. 첫날 새벽에는 열 명의 관장이 빠짐없이 모였다. 그렇게 새벽 소집이 계속되었고 마지막 이레째 새벽, 강림은 소집에 참석하지 못했다.

강림은 전날 밤 열여덟 번째로 얻은 어여쁜 아내의 치마폭에 빠져 늦잠을 자고 만 것이었다. 강림이 자기를 찾는 소리에 깨어 보니 벌써 창문이 환하게 밝아 있었다. 강림은 아차 싶었지만 이미 때가 늦었다. 강림은 동헌으로 끌려갔다. 원님 아내의 꾀가 성공한 것이다.

강림이 동헌에 끌려갔을 때 동헌 마당에는 형틀이 마련되어 있고 곤장을 칠 준비가 되어 있었다. 관헌들은 원님의 명에 따라 강림의 목에 칼을 씌웠다.

강림은 눈앞이 캄캄했다. 새벽 소집에 한 번 빠진 것이 이렇게 큰 죄가 되리라고는 생각지 못했다. 그런데 원님의 호통이 예전과 달랐다.

"원님, 죽을죄를 지었습니다. 살려 주십시오."

원님의 눈빛이 잠깐 빛났다가 사라졌다.

"네가 살아날 방법은 하나밖에 없다."

강림은 원님의 말에서 생명줄을 발견한 것처럼 되물었다.

"어떻게 하면 되겠습니까?"

원님은 그 말을 기다렸다는 듯이 대답했다.

"저승에 가서 염라대왕을 데리고 오너라. 그게 싫으면 너는 오늘 이 자리에서 죽어야 한다."

강림은 막막했다. 어떻게 저승에서 염라대왕을 데리고 온단 말인가? 그렇지만 당장 살아야 했다. 일단 목숨을 구한 다음 다른 방법을 찾아야 할 것이다.

"예, 저승으로 가서 염라대왕을 데리고 오겠습니다."

강림이 대답을 마치자 원님은 목에 씌운 칼을 벗기고 오라를 풀어 주었다. 그리고 원님은 흰 종이에 검은 글씨로 염라대왕을 잡아 오라는 사령장을 써서 주었다.

염라대왕의 출신지는 인도다. 인도 신화에서 죽음의 신이었던 야마가 중국으로 건너와 염라왕이 되었다. 염라대왕은 저승의 열 명에 이르는 심판관 가운데 서열 5위이다. 원래는 첫 번째 심판관이었지만 인정이 많아 죄를 덜어 주거나 뇌물을 받아서 다섯 번째로 밀려났다는 이야기도 전해진다.

어쨌든 한국 신화에서는 염라가 저승의 최고 심판관이라고 생각하고 있고 그래서 대왕이라는 호칭을 붙여서 염라대왕이라 부른다.

강림은 염라대왕을 잡아 오라는 사령장을 받고 동헌에서 물러났다. 강림은 아직도 얼떨떨했다. 당장 목숨을 구하기 위해 염라대왕을 잡아 오겠다고 맹세했으나 산 자가 어떻게 저승으로 갈 수 있으며 그 무서운 염라대왕을 어떻게 잡아 올 수 있단 말인가?

강림은 죽었다고 생각하고 첩들을 찾아갔다. 그러나 강림이 위태로운 처지에 있다는 것을 알게 된 첩들은 쌀쌀맞게 돌아섰다. 강림을 위로하고 도와주겠다고 말하는 첩은 아무도 없었다.

강림은 첩들의 사나운 인심에 배신감을 느끼며 그 자리에 주저앉아 앞으로 어떻게 해야 할지 고민했다. 그때 본부인이 머릿속에 떠올랐다.

"그래 도망칠 때 도망치더라도 마누라 얼굴이나 한번 보고 가자."

강림은 첫날밤 이후 얼굴을 본 적이 없는 본처의 집으로 발길을 옮겼다. 딱히 갈 곳도 없었다. 강림은 자신이 본부인을 박대해서 벌을 받은 게 아닌가 생각했다.

"오늘 무슨 바람이 불어서 낭군님이 찾아오셨나요?"

강림의 아내가 강림을 보고 어리둥절한 표정으로 말했다. 강림은 아무 말도 하지 않고 방으로 들어가 문을 닫아걸었다. 그리고 이불을 뒤집어쓰고 눈물을 흘렸다. 본부인은 평소 한 번도 찾아오지 않았던 강림이 야속했지만, 남편을 그대로 쫓아낼 수도 없었다.

강림의 본부인은 일단 정성껏 밥을 지었다. 본부인이 밥상을 들고 방으로 들어가려고 했지만 문이 굳게 잠겨 있었다. 본부인은 아까 한 말 때문에 강림이 화를 내는 것이라 생각하고 강림을 달랬다.

"사내대장부가 그런 말에 화를 냅니까?"

그러나 방 안에서는 아무 말도 들리지 않았다. 강림의 본부인은 애원도 해 보고 호소도 해 보았지만 강림은 아무 대꾸도 하지 않았다.

본부인은 하는 수 없이 문을 뜯고 안으로 들어갔다. 그런데 화가 난 줄 알았던 강림은 엉뚱하게도 눈이 벌겋게 될 정도로 숨죽여 울고 있었다. 본부인은 눈이 휘둥그레져서 물었다.

"살 일이요, 죽을 일이오? 그것만 말하시오."

그제야 강림은 그날 일어난 일들을 울먹이며 본부인에게 이야기했다.

"어떻게 그 무서운 염라대왕을 잡아 온단 말이야?"

다시 눈물을 흘리는 강림을 보고 본부인이 말했다.

"낭군님아, 울지 마시오. 그 정도의 일은 내가 처리할 테니 밥이나 드셔요."

그 말에 안심이 되었다는 듯이 강림은 씩 웃고는 밥을 먹기 시작했다.

김치원님의 아내도 그렇고 강림의 본부인도 그렇고, 궁지에 몰린 남편을 다독이고 해결 방안을 찾는 것은 여자들이다. 이럴 때 연상되는 것은 강인한 생명력을 가진 대지의 여신이다.

사회문화적으로 한국 신화에서 여성들이 크게 활약하는 것은 당시 사회를 주도했던 것이 남성들이기 때문이다. 남성들이 주도하는 사회를 바꾸는 것은 남자 스스로 할 수 없다. 그것은 상대가 되는 여성의 몫이다. 동화의 주인공이 대체로 여성인 것도 같은 이유에서다.

강림의 본부인은 곧바로 곳간에서 가장 좋은 쌀을 꺼내 와서 방아를 찧어 고운 가루를 만들었다. 그리고 좋은 시루에 담아 시루떡을 찌기 시작했다.

강림의 본부인은 첫 번째로 찐 시루떡은 문신에게 바치고 두 번째로 찐 시루떡은 부엌을 관장하는 조왕신에게 바치고 세 번째로 찐 시루떡은 강림이 저승 갈 때 먹을 떡으로 준비했다.

이어서 본부인은 목욕재계를 하여 몸을 깨끗게 하고 새 옷을 입었다. 그리고 부엌을 깨끗이 치우고 조왕신에게 빌었다.

"강림이 저승으로 가는 길을 인도해 주십시오."

본부인은 두 손 모아 정성을 다해 빌고 또 빌었다. 본부인이 기원한 지 이레째 되던 날 저녁이었다. 너무 피곤해서 잠깐 앉아 있던 본부인이 깜빡 잠들고 말았다. 그때 꿈에 조왕신이 나타났다.

"강림이 본부인아. 자고 있을 때가 아니다. 새벽닭이 울 때가 되었다. 강림을 빨리 저승으로 보내라."

본부인은 퍼뜩 잠에서 깨어났다. 그리고 얼른 방으로 들어가서 자고 있던 강림을 깨웠다.

"저승 갈 때가 되었어요."

잠에서 깬 강림은 본부인의 말을 듣고 땅을 치며 통곡했다.

"저승으로 가라니? 나더러 죽으라는 말이냐?"

본부인이 달래듯이 말했다.

"염려하지 말고 세수나 하세요."

세수가 끝나자 본부인은 미리 준비해 둔 저승 옷을 강림에게 입혔다. 이렇게 강림이 저승 옷을 입은 뒤로 수의라는 것이 생겼다고 한다.

"낭군님아, 원님이 저승 가는 증거물을 줍디까?"

강림은 원님이 내준 사령장을 내보였다. 그걸 본 본부인은 재빨리 동헌으로 달려가 자고 있던 원님을 깨웠다.

"저승으로 염라대왕을 잡으러 가는데 살아 있는 사람들이 쓰는 사령장을 주면 어떻게 합니까? 붉은 종이에 흰 글씨로 다시 써 주세요."

원님은 얼른 붉은 종이를 꺼내서 흰 글씨로 사령장을 다시 써 주었다.

준비가 끝나자 본부인이 강림의 허리에 명주로 만든 전대를 둘러 주며 말했다.

"저승으로 들어가기 전에 위기가 닥치면 이 명주 전대를 풀어헤쳐 보세요."

산 자가 가는 저승길

강림의 본부인은 강림 몰래 귀 없는 바늘 한 쌈을 강림의 장옷 앞섶에 촘촘하게 찔러 넣었다. 강림은 비장한 마음으로 부모님께 작별 인사를 하러 갔다. 강림의 아버지와 어머니도 저승으로 떠나는 강림을 보며 비통한 마음을 금하지 못했다.

부모님께 인사를 마친 강림은 저승으로 떠났다. 본부인은 남문 바깥 동산까지 따라 나가 눈물을 감추고 강림을 전송한 뒤 집으로 돌아왔다.

강림은 일단 남문 동산에 올랐지만 어디로 가야 저승으로 가는 길이 나올지 몰랐다. 강림은 막막한 마음으로 그 자리에 털썩 주저앉았다. 얼마간 지나자 할머니 하나가 앞에 나타났다.

할머니는 행주치마를 입고 구부러진 지팡이를 짚고 강림의 앞을 걸어갔다. 강림은 할머니가 괘씸하게 생각되었다.

"여자가 꿈에만 보여도 부정한 느낌인데 사내대장부가 앉아 있는데 그 앞을 여자가 지나가다니. 괘씸하군."

강림은 할머니를 따라잡겠다는 생각으로 할머니의 뒤를 쫓았다. 그런데 이상한 일이 벌어졌다. 강림이 아무리 걸음을 빨리해도 어정어정 걸어가는 할머니를 따라잡을 수가 없는 것이었다. 강림이 걷는 속도를 늦추자 할머니 또한 걸음을 늦추었다. 그래서 강림과 할머니의 거리는 좁혀지지도 벌어지지도 않았다. 할머니를 따라가던 강림은 지쳐서 헐떡거렸다.

허기를 느낀 강림은 점심이나 먹으려고 그 자리에 주저앉았다. 그러자 할머니도 길게 한숨을 내쉬고는 저만치 떨어진 곳에 앉았다. 강림은 그제야 할머니가 보통 사람이 아니라고 생각했다.

강림은 할머니 앞으로 가서 넙죽 절을 했다.

"왜 내게 절을 하는가?"

"제게도 늙은 부모가 계십니다."

"그래, 어디로 가는가?"

"염라대왕을 잡으러 저승으로 갑니다."

할머니는 고개를 끄덕이고는 말했다.

"점심이나 함께 먹고 가세."

강림과 할머니는 자기가 가진 점심을 꺼냈다. 그런데 놀랍게도 둘 다 시루떡이었다.

"아니, 어떻게 저와 할머니의 점심이 똑같을까요?"

그러자 할머니가 화를 벌컥 내며 말했다.

"이놈아 나를 모르겠느냐? 네가 하는 일은 마음에 들지 않지만 네 본부인의 정성이 기특해서 너에게 저승 가는 길을 알려 주러 온 조왕신이다."

강림은 황송한 마음에 연신 고개를 숙였다. 얼마 후 조왕신은 화를 가라앉히고 강림에게 말했다.

"저기로 계속 걷다 보면 일흔여덟 갈래 갈림길이 나올 것이다. 거기에 앉아 있으면 어떤 노인이 올 테니 그에게 공손하게 인사를 하고 길을 물어보아라. 그러면 가르쳐 줄 것이다."

강림은 마음이 환해졌다. 또 본부인의 정성에 대한 고마움과 조왕신에 대한 감사의 마음이 불꽃처럼 일어났다. 강림은 조왕신 할머니에게 깊이 고개를 숙여 인사했다. 강림이 고개를 들었을 때 부엌을 지키는 조왕신 할머니는 어디론가 사라지고 없었다.

강림은 조왕신이 알려 준 길을 따라 계속 걸었다. 길은 멀고도 험했다. 마침내 일흔여덟 갈래 갈림길이 나타났다. 강림은 그곳에 털썩 주저앉았다. 얼마 후 백발이 성성한 노인 하나가 강림 앞에 나타났다. 강림은 조왕신이 알려 준 대로 넙죽 절을 했다.

"왜 내게 절을 하는가?"

"우리 집에 계신 늙은 부모님 생각이 나서 그렇습니다."

강림은 염라대왕을 잡으러 저승으로 간다는 말을 덧붙였다. 그리고 함께 점심을 먹기로 했다. 할아버지도 시루떡 점심을 꺼냈다.

"노인장의 점심과 제 것이 같습니다."

그러자 할아버지가 한숨을 내쉬며 말했다.

"이놈아 나를 모른단 말이냐? 네놈 하는 일이 괘씸하지만 본부인의 정성이 기특해서 저승 가는 길을 알려 주러 온 문신이다."

강림은 연신 고개를 숙였다.

"강림아, 저기 일흔여덟 개의 길을 모두 알아야 저승에 갈 수 있다."

문신은 길 하나하나 모두 설명해 주었다. 그리고 마지막 남은 길 하나를 가리키며 말했다.

"저 길이 네가 들어갈 길이다."

그 길은 개미 정도나 걸어갈 수 있을 정도로 매우 좁았다. 게다가 매우 험했다. 구불구불한 데다가 가시덤불이 무성하고 뾰족한 자갈로 덮여 있었다. 강림은 난감한 표정으로 그 길을 바라보았다.

"강림아, 저 길로 가면 길을 보수하는 사람이 있을 것이다. 아마 길을 고치다가 배가 고파서 양지바른 곳에서 졸고 있을 것이다. 그 사람 앞에 떡을 내놓아라. 그러면 저승으로 가는 길을 알려 줄 것이다."

말을 마친 문신은 홀연히 사라졌다. 강림은 죽을 각오를 하고 문신이 알려 준 길로 향했다. 아슬아슬한 길을 헤치고 가다 보니 문신이 일러 준 대로 길을 고치는 남자가 꾸벅꾸벅 졸고 있었다. 강림은 그 남자 앞에 떡을 놓고 뒤로 물러났다.

음식 냄새를 맡고 깨어난 남자는 눈앞에 있는 떡을 게걸스럽게 먹어치웠다. 그는 시장기가 가시자 그제야 강림을 발견하고 자리에서 벌떡 일어났다.

"어디 관장이십니까?"

"이승의 김치원님을 모시는 강림입니다."

길 고치는 남자는 깜짝 놀라며 되물었다.

"아니, 이승의 관장이 어디를 가십니까?"

알고 보니 길을 고치는 남자는 저승차사였다. 강림이 가슴을 펴며 말했다.

"염라대왕을 잡으러 저승으로 갑니다."

"살아 있는 사람은 검은 머리가 백발이 되도록 걸어가도 저승에 갈 수 없습니다."

강림은 저승차사를 붙잡고 저승으로 가는 길을 알려 달라고 사정하고 애원했다. 저승차사는 어림도 없다고 손사래를 쳤다.

그때 저승차사의 머리에 떡이 생각났다. 남의 음식을 공짜로 먹으면 목에 걸리는 법이라 도움을 주어야 했다.

"내 말대로 하면 염라대왕을 만날 수 있습니다. 혹시 적패지가 있습니까?"

강림이 고개를 끄덕였다. 그에게는 원님이 붉은 종이에 써 준 사령장이 있었다.

"그러면 저승의 초군문으로 가세요. 아랫녘 자부장자 집 외동딸이 신병이 들어서 모레 열두 시 무렵에 새남굿을 할 것입니다. 초군문에 적패지를 붙이고 염라대왕의 행차가 지나갈 때

를 노리십시오. 다섯 번째 가마에 염라대왕이 타고 있으니 잘
해 보십시오."

강림, 염라대왕을 사로잡다

저승차사는 혼을 불러 강림을 저승의 입구인 초군문으로 보내
주었다. 강림은 저승차사의 도움으로 저승으로 들어가지 않고
초군문에서 염라대왕을 잡을 수 있게 되었다.

떡을 보시한 것이 큰 복이 되어 돌아왔다. 그래서 예부터 세
상에 보시를 능가하는 것이 없다는 말이 있다.

강림은 저승차사가 알려 준 대로 염라대왕을 체포해 오라는
내용이 담긴 적패지를 초군문에 붙여 둔 다음, 염라대왕의 가
마가 나올 때까지 한숨 늘어지게 잠을 잤다.

열두 시 무렵이 되자 초군문이 열렸다. 이윽고 온갖 깃발이
줄지어 나오고 길을 비키라는 관속들의 호통 소리가 들려왔다.

"옳지, 염라대왕의 행차인가 보다."

강림은 정신을 바짝 차리고 염라대왕을 체포할 준비를 했다.
여러 대의 가마가 지나갔다. 마침내 다섯 번째 가마가 모습을
드러냈고, 강림은 우레와 같은 소리를 지르며 가마를 향해 달려

들었다. 강림은 가마 주위에 있던 하인과 관속들을 힘으로 밀쳐내고 가마의 문을 열었다. 염라대왕이 그 자리에 앉아 있었다.

강림은 호랑이처럼 달려들어 염라대왕의 손에 수갑을 채우고 발에 차꼬를 끼운 다음 몸을 밧줄로 묶었다. 그리고 억센 발길로 염라대왕의 등을 내리찍었다. 창졸간에 일어난 일이었다. 염라대왕은 하릴없이 강림에게 붙잡히고 말았다. 염라대왕이 강림에게 달래듯이 말했다.

"팔이 아프니 밧줄을 좀 느슨하게 해 다오."

강림은 이승의 김치원님로부터 염라대왕을 붙잡아 오라는 명령을 받았다는 사실을 알렸다. 염라대왕은 어이가 없었지만 강림의 호탕한 모습이 마음에 들었다. 염라대왕이 다시 달래듯이 말했다.

"내가 지금 바쁘니 모레 열두 시에 동헌으로 너를 찾아가마."

강림은 반드시 오겠다는 서명을 받아 낸 다음 이승으로 돌아가는 길을 물어서 무사히 이승으로 돌아왔다. 세상은 캄캄한 밤이었다. 강림은 멀리서 비치는 불빛을 따라가 보니 본부인의 집이었다.

본부인은 강림의 제사를 지내고 있었다. 강림이 저승으로 간 지 삼 년이 지나 죽은 것으로 알고 제사를 지낸 것이다.

본부인은 강림이 살아온 것을 믿지 않았다. 그래서 강림이 떠나기 전에 몰래 꽂아 두었던 귀 없는 바늘을 만져 보았다. 바늘에 손을 대자 삭아서 부스러졌다. 그제야 본부인은 눈물을 흘리며 강림을 집 안으로 맞이했다. 강림이 퉁명스럽게 물었다.

"아니, 누구의 제사를 지내는 거야?"

본부인이 말하기를 저승에서의 하루가 이승의 일 년과도 같아서 벌써 삼 년이 지났다는 것이었다. 강림과 본부인은 제사상의 술을 함께 나눠 마시며 무사히 돌아온 것을 축하했다.

그런데 이 모습을 옆집 김서방이 보았다. 그는 자기가 본 것을 관가에 고변했다.

"강림이 저승으로 가지 않고 낮에는 병풍 뒤에 숨었다가 밤에는 본부인과 살고 있습니다."

화가 난 원님은 강림을 옥에 가두었다. 강림이 모레 열두 시 무렵에 염라대왕이 올 것이라 했지만 아무도 믿지 않았다. 원님을 비롯한 모든 사람은 강림이 삼 년 동안 감쪽같이 속였다고 생각했다.

강림이 억울하다고 소리쳤지만 아무도 귀를 기울이지 않았다. 그렇게 이틀이 지나 염라대왕과 약속한 날이 되었다.

열두 시쯤 되자 하늘에서 시꺼먼 먹구름이 몰려오고 오색 무지개가 동헌에 걸리더니 천지가 진동하는 큰 소리와 함께 염라대왕의 행차가 나타났다.

원님을 비롯한 관원들은 무서워 벌벌 떨고만 있었다. 염라대왕은 옥에 갇혀 있던 강림을 풀어 주었다. 원님은 벌벌 떨면서 과양생의 아내가 제기한 소송에 대해 설명했다. 염라대왕도 이미 짐작을 하고 있었다.

"그렇다면 과양생 부부를 동헌으로 불러오시오."

염라대왕이 과양생 부부에게 물었다.

"너희 아들 삼 형제를 어디에 묻었는가?"

과양생 부부는 집 앞에 있는 밭에 묻었다고 대답했다.

"그렇다면 너희들이 직접 그곳을 파 보아라."

과양생 부부는 염라대왕의 명령에 따라 땅을 팠다. 그런데 무덤 속에는 칠성판만 있고 아무것도 없었다. 염라대왕이 화가 난다는 듯이 소리쳤다.

"너희들의 삼 형제가 어디에 있다고 나를 불렀느냐?"

과양생 부부는 할 말이 없었다. 그저 부들부들 떨고만 있었다. 그 모습을 본 염라대왕은 원님과 강림 등의 관속과 과양생 부부를 주천강 연못으로 데리고 갔다. 염라대왕은 과양생 부부를 노려보며 말했다.

"두 눈을 부릅뜨고 잘 보거라."

염라대왕은 품속에서 금부채를 꺼내더니 연못 물을 세 번 때렸다. 그러자 연못의 물이 순식간에 줄어들었고 밑바닥에 있던 버무왕 삼 형제의 뼈가 앙상하게 드러났다. 과양생 부부의 얼굴이 새파랗게 질렸다.

염라대왕은 뼈를 가지런하게 모은 다음 금부채로 세 번 때렸다. 그러자 뼈에서 살이 돋아 버무왕 삼 형제는 원래의 모습을 되찾았다.

염라대왕이 과양생 부부에게 물었다.

"저 아이들이 너희 아들이냐?"

과양생 부부는 고개를 끄덕였다. 그런데 삼 형제는 과양생 부부를 보자마자 당장에라도 죽이겠다는 듯이 달려들었다. 염라대왕이 그들을 말리며 말했다.

"너희들의 원수는 갚아 줄 테니 부모님께 돌아가거라."

염라대왕은 과양생 부부를 소에 묶어 몸을 찢은 다음 가루를 냈다. 그 가루는 각다귀와 모기가 되어 인간이었을 때처럼 사람들의 피를 빨았다.

일 처리를 끝낸 염라대왕은 김치원님께 강림을 나눠 갖자고 제안했다. 강림의 능력을 높이 산 염라대왕은 강림을 저승의 차사로 삼을 생각이었다.

"육신을 가질 테요, 영혼을 가질 테요?"

염라대왕의 물음에 원님은 깊이 생각하지 않고 육신을 갖겠다고 대답했다. 그 순간 염라대왕은 강림의 영혼을 뽑아서 저승으로 가 버렸다. 영혼을 잃은 강림은 그 자리에 쓰러져 죽었다.

그 말을 들은 강림의 본부인이 너무나 원통해서 원님에게 달려들어 마구잡이로 때렸다. 원한이 담긴 주먹을 맞은 원님도 비명과 함께 저승으로 떠났다.

강림의 신화는 삶과 죽음이 하나로 엮여 있음을 보여 준다. 이승과 저승이 가로막혀 있어 서로 왕래하지 못하는 일본이나 서구의 신화들과 달리 강림의 신화에서 보듯 한국 신화는 이승과 저승이 순환적인 구조를 가진다.

삶과 죽음이 다르지 않고 동전의 앞뒷면과 같다는 인식이 오랜 세월 우리에게 있었다. 강림의 신화는 제주도에서 〈차사본풀이〉로 불리는데 죽음이라는 무거운 주제를 흥미롭게 다루고 있다.

왜 한국 신화인가

개인적으로 한국 신화라는 말을 들으면 꽃이 먼저 생각난다. 우리의 신화 속에는 늘 꽃이 등장하고 꽃밭이 나타나기 때문이다. 우리 신화에서 꽃은 생명을 뜻하며 동시에 그것의 연장인 아름다운 삶을 상징한다. 따라서 꽃밭은 우리가 살아가는 사회의 은유이다.

한국 신화에서 꽃이 의미하는 생명의 힘 또는 삶의 아름다움을 확장하면 우리가 살아가는 데 필요한 사랑과 우정, 배려, 환대 등과 같은 미덕이 된다. 한국적 정서를 잘 표현했다는 평가를 받는 김소월은 〈산유화〉에서 다음과 같이 꽃의 의미를 노래한다.

산에는 꽃 피네/ 꽃이 피네/ 갈 봄 여름 없이/ 꽃이 피네//
산에/ 산에/ 피는 꽃은/ 저만치 혼자서 피어 있네//

산에서 우는 작은 새여/ 꽃이 좋아/ 산에서/ 사노라네//
산에는 꽃 지네/ 꽃이 지네/ 갈 봄 여름 없이/ 꽃이 지네

꽃은 산에서만 피는 것이 아니라 우리의 삶에도 피어난다. 우리는 애를 쓰고 노력을 해서 무엇인가 얻었을 때 '꽃을 피웠다'라는 관용어를 사용한다. 김소월의 〈산유화〉는 꽃을 감상의 대상으로만 보지 않는다. 우리가 삶의 아름다운 꽃을 피워야 함을 노래한다. 한국 신화와 〈산유화〉는 이렇게 우리의 삶에서 만난다.

이처럼 꽃과 꽃밭의 의미는 한국 신화를 이해하는 결정적인 열쇠이다. 이 열쇠를 자물쇠에 꽂으면 제주도의 〈천지왕본풀이〉와 함경도의 〈창세가〉, 아이를 점지하는 삼승할망을 다룬 〈생불할망본풀이〉 등에서 등장하는 꽃 피우기 내기는 저절로 열리고 이해된다. 또 바리공주와 자청비의 이야기에 등장하는 꽃과 꽃밭, 오늘의 이야기에 등장하는 꽃의 의미도 절로 이해된다.

이렇게 꽃들이 활짝 핀 꽃밭은 이 땅에서 살았던 사람들이 꿈꾸던 세상이었다. 우리의 조상들은 꽃이 가득한 꽃밭과 같은 풍요롭고 아름다운 세상을 꿈꾸며 거대한 꽃밭 상상계를 구축했다.

정말로 흥미로운 것은 그 꽃밭이 서천에 있다는 점이다. 서천서역국의 준말인 서천, 그곳의 꽃밭, 즉 서천꽃밭은 우리가 잘 아는 말로 번역하면 저승이다. 바리공주의 신화에서 보았듯이 서쪽 끝에 있는 서천서역국은 죽어서 가는 곳이다. 그런데 그곳에 생명과 삶을 상징하는 꽃이 있고 사람을 살리는 꽃밭이 있다. 정말 놀라운 상상력이다.

신화에서 저승 또한 은유이다. 저승이란 삶에서 벗어난 곳, 중심에서 벗어난 주변을 극대화한 것을 의미한다. 이를 다시 확장해 보면 중심을 차지하고 있는 지배 계층과 중심에서 밀려난 백성들이 사는 세상으로 치환할 수 있다. 인간을 중심으로 하면 주변은 자연이 된다.

그래서 저승에 꽃이 있고 꽃밭이 있다는 것은 세상을 움직이는 가치와 미덕이 지배자들이 사는 중심이 아닌 백성들이 사는 주변, 또는 인간이 아닌 자연에 있음을 의미한다. 따라서 세상의 생명력은 주변과 자연에 있다. 바리공주 신화는 바로 이 생각을 잘 드러낸 이야기이다.

죽음의 공간인 저승에 삶을 풍요롭고 아름답게 하는 생명의 꽃이 있다는 생각은 한국 신화가 조화를 핵심 가치로 삼고 있을을 나타낸다. 즉 한국 신화는 '함께' 꽃을 피우며 살아가야 한다는 매우 구체적인 삶의 방향을 제시하고 있는 것이다. 다른 동물보다 힘도 세지 않고 날카로운 이빨도 없는 인류가 오늘날과 같은 풍요로운 문명을 건설할 수 있었던 것은 조화, 즉 '함께'를 핵심 가치로 삼았기 때문이다.

다른 문화권의 신화에서도 조화에 대한 이야기가 많이 전해진다. 그것은 앞서 본 것처럼 인류 공통의 절대적 가치이기 때문이다. 그러나 우리 신화처럼 정면에서 끊임없이 조곤조곤 조화를 말하는 신화는 없다.

한국 신화의 또 다른 특징으로 꼽을 수 있는 것이 여성 인물의 활약이다. 우리 신화의 주인공은 대부분 여성이다. 강림의 신화처럼 남자가 주인공인 경우도 있으나 이때도 중심 역할을 하는 것은 여성이다.

서양의 그리스 신화나 북유럽 신화를 비롯해 우리와 가까운 중국이나 일본 신화에도 이렇게 여성들이 주역이 되는 이야기가 별로 없다. 어떤 사람은 한국 문화가 여성적 성격을 지니고 있기 때문이라고 말하기도 한다. 심지어 꽃과 꽃밭을 여성적인 것으로 분류하기도 한다. 과연 그럴까?

우리의 신화를 곰곰이 읽어 보면 많은 여자 주인공들이 세상을 바꾸는 역할을 맡고 있음을 알게 된다. 〈천지왕본풀이〉와 〈창세가〉에서 보듯 세상은 아름다움보다는 더러움, 정직함보다는 속임이 우세한 곳이다. 그리고 그런 세상을 만든 것은 남자들이다. 또한 바리공주의 신화에서 보듯 세상은 남자가 대를 이어야 한다는 편견에 사로잡혀 있다. 이런 편견으로 가득한 세상을 타파하라고 바리공주와 자청비, 오늘과 삼승할망을 비롯한 신화의 여성들이 우리에게 이야기를 건넨다.

여성은 약자를 상징한다. 약한 존재는 주변의 존재를 의미한다. 이 의미를 확장해 보면 여성은 민중이 된다. 중심 존재였던 남자들의 가치가 편견으로 왜곡될 때 주변에 있는 싱싱한 가치, 즉 여성으로 상징되는 민중의 가치가 시든 꽃밭을 살려낼 것이라는 생각이 깔려 있다.

한국 신화 외에 여성이 주인공인 분야는 동화이다. 백설공주, 신데렐라, 인어공주 등 동화의 주인공 역시 대부분 여성이다. 동화에서 여성이 주인공인 것도 우리 신화의 주인공이 여성인 것과 유사한 이유 때문이다.

한국 신화에 여성 주인공이 많이 등장하는 것은 신화적 상상력이 여성으로 상징되는 약자, 다시 말해 주변의 존재를 향하고 있음을 의미하며, 이는 오늘날 현대 사회가 깊이 고민하는 지점과 맞닿아 있다.

한국 신화는 여러 면에서 현대적이다. 오늘날 사회적 가치의 변화로 다양한 분리가 발생하고 있다. 분리는 갈등을 조장하고 이로 인해 한국 사회뿐만 아니라 전 세계에서 조화보다는 다툼이 격화되고 있다. 현재 정치뿐만 아니라 경제적 불평등, 사회적 격차, 문화적 소외 등 거의 모든 분야에서 갈등과 다툼, 분리가 심화되고 있다.

이와 같은 분리는 선악의 이분법에서 기인한 서구적 상상력과 깊은 관련이 있다. 물론 분리가 주는 경쟁과 긴장감이 적절하게 작용하면서 서양은 오늘날과 같은 문명을 구축할 수 있었다. 그러나 그 기간이 오래되면서 분리는 많은 사회·문화적 문제를 쏟아 내고 있고 그 스트레스로 인한 비용 또한 고스란히 뒤집어쓰고 있다. 웰빙, 힐링, 소확행 등의 말들이 유행하고 공감을 얻는 것도 이런 사회·문화적 현상에서 유래한 것이다.

이런 점에서 꽃과 꽃밭으로 상징되는 조화를 핵심 가치로 내세우는 한국 신화는 매우 현대적이다. 앞서 말했듯이 인류 문명은 강한 힘이나 놀라운 두뇌 덕분이 아니라 서로 돕고 함께 발을 맞추었기 때문에 다른 동물들과는 다른 길을 걸어올 수 있었다.

21세기에 들어서 발생한 여러 차례의 전염병과 미래를 불투명하게 만드는 기후변화처럼 인류를 위협하는 요소를 극복하기 위해서는 조화의 정신이 필요하다. 나 혼자가 아니라 함께 살아간다는 자각이 있어야 한다. 한국 신화는 끊임없이 그 메시지를 던지고 있다.

최근 한류나 K-문화가 세계의 동시대적인 문화 현상으로 발돋움하고 있다. 이는 한국의 문화, 다시 말해 한국 신화가 담고 있는 가치가 다분히 현대적이며 동시에 세계적임을 의미한다. 이에 발맞추어 우리의 문화를 깊이 정련해서 시대에 맞게 다듬을 때가 되었다.

이제 우리의 삶과 꿈이 담겨 있는 한국 신화를 읽을 때이다.

용어 해설

가믄장아기

강이영성이서불이와 홍은소천궁에 궁전궁납의 셋째 딸. 누구 덕에 사느냐는 부모의 물음에 자기 복에 산다는 대답을 했다가 쫓겨난다.

각시손님

해동마을로 떠난 세 손님 중 하나. 강남 천자국의 쉰세 명 손님 가운데 가장 아름다우나 동시에 가장 성격이 사납고 잔혹하다.

강림

저승의 차사. 본래 과양 땅 김치원님 아래 관장으로 복무했다. 김치원님으로부터 염라대왕을 사로잡아 오라는 명을 받는다.

강림의 본부인

염라대왕을 잡아 오라는 원님의 명을 받은 강림이 방법을 찾지 못하고 헤매자 조왕신께 빌어 방도를 찾아 낸다.

강이영성이서불이

가믄장아기의 아버지. 본래 거지로 윗마을에서 살았다. 아랫마을 거지 홍은소천궁에궁전궁납을 만나 결혼하고 부자가 되었다. 가믄장아기를 내쫓은 이후 다시 거지가 되고 눈마저 멀게 된다.

개운포(開雲浦)

오늘날 울주 지역에 위치한 포구. 왕과 신하들이 바닷가에서 놀던 중 구름과 안개가 자욱하게 내려앉았다. 왕이 이를 이상히 여겨 천문을 맡은 관리에게 까닭을 물으니 용의 장난이라고 답했다. 왕이 그곳에 절을 짓도록 하자 곧바로 구름과 안개가 걷혔다. 그래서 그곳을 개운포라 부르게 되었다.

거무선생

자청비와 문도령의 스승.

과양 땅

과양생 부부가 사는 곳. 버무왕 아들 삼 형제가 집으로 돌아가려 하자 동개남절의 대사가 '과양 땅을 조심하라'고 일러 준다.

과양생의 아내

과양 땅에 사는 욕심 많은 여인. 버무왕 아들 삼 형제를 죽여 명주와 비단을 가로챈다. 이후 세쌍둥이를 낳았으나 본인의 저주로 인해 세 아들 역시 세상을 뜬다.

금백산

명진국따님이 생불왕이 되어 자리한 곳. 생불왕이 된 명진국따님은 금백산 밑에 비자나무로 기둥을 세우고 대추나무로 서까래를 깔고 생불왕 지위에 걸맞은 크고 멋진 누각을 짓게 했다.

길대부인

바리데기의 어머니. 불라국의 오구대왕과 결혼하여 일곱 딸을 낳았다.

김장자

철현도령의 아버지. 큰 부자이지만 욕심으로 인해 손님들로부터 화를 당한다.

김진국

재산 많은 부자였으나 슬하에 자식이 없었다. 자식을 얻고자 동개남절의 대사에게 옷감 백 필, 쌀 백 석, 금은 백 냥을 시주하고 불공을 올렸으나 딱 한 근이 모자라 딸을 얻었다. 아이에게 자청하여 얻은 딸이라 하여 자청비라는 이름을 지어 주었다.

김치원님

과양 땅의 원님. 삼 형제를 잃은 과양생의 아내가 억울함을 풀어달라며 계속해서 소지를 넣자 강림에게 염라대왕을 잡아오도록 명한다.

꽃감관

서천꽃밭을 관리하는 자. 자청비에게 꽃밭을 망치는 부엉이를 잡아 달라고 부탁한다.

나화

서천서역국으로 가는 바리데기가 석
가모니로부터 받은 꽃. 삼천 년에 한
번 핀다는 꽃인 우담바라의 다른 이
름이다.

남선비

남선고을에 사는 선비. 여산고을의
여산부인과 결혼해 슬하에 일곱 아
들을 두었다. 쌀을 사기 위해 오동마
을에 갔다가 간사한 노일제대귀일의
딸의 꼬임에 빠져 비극적 최후를 맞
는다. 짐승을 출입을 막기 위해 세워
둔 막대기에 목이 걸려 죽어 기둥의
신이 되었다.

남선비의 칠 형제

남선비와 여산부인 사이에서 태어난
일곱 아들. 노일제대귀일의 딸의 계략
으로 위기에 빠지지만 막내의 지혜로
살아남는다. 어머니 여산부인이 조왕
신 자리에 오르도록 하고 각각 동방청
대장군, 서방백대장군, 남방적대장군,
북방흑대장군, 중앙황대장군, 뒷문전
신, 문신 자리에 오른다.

내일낭자

원천강으로 가는 길목에 위치한 정
자에서 십 년째 글을 읽고 있는 낭
자. 오늘에게 원천강 가는 길을 알려
주는 대신 언제까지 글을 읽어야 하
는지 해답을 구해달라고 부탁한다.

노구할미

찢어지게 가난하지만 강 건너 찾아
온 세 손님에게 환대를 베푼다. 그
덕에 잃었던 손녀딸을 되찾고 부자
가 된다.

노일제대귀일의 딸

남선비를 꾀어 그의 돈을 가로챈다.
남선비를 찾으러 온 여산부인을 주
천강 연못에 빠뜨려 죽이고 그의 아
들들마저 죽일 계획을 세운다. 꼼수
를 눈치챈 칠 형제로부터의 보복이
두려워 화장실에서 목을 매고 죽어
화장실의 신인 측신이 되었다.

놋장아기

강이영성이서불이와 홍은소천궁에
궁전궁납의 둘째 딸. 가믄장아기의
저주로 인해 버섯으로 변한다.

대별왕

천지왕과 총맹부인 사이에서 난 쌍둥이 중 하나. 천지왕으로부터 이승을 다스릴 것을 명받는다. 하지만 쌍둥이 형제 소별왕의 반발로 이승을 다스릴 자를 가리는 내기를 하게 된다.

동개남절

동개남절은 동관음사(東觀音寺)가 제 주말로 변한 것이다. 버무왕의 아들 삼 형제가 이곳에서 불공을 드렸다.

동방삭

서왕모의 불로장생 복숭아 반도를 훔쳐 먹어 삼천갑자를 살게 되었다는 인물. 한국 신화에서는 강림에게 붙잡혀 저승으로 끌려간다.

동자판관실(童子判官室)

저승에 위치한 장소로 이 안에 사람의 정명, 즉 수명이 적힌 장부가 있다.

동해용왕

동해 용궁의 왕. 서해용왕의 따님과 혼인한다. 뒤늦게 얻은 딸을 너무 애지중지 키우는 바람에 버릇을 잘못 들이고 만다. 결국 딸을 궤짝에 넣어 바다 위로 내쫓는다.

동해용왕의 딸

동해용왕과 서해용왕의 따님 사이에서 난 딸. 좋지 않은 버릇으로 인해 용궁에서 내쫓긴다. 어머니로부터 아이를 잉태하도록 하는 방법을 배워 생불왕이 되고자 한다. 하지만 출산하는 법을 배우지 못했고, 이후 명진국따님과의 꽃 피우기 내기에서 패해 저승할망이 된다.

마마신(역신)

과거 천연두를 신격화하여 부르던 말. 역신이라고도 불린다. 거만한 성격으로 위세 부리며 살다가 삼승할망에게 호되게 당한다. 처용 신화에도 등장한다.

멸망꽃

모든 것을 죽이는 꽃. 자청비가 서천꽃밭에서 구해왔다. 훗날 하늘에서 모반이 일어나자 자청비는 멸망

꽃으로 반군을 제압하고 옥황상제로
부터 오곡의 씨앗을 받는다.

명진국따님

동해용왕의 딸이 아이를 점지했으나
출산시키지 못하자 임박사는 천지왕
에게 원통함을 고한다. 그러자 천지
왕은 명진국따님을 생불왕으로 지정
하여 내려 보낸다. 생불왕 자리를 두
고 동해용왕의 딸과 꽃 피우기 내기
를 하고, 이 승부에서 이겨 삼승할망
(생불왕)이 된다.

무장승

본래 하늘의 신이었으나 잘못을 저
질러 저승을 지키는 역할을 맡게 되
었다. 인간 처녀와 결혼해 아이를 셋
낳으면 하늘로 돌아갈 수 있다. 부모
님의 병을 고칠 약을 찾으러 온 바리
공주와 결혼한다.

무지개 다리

저승과 이승의 경계에는 큰 강이 있다.
저승으로 가던 바리공주가 할머니(혹
은 석가모니)로부터 받은 꽃을 강물에
던지자 무지개 다리가 생겼다.

문곡성 (文曲星)

북두칠성 가운데 네 번째 별. 아들 문
도령이 자청비와 혼인하겠다는 뜻을
밝히자 자청비를 시험한다.

문관손님

해동마을로 떠난 세 손님 중 하나로
글을 잘 쓴다.

문도령

문곡성의 아들. 거무선생에게 글공
부를 하러 가던 중 자청비를 만난다.
훗날 자청비와 결혼한다.

문신

문을 지키는 신. 남선비와 여산부인
의 막내아들. 저승으로 가는 강림의
앞에 노인의 모습으로 나타나 길을
알려 준다.

문전제

문신에게 드리는 제사. 명절이나 죽은
가족을 위한 제사 때는 물론 먼 길을
가기 전이나 다녀왔을 때 문신에게 제
사를 지냈다. 여행길에서의 안전을 기
원하고 무사히 돌아오게 해 준 것에
대한 감사의 의미가 담겨 있다.

미륵

함경도 〈창세가〉에서 세상을 창조했다고 전하는 이. 키가 사백 미터에 달하는 거인이다. 〈창세가〉에 따르면 그의 노래로부터 인간이 탄생했다. 세상을 차지하려는 석가와 내기를 한다. 불교에서는 석가모니가 열반한 뒤 56억 7000만 년이 지난 뒤에 나타나 세상을 구원한다고 전한다.

바리데기

오구대왕과 길대부인의 일곱째 딸. 아들을 바란 오구대왕으로부터 버림받고 거지 비리공덕 노부부의 손에 길러진다. 열다섯 살이 되던 해에 궁으로 돌아갔으나 부모의 병을 고치기 위해 스스로 그 자리를 버리고 저승을 향해 다시 떠난다. 부모의 병을 고친 뒤 사람들이 편안히 저승으로 갈 수 있도록 돕고자 우리나라 최초의 무당이 되었다.

백발노인

소사만에게 명이 다해 감을 알려 주고 그 대책을 일러 주는 인물.

백씨부인

바지왕의 어머니로 오늘의 부모가 원천강에 있다는 사실을 오늘에게 알려 준다.

버무왕

동경국에 살던 이로 풍요의 상징이라 불릴 정도로 부족함이 없었다. 슬하에 일곱 아들을 두었는데 동개남절의 대사로부터 위의 넷은 괜찮으나 아래 셋은 단명할 것이라는 말을 전해 듣는다.

비리공덕 부부

거지 노부부. 아무도 열지 못했던 옥함을 열었다. 옥함 안에 있던 바리데기를 지극정성으로 키운다.

뼈살이꽃

죽은 사람의 뼈를 살리는 꽃. 서천꽃밭에서 자란다.

살살이꽃

죽은 사람의 살을 살리는 꽃. 서천꽃밭에서 자란다.

삼승할망(생불왕)

아이를 점지하고 해산하는 산신(産神). 이 자리를 두고 동해용왕의 딸과 명진국따님이 내기를 한다. 위세를 부리며 아이들에게 혹독한 마마를 주는 마마신의 버릇을 고쳐 놓는다.

생불꽃

삼승할망이 아이를 점지해 줄 때 사용하는 꽃.

생쥐

미륵에게 물과 불이 있는 곳을 가르쳐 준다. 그 공으로 세상의 모든 창고를 얻었다.

서수왕아기씨

문도령과 결혼하기로 되어 있었으나 자청비의 등장으로 무산된다. 그 분노로 인해 부부 사이로 이간하고 정을 깨뜨리는 새로 변한다.

서신국마누라

마마신과 결혼한 이로 삼승할망이 몸에 아기를 들어서게 하고 난 뒤 낳는 것을 돕지 않아 고생한다.

서천꽃밭

서천서역국에 있는 꽃밭. 뼈살이꽃, 살살이꽃, 숨살이꽃, 생불꽃, 멸망꽃 등 특별한 능력을 지닌 꽃들이 자란다.

서천서역국

저승. 꽃감관이 관리하는 서천꽃밭이 위치해 있다.

서해용왕의 따님

동해용왕 딸의 어머니. 용궁 밖으로 쫓겨나는 딸을 생불왕으로 만들기 위해 딸에게 아이를 점지하는 법을 가르친다.

석가

불교에서는 부처이나 〈창세가〉에서는 미륵이 창조한 세상을 가로채는 인물로 나온다. 그로 인해 이전까지 세상에 존재하지 않던 소유와 질투, 분노, 오만, 헛된 욕망, 속임수 따위가 생겨났다.

석탈해

신라 제4대 왕. 다파나국의 왕비가 낳은 알에서 태어났다고 전해진다.

성주신

집의 신. 황산들의 황우양이 집의 신이 되었다.

소별왕

천지왕과 총맹부인 사이에서 난 쌍둥이 중 하나. 천지왕으로부터 저승을 다스릴 것을 명받았으나 반발한다. 내기를 통해 이승을 다스릴 사람을 정하자고 대별왕을 꾀었고, 꼼수를 부려 내기에서 이긴다.

소사만

주년국에 살던 이로 어릴 때 부모를 여의고 거지가 되었다. 행실이 좋아 사람들이 도와 장가를 보내 주었다. 길에서 해골을 발견하고 집에 지극정성으로 모셔 부자가 되었다. 본래 수명이 삼십 살이었으나 백발노인의 도움으로 삼천 살이 된다.

수명장자

굉장히 부유한 사람이나 마음씨가 고약하다. 총맹부인에게 쌀 한 되를 빌려주었는데 이마저도 쌀과 모래가 섞인 것이었고, 이를 전해 들은 천지왕으로부터 벌을 받는다.

숨살이꽃

죽은 숨이 돌아오도록 하는 꽃. 서천 꽃밭에서 자란다.

시왕맞이굿

제주도 무당굿 중 시왕(염라대왕)을 맞아들여 기원하는 굿.

여산부인

남선비와 결혼한 이로 슬하에 아들 일곱을 두었다. 쌀을 사기 위해 오동 마을로 떠난 남편이 돌아오지 않자 직접 찾으러 나선다. 그곳에서 노일제대귀일의 딸에 의해 죽임을 당하나 아들들의 도움으로 환생한다. 훗날 부엌의 신인 조왕신이 된다.

연화못

오늘이 부모를 찾아 원천강으로 가던 중 들른 곳으로 오늘은 이곳에서 연꽃의 고민을 듣는다.

염라대왕

저승의 왕 중 한 명. 인도 신화에서 죽음의 신이었던 야마가 중국으로

건너와 염라대왕이 되었다. 염라대
왕은 저승의 열 명에 이르는 심판관
가운데 서열 5위이다. 원래는 첫 번
째 심판관이었지만 인정이 많아 죄
를 덜어 주거나 뇌물을 받아서 다
섯 번째로 밀려났다는 이야기도 전
해진다.

오구대왕
불라국의 왕. 점쟁이의 말을 듣지 않
고 서둘러 결혼하여 일곱 딸을 낳는
다. 그중 막내딸이 바리데기이다.

오늘
부모 없이 들판에서 홀로 자란 아이.
백씨부인의 도움으로 부모의 존재를
알게 되어 부모를 찾아 원천강으로
떠난다. 훗날 천지왕의 부름을 받고
하늘에 올라 선녀가 되었다.

오방신장
다섯 방위를 관장하여 지키는 수호
신으로 오방신, 오방장군이라고도
한다.

옥황궁
옥황상제(천지왕)이 사는 곳.

원천강
오늘의 부모가 사는 곳. 시간이 모두
존재하고 그래서 시간이 멈춘 곳으
로 묘사된다. 원천강에는 사계절이
동시에 존재한다. 한쪽에는 꽃이 핀
봄이 있는 동시에, 돌아서면 흰 눈이
쌓여 있는 겨울이 있고 한쪽에는 뜨
거운 햇볕이 내리쬐는 여름이 있지
만, 돌아서면 단풍이 곱게 든 가을이
있다. 그곳에 사는 사람들은 먹지도
않고 잠을 자지도 않는다.

은장아기
강이영성이서불이와 홍은소천궁에
궁전궁납의 첫째 딸. 가믄장아기의
저주로 인해 지네로 변한다.

임박사
동해용왕의 딸이 용궁에서 쫓겨날
때 궤짝에 '임박사가 열어 보라'라는
글귀가 적혀 있었다. 동해용왕의 딸
이 생불왕이 되기 위해 세상에 왔다
고 하니 자신의 부인에게 아이를 점
지해 달라고 부탁한다.

자청비

김진국 부부가 동개남절에 시주하고 불공을 올려 얻은 딸. 자청해서 낳은 딸이라는 의미로 자청비르는 이름을 얻었다. 문도령과 결혼하기 위해 먼 길을 떠난다. 하늘에서 일어난 모반을 제압하고 옥황상제로부터 오곡의 씨앗을 받아 곡식의 신이 된다.

장상도령

원천강으로 가는 길목에 위치한 정자에서 십 년째 글을 읽고 있는 도령. 오늘에게 원천강 가는 길을 알려 주는 대신 언제까지 글을 읽어야 하는지 해답을 구해달라고 부탁한다. 훗날 내일낭자와 결혼한다.

저승차사

죽은 사람을 저승으로 인도하는 자. 염라대왕은 자신을 잡으러 온 강림을 저승의 차사로 임명한다.

정수남

김진국의 하인 부부에게서 난 이로게으르고 탐욕스럽다. 자청비에게 문도령을 보았다고 거짓말을 했다가 자청비로부터 죽임을 당한다.

조왕신

부엌의 신. 할머니의 모습을 하고 있다. 황우양을 데리러 온 차사와 염라대왕을 잡으러 가는 강림을 돕는다.

처용

신라의 왕이 용을 위해 개운포에 절을 짓자 동해의 용이 일곱 아들을 거느리고 나타나 왕의 덕을 찬양한다. 용이 바다로 물러갈 무렵 일곱 아들 가운데 하나가 바다로 돌아가지 않고 남겠다는 뜻을 밝힌다. 이 용의 아들이《삼국유사》가 전하는 처용이다.

천지왕

하늘신. 제주도의 창조 신화〈천지왕본풀이〉에서는 세상을 창조한 신으로 전한다. 총맹부인과 결혼하여 대별왕, 소별왕 쌍둥이를 낳는다. 동해용왕의 딸과 명진국따님이 생불왕 자리를 두고 다투자 꽃 피우기 내기로 결정하도록 중재한다.

철현도령

김장자의 아들. 김장자가 강남국에서 넘어온 세 손님을 홀대하자 세 손님은 철현도령의 목숨을 빼앗는다. 세 손님은 철현도령에게 다시 태어날 기회를 주었으나 철현도령은 손님들을 따라다니기로 결정한다. 손님들이 아이에게 마마를 줄 때 철현도령이 사정하여 죽음에 이르는 것을 막는다고 한다.

총맹부인

천지왕과 결혼한 이로 대별왕, 소별왕 쌍둥이를 낳는다.

호반손님

해동마을로 떠난 세 손님 중 하나로 칼을 잘 쓴다.

홍은소천궁에궁전궁납

아랫마을의 거지로 윗마을의 강이영성이서불이라는 거지와 결혼하여 은장아기와 놋장아기, 가믄장아기를 낳는다. 가믄장아기를 낳은 뒤로 일이 술술 풀려 부자가 되지만, 가믄장

아기를 내쫓은 뒤 다시 거지가 되고 시각마저 잃는다.

황우양

하늘의 천대목신과 지하의 지탈부인이 결혼하여 낳은 아들. 어릴 때부터 기골이 장대하고 총명하였고 어지간한 목수보다 뛰어난 실력을 지녔다. 어느 날 회오리바람에 무너진 하늘을 고치러 오라는 부름을 받고 길을 떠난다. 훗날 집의 신인 성주신이 되었다.

황우양의 아내

소진랑에게 납치되지만 지혜를 발휘하여 땅굴 속에서 삼 년을 보낸다. 황우양과 재회하여 집터를 지키는 지신이 되었다.

새롭게 만나는 한국 신화

ⓒ 이경덕 2020

2020년 10월 19일 초판 1쇄 발행
2021년 10월 21일 초판 2쇄 발행

지은이 이경덕
펴낸이 류지호 · **상무이사** 양동민 · **편집이사** 김선경
편집 이기선, 정회엽, 곽명진 · **디자인** firstrow
제작 김명환 · **마케팅** 김대현, 정승채, 이선호 · **관리** 윤정안

펴낸곳 원더박스 (03150) 서울시 종로구 우정국로 45-13, 3층
대표전화 02) 420-3200 · **편집부** 02) 420-3300 · **팩시밀리** 02) 420-3400
출판등록 제300-2012-129호(2012. 6. 27.)

ISBN 979-11-90136-28-0 (03380)